公民館で学ぶVI

コロナ禍を超えて未来を創る

長澤成次 編著

国土社

はじめに

前編著『公民館で学ぶV　いま、伝えたい地域が変わる学びの力』（2018年4月）から5年が経過した。この5年間に文字通り世界を揺るがす事件が起こった。2019年12月以降のコロナパンデミック、2022年2月24日に開始されたロシアによるウクライナへの軍事侵攻、そして深刻化する地球温暖化・気候変動など、今や持続可能な世界を構築するうえで人類は瀬戸際に立たされているといっても過言ではない。

戦後出発した公民館は、戦前のアジアへの侵略戦争をすすめた国家主義的軍国主義的教育を深く反省して「すべての国民が豊かな文化的教養を身につけ」「他人に頼らず自主的に物を考え平和的協力的に行動する習性を養うこと」「新しい民主日本に生れ変ること」（文部次官通牒「公民館の設置運営について」1946年7月5日）を指摘し、文化的教養と平和と民主主義を公民館がめざすべき大切な価値として掲げた。二度と侵略戦争を起こさないというアジアの人々への約束ともいえる憲法第9条（戦争の放棄、戦力及び交戦権の否認）をないがしろにして憲法改悪と大軍拡がすすめられようとしているときだけに、私たちはもう一度、戦後平和の原点に立ち戻る必要がある。

さらに2020年以降のコロナパンデミックは、新自由主義的改革をあらゆる分野ですすめてきた結果ともいうべき人々の貧困と格差をあぶり出す結果ともなった。「緊急事態宣言」下では公民館の休館・閉館等が相次いだが、地域住民の学ぶ権利を保障する公民館の役割があらためて問われることになった、本書の副題を「コロナ禍を超えて未来を創る」としたのは、この未曽有のコロナ禍のもとで千葉県内公民館関係者の歴史的経験を記録化し、共有化することで公民館の未来を一歩でも切り拓きたい、という思いからである。

本書の構成は、第1章「コロナ禍を超えて未来を創る公民館の課題」では、この5年間の公民館をめぐる政策動向について、2018年の生涯学習政策局・社会教育課の廃止に伴う文部科学省再編、第9次地方分権一括法による公立社会教育施設の首長部局移管を可能とした社会教育法改正（本書所収の社会教育法を参照）、さらにはコロナ禍で問われた基本的人権としての学習権と公民館運営審議会の役割に言及した。さらに、コロナ禍の地域文化と公民館、パンデミック下の公民館と学校を結ぶ、公民館建築と住民参加、公民館職員をめぐる今日的課題、をめぐって執筆者に全国的な動きも含めて論述していただいた。

第2章「暮らしと地域を創る学び」では、千葉県内公民館あるいは生涯学習センターの職員における多彩な実践を報告していただいた。さらに、市民による公民館づくり運動、公民館の建て替え問題、有料化反対運動、指定管理者制度導入を止めた市民運動について4人の市民の方に執筆していただいた。

第3章「災害・コロナ禍のもとで学びを創る」では、コロナ前の「令和元年房総半島台風」（2019年）によって千葉県内において甚大な被害が発生したことを踏まえ、その極めて困難な中で公民館がどのように対応したのか、木更津市富来田公民館、君津市小糸公民館の事例を報告していただいた。公民館などの避難所運営においては、2020年以降は自然災害と感染症との「複合災害」に対応することが求められる時代になったことに留意すべきである。

さて、コロナ禍においては、オンライン講座などを通じて「学びをとめない」さまざまな努力が重ねられた。この章に掲載されている6本の実践はそれを豊かに示している。私たちは、コロナ以前、コロナ禍、そしてウイズコロナの時代にあって、市民と職員との学びあいの内容と方法にどのような質的な変化と可能性が生まれてきているのか、を明らかにする必要がある。

そして第4章は「私の公民館実践史」と題して4人の方に執筆していただいた。『公民館で学ぶV』「第四章私の公民館実践」の続編である。文字通り「時代を共に生き時代を受け継いできた公民館人のあゆみ」（千葉県公民館連絡協議会『ちばけん公民館だより縮刷版』2002年より）そのものであり、公民館職員として自らの生き方と実践を重ねての40年近い軌跡の記録である。地域に根を張った千葉県内の公民館職員群像をこうして描き続けられることは編者としての喜びでもある。

『公民館で学ぶ　自分づくりとまちづくり』（1998年）の刊行から四半世紀。5年おきに刊行して6冊目となった。千葉・房総の地にこだわり続け、市民の学びを支える公民館職員の実践の記録化にこだわり、学びの主人公である市民の取り組みや公共空間としての公民館を守る運動の記録化に注目してきた。このような地域における住民、公民館職員・社会教育関係職員、そして専門家や研究者との協力・協働のプロセスにこそ、地域に自治を築く学びの力が醸成されると考えている。

さて今回も千葉の仲間たち（高瀬義彰さん・高梨晶子さん・佐々木昌子さん・秋元淳さん・布施利之さん・鈴木和代さん・山下要一郎さん・鈴木玲子さん・越村康英さん・曾澤直也さん・中村亮彦さん）のご協力のもとで本書は構成された。皆さんの日々のつながり力、ネットワーク力がなければ『公民館で学ぶⅥ』は生まれなかったといっても過言ではない。あらためて感謝したい。なお、これまで木更津市公民館職員として歩んでこられた山下要一郎さん（木更津市中央公民館副館長）が２０２３年7月11日に54歳にて永眠された。千葉大学教育学部社会教育研究室を卒業し、１９９３年4月に木更津市に専門職採用された山下さんは、本シリーズでは、知的障害のある人と青年たちが共に遊ぶ講座「ポランの広場」をスタートさせた時の思いをまとめた「仲間として共に生きる」（『公民館で学ぶⅡ』２００３年）、「地域にスポーツクラブをつくる」（『公民館で学ぶⅢ』（２００８年）、「中郷ふれあい夏まつりの10年―地域の風物詩をつくり出す」（『公民館で学ぶⅣ』（２０１３年）の論稿を寄せている。病床にあってもなお『公民館で学ぶⅥ』のことを心配してくれた山下さん、公民館への思いをあふれるほど持ち、常に笑顔をもって人と接し続けた山下要一郎さんに哀悼の意を表して本書を捧げたい。
最後に出版事情厳しき折り、今回も刊行をお引きうけ下さった国土社に心より感謝を申し上げる次第である。

2023年8月

長澤　成次

目次

第三章　災害・コロナ禍のもとで学びを創る

第四章　私の公民館実践史

コラム

【資料】

第一章　コロナ禍を超えて未来を創る公民館の課題

一　公民館をめぐる政策動向と自治体社会教育の課題

はじめに

前編著『公民館で学ぶV　いま、伝えたい地域が変わる学びの力』（2018年）から5年が経過した。「学ぶV」で筆者は、「2014年地方教育行政法改正による首長部局権限の強化、地方創生政策と公民館、公共施設再生計画による公民館再編、地域学校協働政策と2017年社会教育法一部改正、社会教育主事養成の見直し問題などを中心に公民館をめぐる政策動向」に言及した。その後の5年間は、これらの政策動向の延長線上に上からの政策がいっそう強力に展開された時期であった。すなわち2018年の文部科学省再編による生涯学習政策局・社会教育課の廃止、さらに、2018年中央教育審議会答申「人口減少時代の新しい地域づくりに向けた社会教育の振興方策について」、同答申を援用しての公民館等公立社会教育施設の首長部局移管を可能とした第9次地方分権一括法（2019年）、2020年の「文化観光拠点施設を中核とした地域における文化観光の推進に関する法律」(1)、さらに2022年の文化審議会答申「これからの時代にふさわしい博物館制度の在り方について」に基づく博物館法改正（2022年）などである。地域文化観光推進法・博物館法改正に注目するのは、後述する第9次地方分権一括法制定プロセスに見られるようにこの間の社会教育法制改編が文化観光政策や博物館政策を重要な梃《てこ》としつつ進められてきたからである(2)。

本小論では、2018年の生涯学習政策局・社会教育課の廃止に伴う文部科学省再編の問題点をあらためて指摘すると共に、第9次地方分権一括法による社会教育法改正による公民館再編、さらには2020年以降のコロナ禍で問われた基本的人権としての学習権と公民館運営審議会の役割に言及しつつ自治体社会教育行政をめぐる課題を提示してみたい。

2018年文部科学省組織再編による生涯学習政策局・社会教育課の廃止

2018年、文部科学省生涯学習政策局は総合教育政策局へと再編された。現在は同局に社会教育振興総括官、政策課、調査企画課、教育人材政策課、国際教育課、生涯学習推進課、地域学習推進課、男女共同参画共生社会学習・安全課が置かれている。

歴史的には1924年（大正13年）に文部省普通学務局社会教育課が設置され、1929年（昭和4年）に社会教育局が設置されるが、1942年（昭和17年）に戦時体制下の機構改革によって同局は廃止された。戦後1945年10月に社会教育局（社会教育課・公民教育課（昭和20年11月10日設置）・文化課・芸術課（昭和20年12月31日設置）・調査課・宗務課）は復活するが(3)、1988年には社会教育局が再び廃止され生涯学習局に再編された。文部省社会教育局の戦前・戦後の二度にわたる「終焉」が「戦時体制下」と「生涯学習政策」のもとでもたらされたことは記憶にとどめておく必要がある。以下、今回の文部科学省再編経過をたどってみたい。

２０１７年8月の生涯学習政策局・社会教育課・青少年教育課・男女共同参画学習課を「廃止」するという文部科学省組織再編案は当時の社会教育関係者に大きな衝撃を与えた。同年9月16日の日本社会教育学会総会で採択された「文部科学省の組織改編に伴う生涯学習政策局及び社会教育課「廃止」に関する要望書」を皮切りに、社会教育推進全国協議会（9月23日）、全国公民館連合会（9月28日）、松本市社会教育委員会議・公民館運営審議会・松本市町内公民館館長会（9月25日）、松本市教育委員会（9月28日）、日本図書館協会（10月20日）、飯田市社会教育委員会議・公民館長会（10月20日）、飯田市教育委員会（12月5日）、日本公民館学会（11月16日）、全国都道府県教育委員会連合会（11月28日）、「月刊社会教育」編集委員会（12月19日）、そして男女共同参画関係では21の団体から要望書等が提出された[(4)]。このように短期間で多くの社会教育関係団体が社会教育課などの存続を求めて国の政策に対して異議申し立てを行ったことは、戦後社会教育史においても特筆に値する。運動の結果は、男女共同参画の名称を残すという成果を残したが、一方で生涯学習政策局・社会教育課・青少年教育課はそのまま「廃止」された。

文部科学省は２０１８年5月時点で「なぜ今、総合教育政策局の設置が必要なのか〜現状の課題と目指す方向性〜」を公表している。そこでは「現状の課題」として「学校教育政策と社会教育政策の分断・縦割り」、「組織再編により目指す方向性」として「学校教育・社会教育を通じた教育政策全体を総合的・横断的に推進するとともに、教育基本法第3条の生涯学習の理念に基づいた生涯学習政策の実現を目指す」としていた。文部省生涯学習局設置（1988年）から30年以上が経過してもなお「分断・縦割り」が克服できていないというならば、それこそEBPM（Evidence Based Policy Making：総合的かつ客観的根拠に基づく政策立案）の観点から今回の総合教育政策局立ち上げの客観的根拠を示すべきであった。

さらに名称変更についていえば、総合教育政策局設置の目指すものが「生涯学習政策の実現」というのであれば、生涯学習政策局を変更する理由は出てこない。さらに「社会教育振興官」を新設してまで社会教育を振興する、と強調するのであれば、社会教育課を「廃止」する理由も生まれない。そして、何よりも新設される地域学習推進課における「地域学習」という概念は、現行社会教育法制上には存在しない。要するに政策のねらいと部局名が一致していないのである。特に重大なのは、「教員の養成・採用・研修の業務を一元化」する教育人材政策課に「社会教育主事等の社会教育関係人材の育成に関する業務も一体的に行う」という点である。これでは現行社会教育法制に基づく社会教育施設・職員・予算などに関する事務をそれこそ一体的に進めていくことが困難になるといわざるを得ない(5)。

最後に指摘したいのが自治体教育委員会の内部組織に与える影響である。国においてはもともと文部省設置法（１９４９年）によって内部部局が定められていたが、１９８４年から文部省組織令による政令事項に移行した。自治体においては、地方教育行政法第17条２「教育委員会の事務局の内部組織は、教育委員会規則で定める」とされている。文部科学省の内部部局が国においては法律制定事項ではなく、自治体教育委員会においては条例制定事項ではない、ということが社会教育行政に対する市民・住民の意思反映・チェックをめぐる課題となっている。今回の文部科学省組織再編が、後述する社会教育施設の首長部局移管と相俟って自治体教育委員会の社会教育行政組織再編と連動することが容易に予測されるのである。

公民館等公立社会教育施設の首長部局移管を可能とした第９次地方分権一括法

今回の法改正の契機となったのは２０１７年12月の閣議決定「平成29年の地方からの提案等に関する対応方針」である。地方分権改革における「提案募集方式」に基づいて２０１７年に北海道から出された公立博物館の所管に関する規制緩和要求を受けたもので「公立博物館については、まちづくり行政、観光行政等の他の行政分野との一体的な取組をより一層推進するため、地方公共団体の判断で条例により地方公共団体の長が所管することを可能とすることについて検討し、平成30年中に結論を得る。その結果に基づいて必要な措置を講ずる。」とされた。このように閣議決定は公立博物館に限定していたにもかかわらず、「宿題」を与えられた文部科学省・中央教育審議会は生涯学習分科会内にWGを設置し、閣議決定にはなかった公民館・図書館を含む公立社会教育施設全体にまでその検討対象を拡大した。公立社会教育施設全体に係る「地方からの提案」が必要となった状況のもとで、2018年6月4日に公民館を含む公立社会教育施設の所管にかかる規制緩和を求める提案が三重県名張市から内閣府地方分権改革室に提出される。そして2018年12月25日に閣議決定「平成30年の地方からの提案等に関する対応方針」のもとで、第9次地方分権一括法が準備されるのである。

実は、当の名張市自体は提案する2年前の2016年にすでに公民館を市民センターに再編して首長部局に移管していたのであって、名張市にあっては規制緩和のための法改正を求める立法事実はなかった。この件に関連して国会審議において衝撃的な発言が2019年5月30日参議院内閣委員会・田村智子議員による質問から明らかになっている。三重県名張市の複数の担当者が「私の方から要望を出したのではない。国が名張市の先行事例を知っていて成功事例としてのヒアリングが欲しかったのではないか」「国からの要請を受けて提案した。借りをつくった。何かの時に返してもらうこともあるだろう」と発言したというのである(6)。このような経過を経て2019年5月31日に第9次地方分権一括法が成立し（6月7日公布、同日一部施行）、公民館・図書館・博物館など公立社会教育施設を首長部局に移管することが可能となった。

文部科学省は、第9次地方分権一括法の施行に伴い文部科学省総合教育政策局長通知「地域の自主性及び自立性を高めるための改革の推進を図るための関係法律の整備に関する法律による社会教育関係法律等の改正について」（２０１９年６月７日）を発出している。そこでは「今回の改正は、教育委員会が所管する公立の図書館、博物館、公民館その他の社会教育に関する教育機関（以下「公立社会教育機関」という。）について、まちづくり、観光など他の行政分野との一体的な取組の推進等のために地方公共団体がより効果的と判断する場合には、社会教育の適切な実施の確保に関する一定の担保措置を講じた上で、条例により、地方公共団体の長が所管することを可能とするものです。」とされた。

図書館、博物館、公民館は地方教育行政法第30条で明確に教育機関として規定され、同法第21条では、教育機関の設置・管理・廃止を教育委員会の職務権限として定めている。

第９次地方分権一括法に関連する国会審議においては、２０１９年４月17日の衆議院文部科学委員会において柴山国務大臣は「今御紹介をいただきました昭和二十三年の旧教育委員会法の提案理由説明においては、地方教育行政改革の根本方針として、一、教育行政の地方分権、二、住民の意思の公正な反映、三、教育委員会の首長からの独立性が挙げられており、このことは現行の地教行法のもとにおいても基本的には変わらないと考えております。」と答弁している。そうであるならば「教育委員会の首長からの独立性」と今回の法改正は明らかに矛盾する。さらに同日の委員会では「首長と教育委員会の意見が対立した場合に教育委員会が首長の意向を変更させたり、抑制させたりできるのか」

という畑野君枝委員の質問に対して「教育委員会が首長に提出する意見に法的な拘束力はない。」と柴山大臣は答弁している。首長所管を可能にする「一定の担保措置」について2018年中教審答申が挙げていた地方公共団体の長や教育委員会に意見を述べる「会議の設置」は法制化されず、さらに「法的拘束力はない」となれば、首長が議会の同意を得て教育長を任命している現行システムのもとでは「一定の担保措置」の実効性は極めて低いと言わねばならない。事実、教育委員会から首長部局に公民館を移管した愛知県大府市は市長が総合教育会議で「今後、教育委員の皆様には、学校教育に特化した形でご意見等をいただきたいと考えている」（2020年8月20日）と発言している。「社会教育の適切な実施の確保に関する一定の担保措置」（前掲「通知」より）どころか、首長に移管された「特定公民館」化によって自治体教育委員会が学校教育委員会化し、社会教育行政そのものが空洞化する危険性が進行しつつあるのである[7]。

コロナ禍「緊急事態宣言」で問われた基本的人権としての学習権[8]と公民館運営審議会

新型コロナウイルス感染症の拡大を受け、政府は「新型インフルエンザ等対策特別措置法」（2020年3月13日）に基づき2020年4月から2021年9月まで多い地域では計4回にわたって緊急事態宣言を発出した。同法第5条（基本的人権の尊重）においては「国民の自由と権利が尊重されるべきことに鑑み、新型インフルエンザ等対策を実施する場合において、国民の自由と権利に制限が加えられるときであっても、その制限は当該新型インフルエンザ等対策を実施するため必要最小限のものでなければならない。」とし、また、第13条（知識の普及等）では「国及び地方公共団体は、新型インフルエンザ等の予防及びまん延の防止に関する知識を普及するとともに、新型インフルエンザ等対策の重要性について国民の理解と関心を深めるため、国民に対する啓発に努めなければならない。」として「国民に対する啓発」の努力義務を規定している。さらに2項では「…新型インフルエンザ等の患者及び医療従事者並びにこれらの者の家族その他のこれらの者と同一の集団に属する者（以下この項において「新型インフルエンザ等患者等」という。）の人権が尊重され、及び何人も差別的取扱い等を受けることのないようにするため…」と定めている。

千葉県では、2020年4月7日に緊急事態宣言が出され、当初の5月6日までから5月31日まで期間が延長された後、5月25日に緊急事態解除宣言が行われた。この緊急事態宣言に基づいて千葉県内の公民館・図書館等の休館・閉館状況を調査するために、4月28日から5月1日までの4日間にわたって県内54自治体のホームページを閲覧して一覧表を作成した。休館に至った理由や表現は自治体によって微妙に違っている。緊急事態宣言を直接休館の理由にしているところもあれば、当該自治体の対策本部の決定によって、という自治体もある。「特措法」は第34条で「市町村対策本部の設置及び所掌事務」を、第35条で「市町村対策本部の組織」を規定しているが、第35条は本部員のメンバーとして教育長を明記している。学校と同様に教育機関として法的に位置づけられている公民館・図書館・博物館について、教育委員会でどのような議論があったのかは、これから検証してみなければならない重要な課題である。公民館等社会教育施設の場合は、教育委員会に対する助言機関としての社会教育委員会議、住民の意思を反映させるために設置されている公民館運営審議会等が存在している。困難な状況であることは十分理解しつつも「緊急事態」だからこそ民主的な手続きや議論が丁寧になされることが求められている。その努力のなかにこそ民主主義と自治の力を育む可能性がひそんでいると考えられるからである。なお「今般の新型コロナウイルス感染症に係る事態は、行政文書の管理に関するガイドライン（平成23年4月1日内閣総理大臣決定）に規定する「歴史的緊急事態」に該当するものとする。」（「行政文書の管理における「歴史的緊急事態」の決定について」令和2年3月10日閣議了解）とされた。自治体においてもこれに準じた対応が求められており、コロナ禍において公民館等がどのような対応を行ったのか、その経過の記録と検証を行うことが、コロナ禍の貴重な経験を未来に活かすことにつながると筆者は考える(9)。

おわりに

この5年間、国の政策動向と自治体社会教育行政に筆者なりに向き合って痛感するのは、行政が法に基づいて執行されるというごく当たり前のことが根底から崩されていく感覚である。国にあっては官邸主導・内閣府主導で政策が立案・遂行され、第9次地方分権一括法においては縷々述べてきたように地方分権どころか一地方自治体を利用しての集権的手法で強引に成立させられた。自治体においては2014年地方教育行政法改正を契機にボディブローのように教育委員会の首長部局からの自主性・独立性が弱められ、公民館のコミュニティセンター化、指定管理者制度の導入、「公共施設等総合管理計画」におけるPPP／PFIによる公共サービスの産業化、「特定公民館」化などの公民館再編がいっそう進行しつつある。そこで問われているのは政策決定における民主的プロセスと、結論ありきの見せかけではない時間をかけた住民参加と、そして地域・自治体に自治と公共を取り戻す学びの力である。

なお本稿はこの間の筆者の諸論稿を再構成したものであることをお断りしておきたい。

（長澤　成次）

(1) 長澤成次「「文化観光拠点施設を中核とした地域における文化観光の推進に関する法律」の問題点」『月刊社会教育』2020年5月号を参照。

(2) たとえば内閣官房・文化庁『文化経済戦略』（2017年12月27日）、『住民と自治』2022年3月号、特集「博物館法改正の論点と市民と共に歩む公立博物館」などを参照のこと。

(3) 文部省『学制百年史　資料編』（ぎょうせい、1972年）328ページより。

(4) 日本社会教育学会「文部科学省組織改編に関するシンポジウム資料集」（2018年1月21日）などを参照のこと。

(5) なお現在の文部科学省総合教育政策局地域学習推進課所掌事務には「社会教育主事、司書及び司書補並びに司書教諭の講習に関すること。」が明記されている。

(6) 関連して2019年6月の筆者の問い合わせに対して名張市担当者は「提案」について「市長の決裁」を受けているが、名張市議会に「議案の提出や議会への報告」は行っていないと回答している。「提案募集方式」の制度設計は、「首長の了解」(「平成30年　地方分権改革に関する提案募集要項」(内閣府地方分権改革推進室)が要件なのであって議会の関与を要件としていないのは極めて問題である。

(7) 長澤成次「第9次地方分権一括法以降の公民館再編をめぐる動向と課題」(『月刊社会教育』2022年2月号)、長澤成次・手打明敏・内田純一・石井山竜平「公民館の移管問題に関する特別プロジェクト　記録とまとめ」(『日本公民館学会年報』第19号、2022年11月)を参照のこと。なお、2023年7月31日時点で筆者が把握している「特定公民館」(社会教育法第28条)に移行した自治体は、日本公民館学会調査も含め、全国で29自治体にのぼる。

(8) 2014年6月に、さいたま市三橋公民館でおきた九条俳句不掲載事件の東京高裁確定判決(2018年12月20日)は、「大人についても、憲法上、学習権が保障される」という判示がなされた。詳しくは長澤成次「社会教育の世界と出会う―人権としての学習権保障を求めて」(『月刊社会教育』2021年4月号)を参照のこと。なお、学習権保障をめぐる国際的動向については2022年6月にマラケシュ(モロッコ)で開催された第7回ユネスコ国際成人教育会議成果文書「マラケシュ行動枠組み」(文部科学省ホームページ)を参照されたい。

(9) 筆者も公民館運営審議会委員としてかかわった第33期国立市公民館運営審議会『新型コロナウイルス感染拡大時における教育機関としての公民館事業について(答申)』(2022年10月)をぜひ参照されたい。

二　コロナ禍の地域文化と公民館
―人間性と文化の危機の時代に抗して

1.「人間性と文化の危機の時代」としての現代

二一世紀を迎えてから二〇年余りの時が経過したいま、あらためて世界の状況を俯瞰してみると、私たち人類は、かつてない「人間性と文化の危機の時代」に足を踏み入れているのではないか、という実感がこみあげてくる。その「危機」とは、次の三つの点に集約できるであろう。

第一には、昨年の二月に始まったロシアによるウクライナ侵攻が長期戦の様相をみせ、第三次世界大戦、そして核戦争と人類の消滅という恐怖が世界をおおい始めていることである。二〇一七年の国連総会で核兵器禁止条約が採択され、「核なき世界」の実現に向けての希望が見えてきた一方で、ウクライナ戦争を契機として、大国による核抑止力に依存した軍備拡大の逆流がますます強まっている。これは、私たちの「平和に生きる権利」を脅かす深刻な危機である。

第二には、現代日本社会で進行している人口減少化、少子高齢化による持続可能な地域社会創造の危機である。政府は、今年に入ってから「異次元の少子化対策」を掲げて、危機克服に向けての本気度をアピールしているが、問題の所在を的確にとらえたものになっているとはいえない。少子化の背景・要因はいろいろ考えられるが、その根底には、子ども・若者世代、子育て世代、そして中高年世代も含めて、政治・社会に対する信頼や安心、明るい未来への期待や希望の喪失、という問題があるのではないだろうか。子どもたちの自殺が増加傾向にあり、昨年の小中高生の自殺者数は五一四人を数え、これは、統計をとりはじめた一九八〇年以来最多であったという[1]。また、同じく昨年実施された国の「ひきこもり調査」では、一五〜六四歳でひきこもり状態にある人は、全国で推計一四六万人にのぼることが発表された[2]。結婚・出産・子育てという人間の営みは、自己と他者、そして政治や社会に対する信頼と安心に支えられて、はじめて成り立つものではないだろうか。

第三には、対話型ＡＩ（人工知能）「チャットＧＰＴ」に象徴されるように、高度な現代テクノロジーの急速な発展と社会への浸透により、人間性と文化のありかたが根本から問い直されようとしていることである。人間が文化を創造し、文化が人間を形成するという、人類の歴史のなかで積み重ねられてきた人間と文化の循環的な関係が、新たなテクノロジーの開発により、大きな変容を迫られている。文明の独走を制御する人間固有の役割がかつてなく重要になっている現在、人間の諸能力を開花させる教育と文化のありかたが、根源的に問われているといえよう。

これまでに述べてきたような、「人間性と文化の危機」に対する人々の不安や懸念は、「朝日歌壇」

に掲載された次の一首にも示されている。

「デニソワもネアンデルタールも皆消えたホモ・サピエンスは自ら崖に(3)」。(添田敏夫)

この作品の選者である永田和宏は、「旧人類は進化の過程で現生人類にとって代わられたが、現生人類は自らを崖っぷちに追い詰めている」と選評で述べている。人類自らが招いた「人間性と文化をめぐる危機」の時代において、はたして地域文化は、どのような役割や存在意義をもっているのだろうか。また、「平和・人権・民主主義」の憲法理念と歩みをともにしてきた公民館は、どのような課題と可能性をもっているのか。こうした問いを基点に据えながら、「地域文化と公民館」の未来像を探っていきたい。

2．現代において「地域文化」をどうとらえるか

『月刊社会教育』誌(旬報社)では、二〇一七年から六年にわたり「暮らしと表現空間」という三〇回に及ぶ連載シリーズ欄が設けられ、地域文化に深い関心をもつ一〇数名の研究者・実践者により、多彩な視点から日本各地の「地域文化」の歴史と現在が、綿密な調査と取材に基づいて描かれている。そこで紹介・考察されているのは、郷土芸能、人形芝居、人形浄瑠璃、伝統習俗の行事、地域で長きにわたって継承されてきた祭りや踊り、音楽祭などの文化イベント、地域の歴史・風土・自然の特色を生かした手仕事や伝統工芸などの地場産業、芝居小屋・公会堂・民芸館・地域劇場等の、古くから

地元の人々に親しまれてきた文化施設などである。このように、「地域文化」の領域はじつに幅が広く奥行きが深い。

「地域文化」の特徴として指摘できるのは次の点である。一つ目には、それぞれの地域の歴史や風土に根ざす固有の性格が、そこには深く刻み込まれていることである。これは、現代テクノロジーに代表される通有性・普遍性を特徴とする「文明」とは対照的な「地域文化」のもつ本質的な性格を示すものである。

二つ目には、手仕事を大切にし、時間をかけて丁寧に手づくりの文化を創造することがめざされていることである。たとえば、長野県佐久市望月にある「多津衛民芸館」では、「多津衛民芸館の願い」として、「手仕事の大切さ」を基本理念の一つに位置づけている。二〇世紀に進行した、機械文明による大量生産・大量廃棄のシステムは地球環境問題を引き起こし、一方では伝統的な職人技術や手仕事の衰退をまねいた。環境破壊が持続可能な社会の危機をもたらしているいま、あらためて手仕事の価値や意義を再評価することが必要になっている、というのである[4]。

三つ目には、長い年月にわたり継承されてきた「地域文化」には、人々の生活のなかでの祈りと娯楽がこめられていることである[5]。たとえば、日本三大盆踊りの一つとして有名な、岐阜県郡上市・郡上踊りのルーツは、祖先供養の念仏踊りや風流踊り、白山信仰の影響を受けた「バショウ踊り」などに求められ、さらに伊勢信仰や旅芸人の影響なども受けて、郡上の盆踊りが生み出されてきたという[6]。それは、神への祈りを表現すると同時に、苦しく困難な日常を生きぬいていくうえでの人々の根源的なエネルギーの源ともいえるものであったであろう。

3．「地域文化」をどう継承していくか

「地域文化」は、これまでの歴史のなかで、いくたびかの消滅の危機をのりこえて、粘り強い努力によって維持・継承されてきた。そこには、数々の波乱にみちたドラマが展開されたことが想像される。しかし、現代においては、「地域文化」を継承していくにあたって様々な困難な課題が指摘されている。

たとえば、最近の新聞記事では、人形浄瑠璃文楽の担い手を育てる大阪市の国立文楽劇場の研修生が、今年度は一人もおらず、これは五〇年以上続く制度のなかで初めてのことだという報道がされている[7]。その背景には、少子化にくわえて、三年にわたるコロナ禍により若い世代が文楽を見る機会が減ったことがあるという。また、昨年、ユネスコの無形文化遺産に登録された、全国各地に伝わる民俗芸能「風流踊」の共通の悩みとして、次世代への継承が困難になってきていることが指摘されている[8]。民俗学研究者の俵木悟によれば、「各地の民俗芸能は、明治期や高度成長期に次ぐ地域社会の変化による変革期にある」とし、「無形文化財は少しずつ形を変えて伝わってきた。今も各地で思い思いに保存と変化、活用のバランスを模索している。行政や企業、NGOなどが、住民主体で活用

するための支援態勢を築いていけば道は開ける」と、今後の継承発展への見通しを指摘している[9]。

伝統芸能・民俗芸能の次世代への継承が困難になっているなかで、後継者を着実に育てている取り組みも紹介されている[10]。兵庫県南あわじ市の淡路人形座では、毎年一回、地元のすべての小学校へ出向いて、ワークショップで人形にふれてもらう取り組みを行っている[11]。また、徳島県の阿波人形浄瑠璃も、子どもへの芸能継承に力を入れており、「伝承教室」を夏休みに開催しているという。

地域文化の継承と創造という問題を考えるとき、冒頭にも述べた社会情勢からみて、「平和の文化」創造という視点が、とりわけ重要になっていると考えられる。たとえば、被爆地・広島では、二〇〇四年度から広島平和記念資料館が主催しているプロジェクト「次世代と描く原爆の絵」の取り組みが、現在にいたるまで続けられている。これは、「非被爆者＝非体験者である高校生が、被爆者＝体験者の話を聞いて、その被爆体験を絵に描いていく」という取り組みであり、広島市立基町高校では、学校に設けられた美術専門課程（創造表現コース）の高校生たちが、美術部の活動として参加している。これは、半年から一年という時間をかけて、高校生と被爆者が何度も（多い時には二〇回以上）回数を重ねて会い、丁寧に話を聞きながら絵を描いていく、という取り組みである[12]。粘り強い対話と表現を積み重ねるなかで、高校生たちは自らの想像力を広げ、苦しみながらも、平和への思いや未来に向かっての生き方を深めている。

4．コロナ禍のなかの「地域文化」の受難と復活への歩み

二〇二〇年の年明けから急速に広がった、新型コロナウィルスによるパンデミックは、地域文化活動に対して大きなダメージをもたらした。人々が集まり、声を合わせて歌う合唱活動をはじめ、演劇やバレエなどの集団的な舞台芸術は、感染リスクが大きいことから制限をかけられ、練習もままならず、予定されていた公演やイベントは中止・延期を余儀なくされた。毎年行われていた地域の祭りや伝統行事・芸能も、相次いで中止され、感染拡大が終息する兆しが見えないなかで、地域社会の活力が奪われ、伝統的な文化の伝承が困難な状況になった。

文化・芸術活動は「三密」をもたらす「不要不急」なものとして片隅に追いやられ、それを担ってきた文化芸術関係者の生活と持続的な活動を危機に陥れた。「コロナが憎い」という人々の叫びは、自分たちの暮らしを支えていた生きがいや楽しみを奪ったものへの「怨念」ともいえる思いを象徴しているといえるだろう。

その一方で、「誰のための芸術か、何のための文化かを『コロナ禍』のなかで考える機会が増えた(13)」ということも、多くの人々に共通する思いであったのではないだろうか。自由な活動を制限されることにより、あらためて文化芸術活動の意味や価値を真剣に問い直し、再考する貴重な機会にもなったであろう。アメリカの作家スティーブン・キングの「芸術家は役立たずだと思うなら、コロナ禍の隔離生活を、音楽も、本も、詩も、映画も、絵画もない状態で過ごしてみるといい」というツイッター

への投稿が大きな反響と共感を呼び起こしたのは、コロナ禍の受難と逆境のなかで、文化芸術の存在価値と意義を人々が再発見したことを示すものである[14]。

それぞれの地域では、三年余りのコロナ禍のなかで、地域文化の再生・復興に向けての模索が続けられてきた。その模索と努力の過程は、歴史の一ページに残るものとして丁寧に記録される必要があるだろう。

私の身近にあった一つの事例を紹介しておきたい。私は、数年前から千葉県船橋市の社会教育委員を委嘱され、船橋市の社会教育・文化行政について知る機会が多くあった。とりわけ、「地域文化」という視点からみて、「音楽のまち・ふなばし千人の音楽祭」の取り組みにみられるように、音楽によるまちづくりに力を入れていることが私にとっては印象的なことであった[15]。この音楽祭が開催されたのは、バブル経済が崩壊し日本社会が長期的な経済不況に突入していく一九九四年のことであった。それ以来、毎年開催され、その規模も年を経るごとに大きくなり、音楽祭をきっかけにして「ふなばしスウィングオーケストラ」、「船橋ゴスペルコーラス」、「第九市民合唱団」等の新たな市民音楽団体も結成され、市民の音楽活動の発展に寄与してきた。そして、音楽祭が開催される時期である一月〜三月にかけて、地域の公民館が会場となり「地域ふれあいコンサート」が開かれ、市民が身近に音楽に親しむ環境が形成されてきた。二〇二〇年は、コロナ感染が急速に広がりはじめる直前であったため、例年通り開催されたが、その後は、音楽関係のイベントや市民の活動は制限され、千人の音楽祭も、現地開催が難しいなかで、ケーブルテレビで特別番組を作成するなどの工夫をこらして粘り強く継続されてきた。三〇回目の今年は、三年ぶりに対面開催が実現し、オープニングでは、オーケストラと合唱のための曲「わたぼうし」（作曲・新垣隆）の、千葉交響楽団、船橋市内の小・中・高校生、一般市民の総勢千人以上の人々による合同演奏が響き渡り、大きな感動を呼び起こした。それは、三年にもわたるコロナ禍により自由な活動を制限されてきた、人々の抑え込まれていたエネルギーが、堰をきったように溢れ出したかのようであった。

おわりに

文化政策研究者の藤野一夫は、コロナ禍のドイツにおいて、首相のメルケルや、連邦文化大臣のモニカ・グリュッタースの「文化は社会にとって必要不可欠な公共財」であることを強調する演説や発言を紹介しながら、芸術文化のもつ価値を「多様な視点や異なる価値観を提示し、さまざまな他者への想像力を活性化」すること、「自然環境や多文化との共生への、多様なマイノリティや次世代との共生への展望を拓き、その実現に向けた市民社会の討議を促し、媒介」することにある、と述べている[16]。

コロナ禍のなかで、人々の孤立と分断が深まり、他者への攻撃的エネルギーが増幅している日本社会において、「他者への想像力」を活性化し、「共生への展望」を切りひらいていく実践は、コロナ後の地域社会を創造していくうえで、公民館に課せられた重要な課題である。そして、それは生活の場である地域から、民主主義の確かな基盤を構築していくことにつながるであろう。戦後民主主義とともに歩んできた公民館の「初心」は、まさにそこにあった。

（草野　滋之）

(1)「朝日新聞」2023年5月1日付　朝刊
(2)「同右」2023年5月2日付　朝刊
(3)「同右」2023年6月11日付　朝刊
(4) 吉川徹「新『新しき村』という希望－長野県多津衛民芸館の四半世紀」、『月刊社会教育』2020年1月号、No.764
(5) 杉浦ちなみ「岐阜県郡上市・郡上踊り―人から人へ、地域でともに―」、『月刊社会教育』2018年1月号、No.740
(6) 同右
(7)「朝日新聞」2023年5月24日付　朝刊
(8)「同右」2022年11月28日付　朝刊
(9) 同右
(10) 前掲注(7)
(11) 淡路人形浄瑠璃の次世代継承への取り組みについては、堀本暁洋「地域とプロがともに支える人形浄瑠璃の継承」（『月刊社会教育』2017年11月号、No.738）に詳しく紹介されている。
(12) 小倉康嗣「継承とはなにか―広島市立基町高校『原爆の絵』の取り組みから」（蘭信三他編『なぜ戦争体験を継承するのか―ポスト体験時代の歴史実践』所収、みづき書林、2021年）、また佐藤一子「原爆の絵の制作を通して被爆者の思いを受け継ぐ」（『月刊社会教育』２０２２年２月号、旬報社）では、このプロジェクトに参加した高校生、指導に携わった教師へのインタビューと寄稿がくわしくまとめられている。

⒀ 是永幹夫「いま、市民がささえる芸術文化」、『月刊社会教育』２０２０年11月号、No.７７４

⒁ 小林真理・鬼木和浩・土屋正臣・中村美帆『自治体文化行政レッスン55』34―35ページ、美学出版、２０２２年

⒂ 拙稿「音楽によるまちづくりの軌跡」、『月刊社会教育』２０１９年３月号、No.７５４

⒃ 藤野一夫『みんなの文化政策講義』２７８ページ、水曜社、２０２２年

三　パンデミック下の公民館と学校を結ぶ

はじめに

公民館には「集い」「学び」「結び」の基本的な機能がある。これまで公民館は、これら三つの機能の循環を地域社会に生み出してきた。しかし、新型コロナウイルス感染症（COVID－19）のパンデミック下で、公民館の基本的な機能はいずれも大きな影響を受けることになった。

本稿では、新型コロナウイルス感染症のパンデミック下における公民館の状況を概観したうえで、特に学校との関わりに焦点を当てる。困難な状況下で取り組まれたいくつかの事例から、これからの公民館と学校の連携のあり方について議論していきたい。

1．パンデミック下における公民館

2020年に入り、日本国内でも新型コロナウイルス感染症が広がりはじめた。同年2月末、首相の指示により全国で学校の一斉休業が突如はじまった。各自治体では、学校の臨時休業を引き金に、

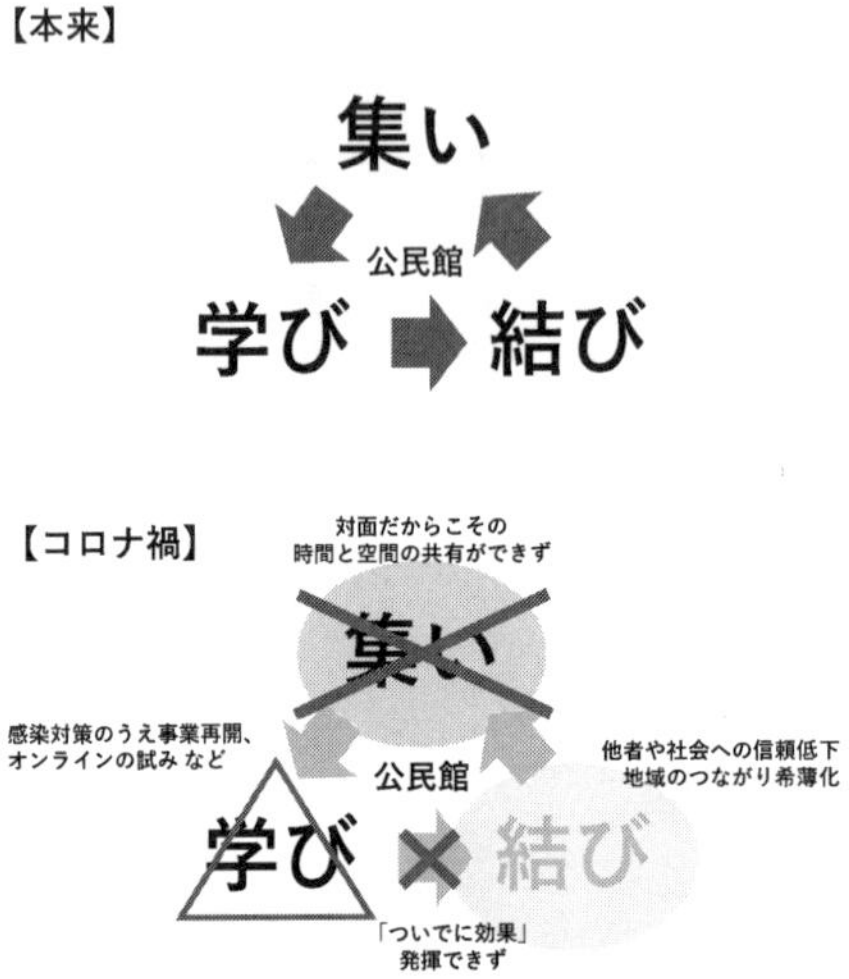

コロナ禍での公民館機能に関する状況
（筆者作成）

公民館についても施設利用休止の判断を下した。他の公共施設も含めて、一律の臨時休館措置を講じた例が多くみられた。その後、同年4月には各都道府県知事が「緊急事態宣言」を発出し、公民館の事業や行事は相次いで中止や延期の対応を余儀なくされた。この間、コロナ禍と称され、平時とは異なる社会情勢のなかで、公民館が受けていた影響について、図のとおり整理を試みた。

　第一に、公民館への入り口ともいえる「集い」の場面で大きな制約が生じた。コロナ禍の初期、特に公民館の臨時休館が長く続いた時期には、そもそも公民館という場に市民たちが集うことはできなくなっていた。そうした状況下にあっても、公民館の利用サークル・団体内でコミュニケーションが図られ、活動を継続しようとしていた状況が明らかになっている[1]。しかし、同じ空間と時間を共有し、顔を合わせて膝も突き合わせて学び合うという公民館の本領は発揮できなくなっていた。さらに、事業の中止により、新たな利用者が公民館に集うことも困難な状況であった。その後、自治体や地域ごとに、感染対策を講じながら条件付きで施設利用を順次再開した。しかし、2023年現在でもなお、高齢者中心の団体・サークルや重症化リスクの高い市民など、公民館に戻ってきてない利用者もいる。公民館の「集い」の機能は、未だ完全に回復したとはいえない。

第二に、公民館の「学び」の機能については、様々な工夫が凝らされた部分である。感染対策を図りながら再開された事業をはじめ、オンラインを取り入れた講座の企画など、公民館の「学び」のアップデートともいうべき状況がみられた。事業の実施方法の多様化ともいえる。そのなかで、利用者一人ひとりの置かれた状況や背景への感度が高められた面もある。「いつでも」「どこでも」「誰でも」学べるという生涯学習の基本理念があらためて確認された。さらに、オンラインによって遠隔で学びを届けようとする動きが生まれた。そのなかで、これまで公民館を利用してこなかった市民の層や直接来館することの難しい市民の層に視野を広げることができたケースもあるだろう。

第三に、公民館の「結び」の機能の低下である。平時であれば、利用者の「学び」を利用者同士の「結び」につなげていくプロセスに、公民館主事の専門性が発揮されてきた。しかしコロナ禍の日本では、感染者のクラスター発生を防止するため、他者との接触を避けたり減らしたり距離を置いたりする行動様式が感染症対策として求められた。そのため、たとえば公民館講座の参加後にお茶を飲んだり食事をともにしたりするようなコミュニケーションに制約が生じた。いわば「学び」の余白の「ついでに効果」を発揮しづらくなり、学んだ人同士がつながりを結んでいくことが難しくなっていた。

こうして人々の間での「結び」が弱まっていけば、他者への信頼は低下し、地域社会のつながりの希薄化に拍車がかかっていく。

以上のように、ウイルスの脅威を前にした感染対策上の行動様式は、これまで公民館が大切にしてきた基本的な機能のあり方を大きく揺るがしてきた。感染対策のみを追求していれば、公民館は機能不全となり、市民の個人化や孤立化が進んでいく。その際、公民館単独での機能維持がうまくいかなくなったとき、打開策の一つとして考えられるのが外部との連携である。以下では、学校との連携によって、公民館がコロナ禍でどのような役割を発揮しようとしていたのかについてみていく。とりわけ、感染拡大防止の観点から、コロナ禍の学校では、外部機関や部外者との関係をシャットアウトするような傾向がみられていた。こうしたなかで、本来、学校にとって地域社会の身近なパートナーであった公民館が、どのような関わりをしていたかについてみていきたい。

2．コロナ禍で取り組まれた公民館と学校の連携

⑴　学校の置かれた状況を踏まえた公民館の取り組み

まず、子どもたちの生活や学習に目を向けた公民館の動きを二つの自治体の例から取り上げる。

千葉県千葉市では、おおむね中学校区ごとに47の公民館が配置されている。公益財団法人千葉市教育振興財団が指定管理者となっており、公民館職員の多くが教職経験者である。館長が元・校長であ

る例も少なくない。このような公民館の施設配置や職員休制を背景とし、コロナ禍の市内各公民館では、子どもたちのための事業にも力が入れられた。たとえば、公民館の施設を自習スペースとして開放する取り組みを複数の館が取り組んでいた。

コロナ禍の学校は、突然のトップダウンによる臨時休業措置にはじまり、新年度になっても分散登校や時差登校での授業再開となり、通常どおりの教育活動の実施は困難な状況が続いていた。そのなかで、子どもたちの居場所を公民館がセーフティネットとして整備しようとしていた。その際、公民館と学校での情報共有が平時よりも密に行われた点が注目される。未知のウイルスに向き合うという共通の課題に、学校ではどのような対応を図っているのか。かたや公民館としてはどのような対処をすればよいのか。互いの置かれた状況への理解が深められた。

事業における学校との連携も取り組まれた。たとえば、コロナ禍によって成果発表の機会がなくなった中学校の文化系部活動への関わりである。千葉市土気公民館では、Ｚｏｏｍを用いた演奏会を企画した。地区の高齢者施設と公民館をオンラインでつなぎ、吹奏楽部の演奏会を開催した。

コロナ禍の学校が一斉休業からの再開後、まずもって優先したのは正規の教育課程を取り戻すことである。吹奏楽部の生徒たちは、コンクールや定期演奏会の中止により、これまでのような発表の場を失っていた。こうした状況を踏まえて公民館は、学校の教育課程外に位置づけられている部活動に焦点を当てた。そのうえで生徒たちと施設の高齢者たちをつないだ。単なる学校支援ではない、公民館ならではのアプローチであったといえる(2)。

群馬県高崎市では、コロナ禍において、公民館が夏休みの主催事業を平時よりも充実させようとする動きがみられた。高崎市には、中央公民館と44の地区公民館がある。地区公民館はおおむね小学校区ごとに設置されている。そのなかで高崎市東公民館は、小学校に隣接していることもあり、もともと子どもたちの利用が多い館であった。コロナ禍では、「公民館だより」の子ども版を発刊した。学校の児童・生徒向けに、講座や行事をわかりやすく紹介して参加を呼び掛けた。学校が厳しい状況に置かれていたからこそ、子どもたちの体験的な学びの機会の創出に一層力を入れた。

コロナ禍の学校では、2020年度はもちろん、2021年度になっても運動会や修学旅行、社会見学や地域学習の中止や縮小が続いた。学校では、地域・自治体における感染者数の動向はもとより、学校全体、学年全体、学級全体の状況を見極めながら行事の開催可否を判断していた。教育課程として実施する以上、原則全員の参加を想定する必要がある。全員の参加が難しければ、安全サイドに考えて中止の決断となるのが学校の論理ともいえよう。他方で公民館は、社会教育機関である。そのため、そもそも参加するかどうかは各々が主体的に判断するという原則に立ち、コロナ禍であっても、学校よりかは事業の開催可否を柔軟に判断できた。

こうして高崎市東公民館では、小学校の状況をみながら、コロナ前に比べても土日や夏休みなどに子ども向けの事業を積極的に企画し、多くの参加者を得た(3)。

(2) 公民館と学校の新たな連携を探る

次に、パンデミック下において、学校との連携のあり方を見直すことで、結果として新たな利用者層を広げた事例に注目してみたい。

愛知県豊田市には、中学校区ごとに28館の交流館が設置され、現在は指定管理者である豊田市文化振興財団によって運営されている。かつては社会教育法の規定する公民館として運営されてきた歴史を持つが、2018年に地方自治法に基づく施設として改組されている。

豊田市松平交流館では、コロナ禍で「きぼうのひかりプロジェクト～ペットボトルツリーをつくろう～」を新たに企画した。一人ひとりが自由に絵を描いたり願いを書いたりしたペットボトルを、ツリーのように大人の背丈ほどまで積み上げて、灯りを入れて展示する幻想的なアートである。

ペットボトルツリー
(筆者撮影)

コロナ禍以前、豊田市の各交流館における学校との連携といえば、中学生のボランティアが交流館ふれあいまつり等の大きな行事に参加する形式が主流であった。しかし、コロナ禍で中学生の参加ができなくなるなか、学校と連携するためには、何か別のアプローチを探らなければならなかった。

松平交流館では、2020年度の交流館ふれあいまつり（交流館祭）は中止となったが、2021年度は感染リスクを考慮しながら可能な方法で実施した。芸能部門は映像発表に切り替え、会場では展示部門を中心にするなどの工夫をして、2021年10月、コロナ禍での交流館祭が開催された。このとき、直接来館せずとも交流館祭に参加できるよう、中学生たちには前もって作品を制作してもらうというアイディアを実践した。作品の制作であれば、中学生に限らず、こども園や小学校でもできるという発想を膨らませて、展示制作への参加は各機関に呼びかけた。これにより、コロナ禍前よりも連携先の幅を広げることができた。

コロナ禍の沈んだ気持ちを明るくしようと、「きぼう」を共通のテーマとした。ペットボトルに書かれた言葉には、仲間との交流を願うものやコロナ禍の収束を祈るものなど、切実な言葉が多かったという。交流館祭の当日やプレ展示には、作品を観ようと、子どもたちの保護者をはじめ、学校の教員も交流館を訪れた。開催規模を縮小して実施した交流館祭であったにも関わらず、これまであまり来館したことのなかった層の人々の「集い」が生まれるに至った(4)。

(3) 困ったときこそ互いに助け合える連携へ

最後に、コロナ禍での学校の困りごとに対する公民館のアプローチにも触れておきたい。

パンデミック下で、長野県松本市の地区公民館や愛知県豊田市の交流館の一部でみられたのが、公民館の施設の一部を、学校へ一時的に供用する動きである。各地の学校では、長期にわたる臨時休業を経て、授業再開にあたって感染リスクを減らすために、教室等での密閉、密集、密接を避けるなど、さまざまな苦労があった。そこでこれらの公民館では、協力可能な範囲で学校の教育活動に施設の一部を供用した。両施設が近接していたり複合化していたりする等の前提条件もあるが、コロナ禍での公民館と学校をめぐる一つの試みであったといえよう(5)。

こうした動きは子どもたちの学校教育の学びを保障するために公民館がサポートした例であるが、逆の可能性もありうるかについての検討が重要である。今後、もしも公民館が何らかの事情で使えなくなったとき、学校はどのような対応をとりうるだろうか。これは、学校教育法百三十七条（学校施設の社会教育への利用）と社会教育法第四十四条（学校施設の利用）の間にある問題ともいえる。

困ったときこその支えあいができるかどうか。有事のときに互いを受け入れずシャットアウトする関係では意味がない。コロナ禍では、まさに日ごろからの公民館と学校の連携の真価が問われたといえるだろう。

3．これからの公民館と学校の関わりの展望

新型コロナウイルス感染症をめぐっては、学校教育も社会教育も、正解のない問いに向き合わざるを得なかった。子どもたちにとっては、突然の学校の全国一斉休業はもちろん、授業再開後も運動会

や修学旅行をはじめ、学校行事の中止が相次いだ。マスク着用が続けられ、給食がはじまっても黙食が求められるなど、児童・生徒は不自由な学校生活を送ってきた。

こうしたなかで地域の公民館が、社会教育機関としての特性を生かし、子どもたちの自由で主体的な学びの条件整備を図ることができたかどうかが重要である。コロナ禍における学習権の保障は、自由で主体的な学びの条件整備を根本とする社会教育の強みが本来発揮されるべき局面であったといえる。各地の公民館は、未知のウイルスに対する人類共通の脅威と対峙しながら、しかし、公共施設を一律としたトップダウンの利用制限や職員の勤務体制の変更が課せられ、厳しい条件下で苦しみながら可能な取り組みを模索し切り拓いていったというのが実情であったといえよう。

他方で、コロナ禍でも運動会や修学旅行を実施することのできた学校のなかには、校長ひとりの決断ではなく、開催決定の過程で学校運営協議会の支えがあったところもあった。校長個人の意思ではなく、地域や家庭の願いとして、子どもたちの学びの機会が失われないよう各所に働きかけた。行事を開催して感染クラスターを発生した際の責任の所在をめぐって学校が躊躇しがちな状況があったなかで、地域と家庭が学校とタッグを組むことによって子どもたちの学びの機会を守ることができたのである。

同様のことは、公民館に関してもいえるだろう。コロナ禍で公民館の運営が厳しい状況に置かれていたなかで、公民館運営審議会はいかなる議論を交わしていたか。臨時休館を経て、公民館に対しては、「施設を再開してほしい」という利用者の願いはもちろん、「開館すればまた感染が広がるのではないか」という「自粛」を求める意見も届いたことだろう。市民の置かれた状況と意見や価値観が多様であり、公民館の目指すべき方向を見定めていく必要があるときにこそ、公民館運営審議会の役割が問われる。たしかにコロナ禍の初期には会議自体の開催が困難な状況があったかもしれない。しかし、パンデミック下での対話を模索して、協議の機能を維持しながら、コロナ禍の公民館が目指すべきあり方を明らかにしていく役割を公民館運営審議会が果たす必要があったのではないかと考えられる。

この視点からすれば、東京都国立市の公民館運営審議会が２０２２年10月に答申した「新型コロナウイルス感染拡大時における教育機関としての公民館事業について」(6)は、コロナ禍での公民館を取り巻く状況について調査し記録した点で資料的な価値を有するとともに、公民館運営審議会の果たすべき役割をパンデミック下において浮き彫りにしたという点で、優れた公民館づくりの実践の成果であるともいえる。

近年、コミュニティ・スクールの推進が全国的に加速化している。地域や自治体によっては、学校運営協議会の委員に公民館の関係者が入る例もみられる。その際、たとえば公民館運営審議会には学校関係者が入り、学校運営協議会には公民館関係者が入るという相互乗り入れが有効になると考えられる。それぞれの教育機関の特性を理解し合い、子どもも大人も学び続けられるための地域の教育環境をともにデザインしていくことが重要である。それには、公民館と学校が活動レベルでの連携に留まらず、ビジョンや方針を見出していく協議レベルでの連携を築いておくことが求められる。こうした重層的な公民館と学校の連携のネットワークが、社会が困難な状況に陥ったときにも、人々の暮らし学びを守り抜いていくのであろう。

（丹間　康仁）

(1) 丹間康仁「コロナ禍における公民館利用団体の学習活動の状況—日野市中央公民館を事例として—」『日本公民館学会年報』第18号、２０２１年、１１８-１３０頁
(2) 丹間康仁編『広がれ！地域のスマイル—ささえ会える公民館から—〈コロナ禍に向き合う社会教育Ⅰ〉２０２１年度大学地域連携成果集』２０２２年
(3) 丹間康仁編『どんな時でも地域の居場所—つながりを支える公民館—〈コロナ禍に向き合う社会教育Ⅱ〉２０２１年度大学地域連携成果集』２０２２年
(4) 竹井沙織・丹間康仁「コロナ禍における市民の学習活動と交流館の運営に関する研究（集計結果）」２０２２年２月報告版および同年2月1〜2日に実施した交流館での聞き取り調査に基づく。
(5) 大蔵真由美・丹間康仁「コロナ禍における松本市地区公民館の運営に関する研究（集計結果）」２０２２年３月報告版に基づく。
(6) 第33期国立市公民館運営審議会「新型コロナウイルス感染拡大時における教育機関としての公民館事業について（答申）」２０２２年10月

四　公民館建築と住民参加
―私の小さな物語

この頃の私はマスメディアの中の公民館が関心事である。ドラマで公民館の建物や公民館前というバス停が登場したかと思えば、旅番組の風景として公民館が出てくる。災害時の避難場所公民館は定番である。先日は公民講座、熱中症予防センターを公民館に設置というのを目にした。「戦後生まれの新参公民館がよくもここまできたものだ」とつぶやいた大先輩の言葉が浮かんでくる。

本文標題である「公民館・建築と住民・参加」の意味はそれぞれの単語が対応関係にある。さらに時間・空間という広がりが加わる。ひとつの風呂敷に包み込むことができない事象である。俯瞰すれば、建築論より場所論、住民の概念と定義、関係者の共通言語、という課題が見えてくる。

戦時中、大量の木材需要で日本の山林は丸裸となった。国は植林事業を推進し、庶民の建材である杉の苗が大量に植えられた。童謡「お山の杉の子」が流行し私も歌った。その杉材は七〇年余りたって今が使い頃である。公民館も生まれて七〇年余り、使い頃ではないか。

記憶の中の公民館

一九五一年、敗戦後の日本占領軍総司令官が離日するとき、盛大なパレードのラジオ実況中継があった。六歳の私は家族と聞いた。その頃近くの神社に子供たちが集められ、映画会のあと児童会が開かれた。ナトコ映画と移動公民館の類だと推察している。

一九五八年頃、私が通った中学校の担任教師が毎週決まった曜日に中退するのに気付き、どこにと尋ねた。近くの公民館という答えが返ってきた。コーラスの指導に通っていたらしい。好きだった先生が我々を残していそいそと出かける公民館が気になった。

一九六四年、市中央公民館が竣工した。記念に歌舞伎公演があり学校の課外授業として観劇した。初めて公民館を空間体験した。

一九六五年、私は大学に入学した。そこでさっそく全国公民館調査レポートに出会う。建築学会から刊行の「建築設計資料集成4」(公民館の章) の基礎資料だった。

建築計画を主題とする研究室所属の私は、大学院で研究テーマを決める段になって社会教育施設が現れた。ならば自分が等身大で接することのできる施設をと考え、青少年施設に的を絞った。

一九七〇年、東京都八王子青年の家を皮切りに都内の青年の家を回り、そこで知り合った方々で構成されていた研究会に参加する。一機能一施設として公共施設が乱立していく頃で、建築計画課題としては公民館より図書館・青年館・婦人会館・老人憩いの家などが優位だった。

一九七三年、東京都小金井市青少年センターの設立に関わる。既存施設「浴恩館」の転用だった。浴恩館の建物は一九二九年に天皇即位式神宮更衣所として建てたものを日本青年館が貰い受けたものである。解体移築に関しては地元青年団の奉仕があった。ちなみに古い建物を解体移築することを「生け捕りにする」という大工言葉がある。生け捕りにされた建物は大日本連合青年団講習所となり、下村湖人が所長となる。この場所で下村は「次郎物語」を書く。この物語は敗戦後間も無い時代の人気ラジオドラマとして、多くの児童・少年の心をとらえた。私も夢中になって聞いていた。

浴恩館は一九四五年に日本青年館本館となる。一九五〇年にはここで文部省主催公民館指導者講習会が開かれている。一九七三年小金井市に売却される。

そうして小金井市はこの建物に青少年センターを開設することになった。開設準備室から東京都青年の家研究会メンバーの紹介で私に相談があり、「浴恩館と青少年の明日を学ぶ会」を結成する。既設公民館の利用団体、地元大学サークル、浴恩館関係者などとともに二年かけて報告書を作成した。敷地内にある下村湖人の歌碑「大いなる　道といふもの　世にあると　思ふ心は　いまだも消えず」が研究会の合言葉だった。

その後の私は、公民館という総合施設と青年館という専門施設の配置問題、公民館とコミュニティセンター問題、公民館再編問題など、色々な局面に出会うことになる。

公民館はそれぞれの地域的個性に対応した地域的個別解として存在する。現代に生きている公民館は各地の関係者の地道な尽力によるもので、その土地の匂いがする。木造の日本家屋が各地の工務店の努力によって継承されているようなものかもしれない。五重塔と同じように部位部材が互いに支え支えられる「総持ち・総がらみ」となる。関わった人たちの力の総和が倒れない建物を作る。

プロポーザル方式

東京都小金井市貫井北町地域センター建設事業とも私は関わった。地区公民館と図書館分館が一体となる施設をプロポーザル方式で建設するにあたり、小金井市教育委員会生涯学習部公民館から公民館学会会員の紹介で私に相談があった。

二〇一〇年のことで私はちょうど公民館学会出版「公民館のデザイン」の編集委員長だった。当然ながらこの本で示す施設づくりを指針とした。

早速、公民館主催講座として地域センター施設研究講座全十四回が開かれ、私は2回を受け持った。翌年さらに同講座パート2として6つのゼミに分けた講座をそれぞれ6回開催した。地域で活動し公民館・図書館を必要とする大勢の地域住民がいた。この公民館講座の成果と図書館利用者懇談会、自治会連合会の要望を踏まえて施設の要項が市公民館主導で作成され、プロポーザルの施設要求水準が提示された。

プロポーザルでは、建築家でもある地元大学教授が設計者選定委員会委員長に、私は副委員長を勤めた。審査のルールについて市当局と激論の末、設計者の考え方を選定基準にするという基本ルールのもと、建築専門委員の専門性を重視する審査方式を決定した。日本を代表する設計者多数の応募があり、公共建築で多大な実績を持ち社会教育施設に対する適切な認識を示した建築設計事務所が選ばれた。

設計者選定委員会はほぼそのままの構成で市民検討委員会となり、基本設計を入念に検討した。設計料の多寡で実施設計業者を決める競争入札という慣例を修正し、今回の建物の本質を熟知した基本設計者に継続させるという委員会決議をして市長に請願し認められた。当然のことながらこれらの委員会はすべて公開で行われた。二〇一四年、施設は開館の運びとなり、運営に関わる特定非営利法人参加者の募集が行われた。この事例はプロポーザル方式の可能性を示唆するものとして日本建築家協会の機関紙で紹介された。市の公民館担当者が建設プロセス全般をプロデュースしたことは画期的なことだった。

議会と公民館と談話室

公民館の施設空間は、社会教育施設の本分である学習諸室と自由利用に解放されるオープンスペースとに二分できる、というのが私の博士論文だった。オープンスペースあるいは学習諸室の合計面積の建物総床面積に対する割合を、それぞれオープンスペース率・学習諸室率として計算すると、施設の類型化指標となる。

二〇一四年、私の施設空間論に興味を持った学校建築研究の第一人者から仕事が舞い込んだ。平成の市町村合併、公共施設の再編で公民館は他の施設に複合される事例が頻繁となり、公共施設の複合と連携が課題だった。福島県会津美里町での公民館・図書館・町舎・町議会を複合する建築計画に協力を求められた。私は設計者選定委員会・施設建設委員会の副委員長を勤めた。

町舎・議会関連諸室は、職員の作業空間となるバックオフィスや機密保護のための領域設定が必要で閉鎖的になりがちである。その閉鎖性を打破する公民館・図書館・大ホール・庁舎・議場をつなぐモール（幅員の広い通路）が設計者の提案だった。庁舎の待合ロビー・議場前のフリースペース・公民館と図書館前の談話室を連結させる空間である。談話室は、モールの拡張部分となり和室に連接し、二人掛け、四人掛け、六〜八人掛けの席などが多様に並び、議場を吹き抜けで見上げる議会のロビーともなる。施設内には多目的に使用する小室を七室設置し、内部のどの機関もが利用可能と設定した。併設する各機関の独立性を保ちながらオープンスペースを共用する解放的な複合施設となった。

利用者懇談会やワークショップで町民の意識は高まった。町民である町役場の担当職員も同様だった。施設建設委員会ではこのプロジェクトのキャッチフレーズを「美里の広場　私の広場」と定め、広報などで活用した。私が建築計画に参画し始めてから五年の歳月を有して、二〇一九年二月竣工した。

施設名称は公募の結果、当地出身の慈眼大師にちなみ「じげんプラザ」と名付けられた。大規模施設ということもあって設計者選定プロポーザルには多くの著名な設計者が応募した。選ばれたのは会津盆地の地吹雪の厳しさと、そこに集う町民の顔を知った地元出身の熟練設計者だった。建設過程にあっては、合併前の各町公民館組織、行政オンブズマン、地元林業者などの活躍もあり内容を深めた。さらに「統治の対象としての住民から自治の主体としての住民へ」という課題を持ち、住民参加の意味を提起した同町まちづくり政策課職員がいた。その論考は「住民論」（渡辺朋宏二〇二〇年公人の友社）となって出版されている。

筋書きにない演者たちが次々に出現し、施設づくりに足跡を残した。まさに「風土の意匠」となった。私はこの複合施設を「ドレッシングのような複合」と表現することにした。

三代目公民館

私の公民館での学びはロビー論に集約できる。ロビーは施設の顔である。その顔つきが公民館のあり様を物語る。不特定利用者が右往左往する会館型、落ち着いた懇談・打ち合わせの席となるクラブハウス型、なじみの利用者が頻繁に入れ替わる専門館型、多目的に使われる広場型、というように公民館の利用形態はロビーの様相となる。これを実証する仕事がきた。

二〇一六年、複数の公民館学識者からの推薦ということで、大分県由布市教育委員会社会教育課から私に相談がきた。かねてより取材を重ねていた湯布院からである。自由な身の私は手弁当で駆けつけた。

由布市湯布院地域には旧湯布院町の中央公民館が既存施設としてあった。一九七二年に地元の設計者が手がけたレベルの高い公民館建築である。同じ頃竣工した千葉県千倉町中央公民館と同様のスタイルを持っていた。ともに公民の館という様相を持ち、ロビー中心の空間構成があり、学習諸室率の高い公民館である。

既存公民館は現行の耐震基準を満たしておらず、先の熊本地震で被害を受けた。設備の老朽化も甚だしい。ということで建て替えが決定した。一九五六年設置の湯布院町公民館から数えて当地で三回目の公民館建設である。現代では先祖代々土着の住民・転居先から帰省中の住民・湯布院の魅力に引き寄せられ移住してきた新住民・別荘の短期滞在者などの公民館利用者がいる。土着の公民館にも新しい風が吹いていた。

私が相談を受けたとき、由布市では平成の町村合併を契機に公共施設整備が進められ、湯布院地域公民館のプロポーザル要項の作成が当面の課題であった。主管が教育委員会社会教育課であることからプロポーザル等建設業務に不慣れなことなどの状況説明を教育長から受け、私は市のアドバイザーとなった。この人事に市議会で質問がでた。さすが映画祭・音楽祭・国際会議などのイベントづくりで先進的試みを連発している湯布院である。まちづくり行政には関心が高く敏感である。

二〇一六年から、公民館づくり市民塾・公民館建設に係る市民懇話会・まちづくり協議会・関係団体の意見交換会などが同時並行で開催され、私も3回講演をした。市担当者とは頻繁にメールで意見交換をし、意見書を出し、参照事例見学を共にした。ここで共通認識が醸成され施設の要件が整理された。施設づくりのコンセプトは「生活と文化が融合するまちづくり拠点」と表現された。

新築公民館は、公民館分館・図書館分館・庁舎事務室が入る湯布院地域複合施設となった。プロポーザルによる設計者選定→工事監理業務者選定→施工業者選定をへて二〇二一年竣工、施設の愛称は公募により、生活・図書館・芸術・文化・地域社会の英訳頭文字をとって「ラックホール」となった。さっそく「湯布院公民館運営計画」が提示され、主催事業（講座・芸能文化・人権教育・自治公民館支援）、地域協育推進事業（人材活用・青少年交流体験・社会教育推進）など、三代続く活動が新しい建物で展開する。

建物は市民活動を入れる器に過ぎない。器には幕の内弁当のように適切適性な盛り付けがなされる。市民活動の盛り付けは住民参加の力量による。民度が試される。

この施設の建築計画の特色はロビーである。三階建で各階にほぼ同じ面積のロビーを重層する。大ホールのある一階ロビーはワイワイガヤガヤの会館型、公民館事務室のある二階は談話・懇談のクラブハウス型、活動諸室のある3階は個人利用の専門館型、と様相は分かれるが階段室で空間は連続する。騒々しさが階を上がるごとに静かになる。

この構成は、一九六〇年代、東京都で都市型公民館のあるべき姿として小川利夫が提唱した「公民館三階建論」つまり自由な溜まり場・出会いの場→グループ・サークル活動の場→継続的な学習活動の場と重層的に展開する構成と符合する。意図せず公民館研究の軌跡が湯布院に現れた。

私はこの複合施設を「七味唐辛子的複合」と表現することにした。一粒一粒に役割があり、どの一粒が欠けても不具合になる。

計画整合性の論理

「公民館で学ぶ」という本書の大きな物語の中に飲み込まれて意味を持つことを期待して、私（建築計画学）と公民館の小さな物語を記した。

草創期の公民館が今や三代目の建物を必要としている。それは国土計画・都市計画・地域計画・まちづくり計画などの要求に組み込まれる。建設計画・開発計画・復興計画・地域社会計画・総合計画などという命題に振り回される。自治の主体者としての住民の要望、所管する行政の規範、社会教育法・制度の理念に縛られる。そして公民館の存在は、叙事的であり叙情的である。

これらをつらぬき計画の正当性を証明する論理はあるのだろうか。論理的矛盾をはらまない公民館はあるのだろうか。主観や独善の競い合いを捨てて、次善の結論を求める方が得策であるということを「計画論理学・青木義次」は教えてくれている。

（浅野　平八）

五　公民館職員をめぐる今日的課題

―「つながりづくり」とその先を見据えて

はじめに

『公民館で学ぶⅤ』が刊行された二〇一八年以降の五年間をふり返ると、公民館職員にも大きな影響を及ぼす制度の創設や社会的な出来事があった。二〇二〇年度より導入された「会計年度任用職員制度」と「社会教育士の称号制度」、そして、二〇二〇年の年明けから始まった「新型コロナウイルス感染症のパンデミック」である。本稿では、これらに焦点を当てながら、公民館職員をめぐる今日的課題について考察し、ポストコロナ時代のあり方を展望したい。

1．会計年度任用職員制度

(1)　制度の趣旨と実態

厳しい自治体財政状況が続くなかで、地方公務員の非正規化・非常勤化が推し進められてきた。臨時・非常勤職員の数は増加の一途をたどり、二〇一六年四月の時点で六四・三万人に上っている。こうした状況のもと、二〇一七年に地方公務員法・地方自治法が改正され、二〇二〇年度より会計年度任用職員制度が導入されることとなった。臨時・非常勤職員が「地方行政の重要な担い手」となっている現実をふまえ、その「適切な任用・勤務条件を確保する」ことが趣旨である(1)。これにより、特別職非常勤職員・臨時的任用職員の任用要件を厳格化し、一般職の会計年度任用職員に移行させるとともに、期末手当の支給など、限定的ではあるが処遇の改善を図ることも可能となった。

しかし、制度化以降も、賃金・福利厚生などにおける正規職員との不合理な格差は是正されておらず、一部自治体では期末手当を支給する代わりに毎月の賃金を減額するなど、制度が適正に運用されていないことも指摘されている(2)。また、文字通り一会計年度の有期雇用のため、翌年度も継続して雇用される保障はなく、労働契約法の適用外でもあることから、五年間、同じ職場で働き続けたとしても民間のように無期雇用に転換されることもない。こうした不安定な雇用のもとで、臨時・非常勤職員の数はさらに増加し、二〇二〇年四月には六九・四万人にまで達している（うち約九〇％が会計年度任用職員）。

(2) 公民館における非常勤職員

社会教育調査（基幹統計調査）では、一九八七年度の結果より公民館における非常勤職員の数が公表されている。次頁の表は、本調査の結果をもとに、非常勤職員の割合を算出したものである。二〇

【表】公民館における非常勤職員の割合

S62 1987	H2 1990	H5 1993	H8 1996	H11 1999	H14 2002	H17 2005	H20 2008	H23 2011	H27 2015	H30 2018	R3 2021
46.4%	47.0%	49.1%	51.1%	52.7%	54.1%	56.0%	58.4%	53.2% 7.3%	54.0% 9.1%	52.6% 10.6%	52.7% 11.8%

※社会教育調査の結果より算出
※二〇一一年度以降の下段の数値は指定管理者の職員の割合

一一年度からは指定管理者の職員の数が別立てで示されるようになったため単純に経年変化をとらえることはできないが、公民館職員においても確実に非正規化・非常勤化が進行し、一九九〇年代半ば以降、非常勤職員が過半数を占めるようになっている。

二〇二〇年度より、自治体直営の公民館で働く非常勤職員の大多数が、一般職の会計年度任用職員として位置づけられることとなった。しかし、制度化以前と比べて、大きく処遇の改善が図られたとは言い難い。二〇二三年度の公民館職員（会計年度任用職員）の募集情報を散見すると、おおよそ次のような状況である。①時給は一一〇〇円前後であり、期末手当については支給されるところが多い。②パートタイムでの募集が中心で、勤務日数は週三日から四日程度（土日を含む）が多い。③業務内容としては、公民館事業の企画・実施や団体・サークル活動の支援など、正規職員の公民館主事が担っているような仕事と大差ない内容が求められているケースも少なくない。④一部に、必要資格として「社会教育主事の資格」を求めているところも見られるが、言語聴覚士・学芸員・看護師・保育士・児童厚生員などを必要資格とする他の職種と比べると、時給は数百円から一〇〇〇円以上も低い（必要資格のない職に近い額である）。

こうした募集情報からも、公民館で働く会計年度任用職員の多くが、期末手当については支給されるようになったものの、年収二〇〇万円に届かない官製ワーキングプアの状態に置かれていると考えられる。また仮に、「社会教育主事の資格」を有し、専門職員としての役割を期待され、正規職員の公民館主事と同じような業務に従事していたとしても、それが賃金に反映されていないのが現状だと言えよう。こうした状況は、制度化以前と同様であり、「やりがい搾取」と言われる構造のもとで、大きな不安や怒りを抱えながら働くことを余儀なくされている(3)。

公民館職員の過半数を占める会計年度任用職員の処遇を改善し、少しでも安心・安定して働き続けられる条件を整備していくことは、今後の公民館の発展を展望する上でも重要な課題である。そのためには、すべての自治体に会計年度任用職員制度の趣旨をふまえた適正な運用を徹底させるとともに、会計年度任用職員自身がつながり、労働組合やネットワークなどを組織して声を上げていくことである(4)。他方、正規職員においても(正規職員にこそ)、公民館職員にも持ち込まれてきた分断と自覚的に向き合い、それを乗り越えていくための行動が強く求められるのではないか。また、公民館職員をめぐっては、正規・非正規の違いだけでなく、二〇〇三年からの指定管理者制度の導入、二〇一九年の首長部局移管を可能とした法改正(特定社会教育機関)などによって、多様な立場の公民館職員が生み出されてきた。こうした立場の違いによる分断を克服し、同じ公民館職員として支え合い、高め合えるようなつながりを意識的に創り出していくことも今日的な課題である。

2．社会教育士の称号制度

⑴　社会教育主事講習等規程の改正

「社会教育主事が人づくりや地域づくりに中核的な役割を担うことができるよう、その職務遂行に必要な基礎的な資質・能力を養成する」[(5)]ことを趣旨として、二〇一八年に社会教育主事講習等規程が改正、二〇二〇年度より施行された。これにより、社会教育主事講習及び社会教育主事養成課程の科目が見直されるとともに（「社会教育経営論」「生涯学習支援論」の新設など）、その修了者に対し、資格を汎用化させる形で社会教育士の称号が付与されることとなった。

規程改正後の新しい養成カリキュラムにおいては、コーディネート能力、ファシリテーション能力、プレゼンテーション能力といった汎用性の高い能力の養成も視野に入れつつ、①生涯学習・社会教育の意義など教育上の基礎的知識、②地域課題や学習課題などの把握・分析能力、③社会教育行政の戦略的展開の視点に立った施策立案能力、④多様な主体との連携・協働に向けたネットワーク構築能力、⑤学習者の特性に応じてプログラムを構築する学習環境設計能力、⑥地域住民の自主的・自発的な学習を促す学習支援能力の養成に留意することが求められている[(6)]。これらの諸能力に関して、とりわけ④⑤⑥にあっては「学習者と直接向き合っている教育機関、主として公民館で働く職員に求められる能力とほぼ同一のものと理解してもよいであろう」[(7)]との見方もできる。さらに、三つの汎用的能力は当然のこととして、公民館職員には、①の知識や②の能力も必要となるだろう。

⑵　公民館への社会教育士の積極的配置

このように考えるならば、公民館職員が社会教育主事講習を受講することや、社会教育士を公民館に配置していくことは、専門職としての資格制度が存在しない公民館職員の専門性を担保する上で有効な手立てとなりうる。これまでも、一部自治体では、次善の策として、「社会教育主事の資格」を有する者の公民館への配置が進められてきた。しかし、二〇二一年度の社会教育調査の結果から計算すると、資格を有する公民館職員の割合は、専任職員の8・1％、兼任職員の7・2％、非常勤職員の2・3％、指定管理者の職員の6・4％に留まっている。

こうしたなかで、二〇二三年に閣議決定された第四期教育振興基本計画の目標一〇「地域コミュニティの基盤を支える社会教育の推進」に係る指標のひとつとして、「社会教育士の称号付与数の増加、公民館等における社会教育主事有資格者数の増加」が位置づけられたことは注目される。しかしながら、会計年度任用職員などの非正規の公民館職員が、社会教育主事講習に係る費用を自己負担して受講することは容易ではない。また、正規・非正規にかかわらず、約一か月間、勤務する公民館を離れて講習に参加するには、職場の理解と協力が不可欠となる。そのための対応として、今後ますますICTを活用したオンライン講習（オンデマンド型の講習）が推奨されていくことも予測されるが、それによって講習の質や地域性が担保されるのかという懸念もある[8]。これらの諸課題を克服しながら、公民館への社会教育士の積極的配置を実現できるかが今後の課題となるだろう。さらに、非正規の公民館職員においては、社会教育士の称号（社会教育主事の資格）を有していることが、雇用の安定や賃金にも反映されるような仕組みを用意していくことも必要ではないだろうか。

3．新型コロナウイルス感染症のパンデミック

(1) コロナ禍の公民館

新型コロナウイルス感染症のパンデミックが始まった二〇二〇年には、「新しい生活様式」の徹底が叫ばれ、二度にわたり緊急事態宣言が発出された。こうした状況のもと、公民館も休館や利用制限を余儀なくされ、多くの事業が中止・延期に追い込まれることとなった。

人がつどい、交流し、共に学び合うことを本旨とする公民館にとって、つどうこと自体を制限されるというのは、これまでに一度も経験したことのない事態であった。地域住民の姿が消えた公民館で、職員は当惑したことだろう。しかし、次第に「何かできないか」と試行錯誤がかさねられていく。当時は、いま以上にインターネット環境が整っていない公民館も多かったが、なんとか工面して、オンラインを活用した学習機会の提供（ＹｏｕＴｕｂｅによる動画配信など）に取り組む公民館が増えてくる。他にも、ケーブルテレビによるテレビ講座、コロナ禍で経済的に困窮している人たちを支援するフードドライブ、休館期間を活用した職員会議・研修、館内整備、ＳＮＳや館報などによる情報発信やつながりを絶やさないための電話などでの声かけ等々が取り組まれてきた。

コロナ禍の初期における「学びを止めない」ための模索を通じて、多くの公民館職員が、これまでの公民館のあり方を問い返し、今後の仕事にも活かされるであろう多様な気づきを獲得することとなった[9]。とりわけ、「コロナ禍で明らかになった問題をどう解決していけばよいのかを考え合い学び合うことこそ、公民館に求められていると言えるし、そのことが期待されている」[10]との気づきは示唆的である。それは公民館職員の仕事の根幹を再確認するものであり、ポストコロナ時代に向けた公民館職員のひとつの役割を指し示している。

(2) 暮らしの課題に挑む公民館職員

住民がみずからの暮らしを見つめ、〈私〉の課題をつかみ取り、他者との対話を通じて、〈私たち〉の課題に切り結んでいくこと。そして、〈私たち〉の課題と向き合い、その背後に存在する地域や社会の現実にも視野を広げながら、課題の解決に向けて主体的・共同的に学びを深めていくことが社会教育活動の本質である。コロナ禍であろうとも、なかろうとも、公民館職員の仕事とは、こうした社会教育活動のプロセスに寄り添い、学びが深まるように働きかけ、支えていくということに他ならない。

では、約三年にわたって続いてきたコロナ禍の影響を受けて、私たちの暮らしには、どのような課題が浮き彫りになっているのか。そして、その背後に存在している地域や社会の現実とはどのようなものなのか。

いま、公民館職員に求められていることは、目の前の住民と丁寧に向き合いながら、この問いに対して真剣に想いを巡らせることである。そして、孤立を深めている住民をつなぎ、コロナ禍で浮き彫りになった暮らしの切実な課題に挑む、気骨のある公民館実践を住民とともに創り出していくことである。

おわりに

二〇二三年五月八日、新型コロナウイルス感染症の位置づけが五類感染症に変更され、コロナ禍も新たなフェーズに移った。おわりに、ポストコロナ時代の公民館職員のあり方を展望しつつ、本稿で確認してきた内容から、あらためて次の二つの課題を強調しておきたい。

一点目は、公民館職員にも持ち込まれてきた立場の違いによる分断を、いかに乗り越え、同じ公民館職員としてつながり、支え合い、高め合えるような関係性を創り出していけるかということである。そして二点目は、「いま、公民館職員に期待される役割とは何か」を的確に見定めるということである。それは、コロナ禍で孤立を深めてきた住民が、つながり直し、暮らしの課題に挑む共同的な学びへと向かうプロセスを支えていくということに他ならない。

「つながりづくり」は、コロナ禍以前より公民館職員が大切にし続けてきたことである。いまこそ、職員自身と住民のために、この「つながりづくり」に心を砕き、その先に、共同的な学び合いを通じた「よりよい仕事」や「よりよい暮らし」の実現をしっかりと見据えていきたい。

（越村　康英）

(1) 総務省自治行政局公務員部長「地方公務員法及び地方自治法の一部を改正する法律の運用について（通知）」（総行公第八七号・総行給第三三号）平成二九年六月二八日。

(2) 朝日新聞「会計年度任用職員、待遇改善のはずが　非正規公務員の新制度、移行2年目」二〇二一年五月二四日。総務省自治行政局公務員部長「会計年度任用職員制度の適正な運用等について（通知）」（総行公第一九六号）令和二年一二月二一日。

(3) 佐藤真理子（仮名）「公民館で働く会計年度任用職員（専門職員）の仕事とくらし」（日本図書館協会主催　非正規雇用職員セミナー「社会教育施設で働く非正規雇用職員」二〇二二年一一月二八日　報告資料）。匿名「会計年度任用職員の実際と矛盾：公民館での経験から」自治体問題研究所『住民と自治』二〇二三年四月号。

(4) 公務非正規女性全国ネットワーク（通称・はむねっと）による実態調査やアドボカシー活動などは極めて重要である。

(5) 文部科学省生涯学習政策局長「社会教育主事講習等規程の一部を改正する省令の改正について（通知）」（二九文科生第七三六号）二〇一八年二月二八日

(6) 注5に同じ

(7) 内田純一「公民館主事養成に向けた現代的視点と方法：高知大学地域協働学部における社会教育主事・社会教育士養成課程新設の試みから」『日本公民館学会年報（第一八号）』二〇二一年、二八頁。

(8) 国立教育政策研究所社会教育実践研究センターでは、二〇二三年度より社会教育主事講習［A（夏季）］において、完全オンラインのコースを設けている。またコロナ禍を経て、各大学が実施している社会教育主事講習においても、オンラインの積極的な活用が進められている。

(9) 九州大学社会教育学研究室『コロナ禍における福岡市公民館　12のストーリーズ&アンケート調査報告』二〇二一

年三月。生島美和『コロナ禍における弘前市の公民館活動（弘前学院大学二〇二一年度「社会教育実習」インタビュー調査報告書）』二〇二二年三月。

(10) 田中純子「新型コロナウイルス感染症と公民館：岡山市の公民館の取り組み」『日本公民館学会年報（第一七号）』二〇二〇年、二七頁。

第二章　暮らしと地域を創る学び

一　帰ってきた公民館カフェ

久しぶりの公民館

二〇二二（令和四）年一一月、富津市中央公民館は「コロナ後」初のにぎわいをみせた。公民館カフェの開催は三年八カ月ぶりとなる。「図書リサイクル会」がないので、生涯学習課がすることは移動図書館車の「出店」ぐらいだ。館の正規職員の中に「前回まで」の経験者がいなかったこともあり、むしろ企画（申請）段階で、市民団体である主催者が壁にぶち当たる度「元共催者」として説明し、扉を開いてもらうという作業も久しぶりの感覚だ。年度が変わって、かつて係長だった社会教育主事有資格者が館長として戻った二〇二三（令和五）年四月に開催された「第八回」は、子どもだけの（体験）参加もあって過去最高の出店者数となった。

建物正面の駐車場からエントランス、ロビー、多目的室、そして中庭にまで「お店」が並ぶ。「チャリティーマルシェあじょまーる」と称されるフリーマーケットには、五〇〇円（子ども一〇〇円）で誰でも出店でき、主催者関係の売り上げや寄附金等と合わせ、主催者のボランティア活動などに生かされる。この公民館カフェは、地域密着チャリティーイベントなのである。

広々としたエントランスには民家から譲り受けた丸テーブルと椅子が置かれ、ロビーにはリメイクされた長机が置かれている。一角に設けられた畳のコーナーでは子どもたちが寝転んで遊んでいる。雑誌スポンサー制度で提供された雑誌が並ぶ書架には廃校の棚が再利用された。風が心地よい中庭ではミニコンサートなどもできるようになった。小規模ながら利用しやすくなった二階の図書室。隣には畳敷きの絵本の部屋「お座敷図書室」が、廊下のディスプレイには季節の本や装飾が施される。

築半世紀の公民館がこのように快適な「みんなの居場所」になったのは、この公民館カフェの主催者、ｎｉｇｉｗａｉ（ニギワイ）の活動の賜物である。

突然の贈り物

「公民館の図書室を整理したいんですけど…」

二〇一七（平成二九）年八月、電話を受けた私は驚いた。市長が直接市民の声を聴く「市長座談会」という制度がはじまり、申請したところ、第一回の相手方に選ばれ、市長に話してみると、（心配していた難しい手続きは不要で、）担当に直接言っていいと言われたので架電したとのことだった。

図書館がない市の担当係長として生涯学習課社会教育係に異動となった二〇一六（平成二八）年、その前年から自主学習会を重ねる社会教育委員より、まず既存の図書施設を充分活用することからはじめては、という提言を受け、職場体験の生徒たちと図書の整理を開始し、人手があればどうにかなるという感触を得たところで、ちょうど次は中央公民館の図書室をと考え、すぐにでも人の力がほしいがどうすればよいのか悩んでいた。まさに「渡りに船」だった。（この、行政側の方向性と、子育て世代の市民の自主的な行動が、出会い、さまざまな市民を巻き込みながらやがて「ちばコラボ大賞」として評価いただけるかたちに結実した様子は、『富津市子どもの読書活動推進計画』（二〇一九年三月）の付記「富津市の図書施設をめぐる市民ボランティアの記録」に残る。）

この機を逃してはならないと、読み聞かせサークルや社会教育関係者にも呼びかけ、公民館と共同で「富津市図書ボランティア」を発足させた。本のクリーニングや配架・整頓などの日常作業は随時実施することや、利用されなくなった蔵書を除籍して、利用しやすい図書室にしていくことなどが決まった。除籍作業を進めるなか、社会教育委員と、子育て世代のグループから、除籍した本を処分する前に市民に公開して、持って行ってもらえる機会をつくりたいという提案があり、年度末に公民館で「図書リサイクル会」を実施することになった。どうせやるならイベントにしよう、という方向になり、それぞれ何がしたいか、できそうかを考えてくるという話になったが、子育て世代のグループは、「公民館をもっと根本的にきれいにしたい！」「自分たちで居場所をつくろう！」とボランティア団体として独自の活動をはじめようとしていた。こうしてｎｉｇｉｗａｉ（ニギワイ）が誕生した。

図書館がない市の図書イベント

こうして二〇一八（平成三〇）年三月から、「図書リサイクル会」とともにはじまった公民館カフェは、二〇一九（令和元）年三月に開催した第五回を最後に一旦公民館を離れ、「富津蚤の市」と改称して市役所ロビーでの開催に切り替わった。二〇一九年九月八日のことである。

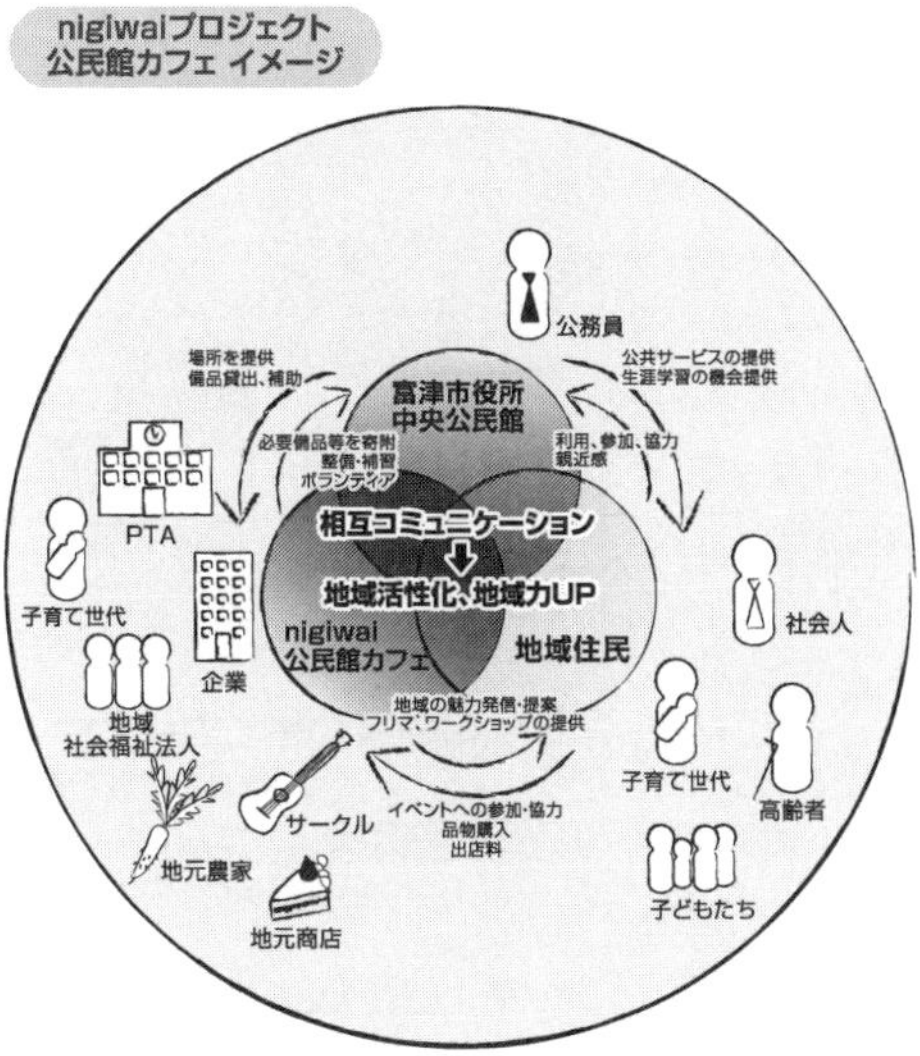

nigiwaiイメージ図

リサイクル会に並んだ図書は（公民館では五千冊程度だったが）九千冊を超えるなど大規模なものとなり、雨天のためフリーマーケットも屋内となって混雑するなかではあったが、招待プログラムも充実し、これからますます大きなイベントになっていくのかという期待と若干の不安もあった。

会場を撤収すると、暗雲が垂れ込めはじめた。この日の台風一五号は、のちに「令和元年災」と呼ばれる甚大な被害を房総半島にもたらした。

台風被害以降ことごとく行事が中止になる

第6回「富津蚤の市」

第１回「公民館カフェ」

なかにあっても、ｎｉｇｉｗａｉは、集まった募金で山間部での炊き出しなどを続け、クリスマスには移動図書館でお菓子をプレゼントしたり、身近な暮らしの周辺の魅力を発掘して発信したりという活動を続けていたが、二〇二〇年三月の開催を予定していた第七回「富津蚤の市」は、コロナ禍で中止になってしまった。

こどもと本を結ぶ会

ｎｉｇｉｗａｉが、居場所づくりや被災者支援など、ボランティア活動を多方面に展開する一方で、宝物のような読書体験を子どもたちにという、本や図書施設をめぐる思いは、むしろ求心的に強まって行った。こうして、世代や立場を越え、そんな思いを重ねられる場として、二〇二一（令和三）年八月二七日、「こどもと本を結ぶ会」（略称「こむすび（の会）」）が発足した。イオンモール株式会社からのイオンモール富津内への富津市立図書館設置の提案が六月に公表されたのを受け、急遽立ち上げられた「図書館を考える会」が長澤成次先生を迎えて実施した学習懇談会「図書館と指定管理者」へのメンバーの参加から八日後のことである。

一〇月、「子どもの読書環境と富津市の図書館計画について」のテーマで行われた「ふれあい座談会」には、一二名の子どもを含む三七名が参加し、「（一）イオンモール富津内への図書館設置に市民参画の図書館検討委員会を設けて下さい。（二）全小中学校に専任の学校司書を配置してください。（三）市庁舎レストラン棟を「子ども図書館（室）」として有効活用してください。」という内容で提出された要望書に対して市長と生涯学習課から回答があったほか、さまざまな意見や要望を交えた懇談が行われた。

市民にしてみれば「寝耳に水」の計画だが、少し言い訳をさせてもらえば、「本決まり」になってからしか公表しない（できない）のが「お役所」の常で、今回の提案も、二〇一三（平成二五）年と二〇一七（平成二九）年に次ぐ「三度目の正直」だったのだ。

「わたしの好きな本」展

ともあれ、図書館整備基本計画の（案に対するパブリックコメント以前に、）素案段階で意見を公募し反映させたり、検討過程での社会教育委員会議の臨時会議を公開にしたりといった手続きの実現は、「考える会」や「こむすび」の成果である。

「こむすび」は、子どもたちの豊かな体験となるイベントも頻発している。そのひとつに「わたしの好きな本」を絵にする、という企画がある。多数集まった唯一無二の作品たちの展示を市役所ロビーでやりたいとの相談を受け、久々の「図書リサイクル会」の開催が決まった。司書たちを中心に職員で除籍作業をすすめ、二〇二二（令和四）年九月、『「わたしの好きな本」展』と最後の「図書リサイクル会」が開催された。一〇日間の展示期間のうち、リサイクル会は休日三日間の実施で、約四五〇〇冊の除籍図書を並べ、三五〇人余りの方々が、約二五〇〇冊を持ち帰ってくれた。

富津市の公民館事情

二〇二一年に市制施行五〇周年を迎えた富津市の公民館は、合併前の旧三町、富津、大佐和、天羽の各地区一館（富津公民館、中央公民館、市民会館）の設置である。それぞれが比較的大きなホールをもち、全市民を対象としているため地域色が薄い。このような状況では、「おらが公民館」といった感覚はなかなか芽生えにくい。

実際、富津市の公共施設再配置に関するアンケート調査結果（二〇一九年六月実施）によると、公民館を利用しているのは、市民の一割から二割前後にとどまっているというのが現状である。中には「(行事など)何か用がある人しか入っちゃいけないものだと思っていた。」といった言葉もあったが、ひょっとしたらそれが大多数の市民の感覚なのかもしれない。

その意味でも、公民館カフェの開催は意義深い。自分たちでつくった普段の居場所が会場となり、みんなの公民館だという雰囲気が醸し出される。

ところで、二昔前、中央公民館でシルバー学級を担当した時、やりたいことを皆さんで決めていただきたくても、用意してくれたものに参加するのを楽しみにして来たという感じが支配的で、「自ら考える」ことをという野望は見事空回りして玉砕した苦い思い出がある。翌年は「自分史」あたりからと考えていたものの残念ながら異動となりその機会は逸してしまったが、自己を見つめることが社会や時代を見つめることにつながり、横山宏先生おっしゃるところの「自己変革をもたらす学習、主体の変革に斬り結ぶ学習」に、一年やそこらで果たしてなっていただろうか。

図書館設置をめぐる関心のたかまり

二〇二一年六月にイオンモールからの提案を公表してから、二〇二三年四月に開館するまでの間、富津市立図書館設置についての期待の声はもちろん、反対意見や厳しい要望なども含め、多くの反響をいただいたことは、富津市はじまって以来の画期的な市民参加だ。

二〇〇二（平成一四）年に竣工した君津市立中央図書館（・地域情報センター）の実現の裏にあった、公民館活動から生まれた「婦人の集い」で結集した「図書館を考える会」の二一年に及ぶ活動（『公民館で学ぶⅡ』のコラム「公民館の学びから図書館づくりへ」）とは比べようもないが、二〇一〇（平成二二）年三月に策定された「（仮称）福祉・教育施設整備基本計画書」（財政状況にかんがみ白紙）や、一九九三（平成五）年二月の「富津市図書館基本計画：旧第二庁舎改修計画」（阪神淡路大震災後の耐震基準見直しで白紙撤回）への反応がほとんどなかったことに比べれば、雲泥の差である。

主体的に考え行動する市民

図書室の整理をきっかけに、公民館全体の雰囲気づくり・場所づくりをやらせてもらえないかとのｎｉｇｉｗａｉの申し入れは、はじめからすんなり受け入れられたわけではない。しかし、いつか誰かがしなければならないことなら今しかない、などと話すうち、全館に及ぶ改修作業がはじまった。

ｎｉｇｉｗａｉ・こむすびの代表は、「ただやりたいことをしているだけ」とよく口にするが、好き勝手、と誤解されはしないかと少々心配だ。子どもたちのためだったりみんなのためだったり、やりたいと思うことに公共性のようなものがあるから、わたしたちは全面的に協力できるし、結果としてまちおこしにもなっている。

そして何より、自分たちがボランティア活動を継続するための資金調達も含め、市民たちがはじめから主体的に動こうとしている。…ある意味、社会教育が目指してきたゴールからいきなりスタートするようなものなので、これをサポートできなくて何のための社会教育だ、と自分に言い聞かせ、やりたいということをできるだけ実現させるために支援することにしたのだった。

機能としての図書館から市民の図書館へ

整理がすすんで利用しやすくなると、図書室の利用者も増え、二〇〇九（平成二一）年をピークに減り続けていた利用冊数等の数値はV字回復をみせた。過去最高値を更新する寸前で台風・コロナ禍による休止を余儀なくされたが、熱が伝わったのか、二〇二〇（令和二）年二月、念願の図書施設のネットワーク化が実現した。このことはしかし、既存の四施設を繋いで図書館として機能させるということであり、本館機能をもつ図書館の設置の可能性は事実上なくなったのだと観念した。

ところが、イオンモールからの三度目の打診に、なんと市長は応じる決断をした。開館までの期間や金額等、これならできると思われたからだと後に市長は述べたが、図書を巡る市民の盛り上がりが後押ししたのかもしれないと私的には思っている。そして二〇二三（令和五）年四月、イオンモール富津内に市立図書館が開館した。初日と二日目、あわせて四八〇〇人近くの来館者を迎えた。館外のオープンスペースでは、こむすびの会のサークルや子どもたち、指定管理者、市の司書らによる「おはなし会」がオープニングイベントとして催された。

みんなで力をあわせよう！

コロナ禍を経て、公民館カフェは、公民館に帰って来た。

帰ってきたといえば、『ウルトラマン』シリーズは次作で『ウルトラセブン』になったあと、一九七一年『帰ってきたウルトラマン』で戻ってきた。その最終回で示された「ウルトラ五つの誓い」の四つ目「一つ、他人の力を頼りにしないこと」は小学生の胸に刺さった。スポ根もののはしりの時代、自律の心を求められた。

四〇年の時を経て東日本大震災後には自助と共助を訴え鼓舞してくれた（ウルトラ五つの誓い二〇一一）。「優しさを忘れずに　励まし合い、助け合おう／希望をもって　未来に向かって進もう」

そして見えない敵コロナには、各自ができることをして協同で立ち向かおうと訴えた（ウルトラ五つの誓い二〇二〇）。「地球の平和を守るため、今こそみんなで力をあわせよう！／一つ！　出来る事を続けて、絶対に負けないこと／誰かが頑張っている時には　必ず応援してくれる地球の人の心、そして想いは、必ず強い絆と言う名の輪になると、私たちは信じています。」

ｎｉｇｉｗａｉは、市民は、そして公民館も、自律、自助・互助・公助、協同・協働、を行ったり来たりしながら、これからも、無理なく、生活のリズムで、どんどんつながっていくことだろう。

（伊藤　伸久）

自分たちの「公共」

図書室を整理させて下さい‼

市長にお願いをしに行ったのは、２０１９年。その頃、私たちの住む富津市には図書館がなく、３カ所の公民館に図書室があるだけだった。しかしそこは、本が床に積み上げられ、いつも薄暗く、子どもは怖がって泣いてしまうほどだった。数少ない図書室利用者だった私たちは、「どうにかしたいね。」と、周囲に声をかけ、ｎｉｇｉｗａｉを結成。誰かがやってくれるのを待つよりも自分たちの手を動かそうと、利用者アンケート実施し、みんなが求めている図書室について意見を出し合った。活動の輪は、地元の畳店さんや住民など、年齢や立場を超えて広がり、地域の繋がりの力に支えられて、中央公民館にお座敷図書室が誕生した。子どもをおんぶしながら、力を合わせて本棚を動かし、埃まみれになりながら掃除をする母たちの力は、凄まじかった！その勢いは、図書室のみならず公民館全体の環境改善へ、そして、公民館カフェを実施するまでにもなった。私たちは、ｎｉｇｉｗａｉの活動を通して、地域には「もったいない」と「人の力」があふれていることを知った。そして、公共と住民が溶け合い、持ち合わせを使いこなしていくことが、緩やかな地域づくりにつながっていくと強く実感した。

こどもと本を結ぶ会

２０２１年６月、富津市から、市立図書館整備基本計画が出された。それは、築30年になるショッピングセンターへの設置計画だった。教育施設である図書館が、商業施設の中でその役割を果たせるのだろうか。指定管理者制度の導入は、どのような影響があるのだろうか。この図書館は10年後20年後も市民に愛される図書館なのだろうか。そして何より、私たちの想いは、どこで聞いてもらえるのだろうか。急スピードで進められていく図書館設置計画には、市民が参加する余地はなく、設置場所からコンセプトまで、既に案が仕上がっているようだった。私たちは、長澤先生の講話を拝聴したことをきっかけに、学びの場として「こどもと本を結ぶ会」をつくり、意見交換を繰り返した。

社会教育委員会議が図書館計画の素案づくりをしていたと知り、委員全員に声をかけて、勉強会を行った。そうしているうちにも、条例が制定され、指定管理者が決まり、協定書が結ばれていく状況の中、私たちは、３０８２筆の署名と共に図書館設置に関する要望書を提出した。それはまさに、「図書館づくりの主人公であるはずの市民を忘れないで！」という叫びだった。

社会教育委員会議の傍聴は定員を超え、図書館への想いのある人たちであふれていた。どうにか図書館づくりに参加するチャンスが欲しいと、必死だった。あとづけでもいいから、共創の図書館にしたかったのだ。急ぐ計画の中で、市民の意見募集はあったが、何か反映されたものがあったのだろうか。全ては当初の計画通りに、２０２３年4月、富津市立図書館は開館となった。振り返ると、私たちは、図書館計画を追いかけていたようなもので、何ができたのかわからない。ここからどうやってこの図書館を自分たちの「公共」にしていくのだろうか。活動していく中でわかったことは、30年以上前から学校や地域には、子どもたちの為に図書ボランティア活動をしてくれている人が何人もいて、図書館がなくても、「子どもたちへ本を届けたい」という想いで繋がっていたということだ。

そのあたたかさを、富津市立図書館へ。

今を生きる子どもたちへ。

共に学び、耕しながら、豊かに育ち合っていきたい。

（富井　碧・岡本　真理子）

二　子どもの笑顔を地域の力に――子どもお菓子作りリーダー養成講座

「子どもお菓子作りリーダー養成講座（全六回）」は、小学生を対象とした約半年間にわたる連続講座である。本事業は、さわやかちば県民プラザ(1)が主催する第一回ちば講座アワード（二〇一九年度）で「千葉県公民館連絡協議会長賞」を受賞した。「ちば講座アワード」とは、県内の各市町村や大学・団体が行っている、特色ある取り組みを表彰する事業で、第一回には博物館や図書館、公民館などの社会教育施設をはじめ約五〇のエントリーがあった。

エントリーした動機は、「子どもたちのがんばりを形に残したかった」という記念受験のようなものだったが、A4サイズ一枚に報告をまとめる中で、事業を振り返る充実した時間を得ることができた。投票してくれた同業者のコメントから学ぶことも多く、「学習成果の発表の場を〝参加者主体〟により実現できた点」が本事業の成果であり、評価の対象であることを知ることができ、その後、事業を企画する際にも意識するようになった。また、この受賞は「子どもお菓子作りリーダー養成講座」

の講師や受講生だけでなく、知らせを聞いた公民館利用者にとっても励みになったようで、「わたしたちもがんばりましょう。」と廊下で話している場面を見かけることができた。予想していなかった現象に、公民館職員として、この上ないやりがいを感じた瞬間だった。

1．千葉市若松公民館とは

若松公民館は、昭和五八年に開館し、今年で四〇歳になる公民館である。平屋の小さな公民館で、図書室を併設している。以前は雑木林に囲まれていて、「林の中の公民館」とも呼ばれていたが、この一〇年の間に近隣が宅地化され、子ども連れの若い世代が越してきた。千葉市内には四七の公民館があり、おおよそ中学校区に一つ配置されているが、二〇一八年度から指定管理者制度を採用し、公益財団法人千葉市教育振興財団が市内全館の管理運営を任されている。当館が設置されている若松中学校区には三つの小学校があり、約一五〇〇人の小学生と、七〇〇人の中学生がいる。前任者から引き継いだ報告からも、近隣の公民館に比べ、小学生を対象とした催事の申込者は多く、事業担当者としては、比較的恵まれた環境にあるといえる。

一方、多くの公民館が抱える課題だが、利用者の高齢化や利用者数の減少という問題がある。地域におけるもっとも身近な学びの場であり、交流の場としての役割を期待される公民館であるが、サークル（継続的な学び）の衰退や解散によって生じる地域のつながりの希薄化に対し、一職員として何かできることはないかと、公民館仲間とあれやこれや考えをめぐらせ、時間があっという間に過ぎることもある。

2. 実施までの経緯

本事業の発案のきっかけは二つある。一つ目は、二〇一八年に千葉県公民館連絡協議会主催の初任職員研修会(2)に参加したことで、公民館の歴史や法令、他館の事例を学び、公民館で複数回からなる講座を開催する効果に期待が膨らんだ。公民館のキャッチフレーズは「つどい、まなび、つなぐ」であるが、研修会に参加し、あらためてその意味を知ることができた。

二つ目のきっかけは、講師との出会いである。青柳栄子先生は、千葉市内において多くの公民館サークルや、主催事業の講師を三〇年以上務められてきたが、八〇歳を前に「体力面の不安」と「手軽さを求めがちな参加者の姿勢と自身の方針とのギャップ」を理由に引退を考えていた。先生はお菓子作りの技術だけではなく、材料や、地域の菓子店の事情など、豊かな経験と知識をお持ちであるため、インターネットでは代替できない地域の財産であることをお伝えし、前向きな気持ちになってもらうように新たな手法の講座の開催を提案した。それが、「子どもお菓子作りリーダー養成講座」である。これまでのお菓子作り講座は、限られた時間内に数種類のお菓子を作るため、事前に先生が材料を計量してポリ袋に小分けしたり、数日前から豆を茹でたりするなど準備を行うことがあったが、メニューは一日一種類、材料の手配や仕込みは館職員と受講生自身が全て行い、先生には身一つで来ていただくことをお願いした。

3．目標を共有すること

それまで実施していたお菓子作り講座は、お菓子作りの楽しさを伝えることを目標としていた。参加者アンケートには、大人からは「こんなに安い参加費でお菓子が作れて嬉しかった。」とか、子どもからは「お菓子作りが楽しかった。おいしかった。」という声が大半であり、公民館の事業としては物足りなさを感じた。「子どもお菓子作りリーダー養成講座」では、お菓子を作ることだけが目標にならないように受講生自身がメニューを決め、作るためには、どんな材料や道具が必要なのか考えることを促し、受講生同士でコミュニケーションをとることで、お菓子作りを通した「仲間作り」を目指した。

先生は「電子レンジで手軽に作れるお菓子もいいけれど、昔ながらのやり方をまず知ってから、手軽さを覚えてほしい。」と常々おっしゃっていたため、手間はかかったとしても、一つの工程を丁寧に行うことを基本とした。お互い助け合うことで達成できる「少しの難しさ」を用意することによって、仲間意識がうまれることを期待した。

募集のチラシにもこだわった。対象は、小学校四年生から六年生。従来のお菓子作り講座の定員は

募集チラシ。
３つの小学校の
約700人に配布した。

一六人だが、講師の目が行き届く人数を考えて八人とした。チラシ作りで私が大切にしていることは、事業の内容を正確に伝えることだ。参加者にとって、不満の理由の多くは、期待していたことと、実際に事業に参加してみた内容との違いである。また、お菓子作りを通した仲間作りと、学んだことを披露するという事業の目標を理解した子どもに集まってもらうことが、本事業の成功につながると考え、チラシを見て理解できるように工夫した。結果、従来のお菓子作り講座には定員を大きく上回る人数が集まるが、今回は定員ぴったりの八人の中込みがあった。

４．プログラム

初回は入学式のあと、比較的短時間で仕上がるフルーツゼリーを作った。寒天とゼラチンを使い、原料の違いや、その特徴を学ぶことに時間を費やした。お菓子作りはレシピをプリントで配ることが一般的だが、「子どもお菓子作りリーダー養成講座」では、受講生がお気に入りのノートを持参し、私が板書したことをノートに書き写すことで、最終日には思い出の一冊が完成することを期待した。

二回目は、お菓子作りには欠かせない卵の特徴を知るために、蒸しプリンと焼きプリンを作った。

三回目は、ガスオーブンの使い方を知るために、焼き菓子を作った。初回は開始時間まぎわに来て

材料費の集金は、受講生が当番制で行った。

お菓子作りの心得
「材料はきっちり計量すること」

いた子も、来館する時間がどんどん早くなり、開始の一五分前には身支度をすませて作業をはじめることができた。その様子から、企画者として、この事業の成功を予感したことを覚えている。

四回目は、ロールケーキを作った。この回で印象深いのは、最初はお兄ちゃんの後ろに隠れていた印象のあった最年少の慎吾君が、自ら「一人でやりたい！」と言ったことだ。環境に慣れた、ということもあるだろうが、本来持っていた自主性、自発性が、集団の中でも発揮できるようになったのだと思う。

また、この回では、学習の成果を何かの形で発表してほしいことを具体的に伝えた。私は、小学生を対象とした講座の開催を提案したが、受講生からは「カフェをやりたい！」という声があがったため、開催までの手順と役割分担だけを話し、あとは、受講生に任せることを告げた。

五回目は、みたらし団子を作った。先にも述べたが、「子どもお菓子作りリーダー養成講座」では、受講生が準備

カフェ開店前に撮影した写真。
やる気に満ちた表情。

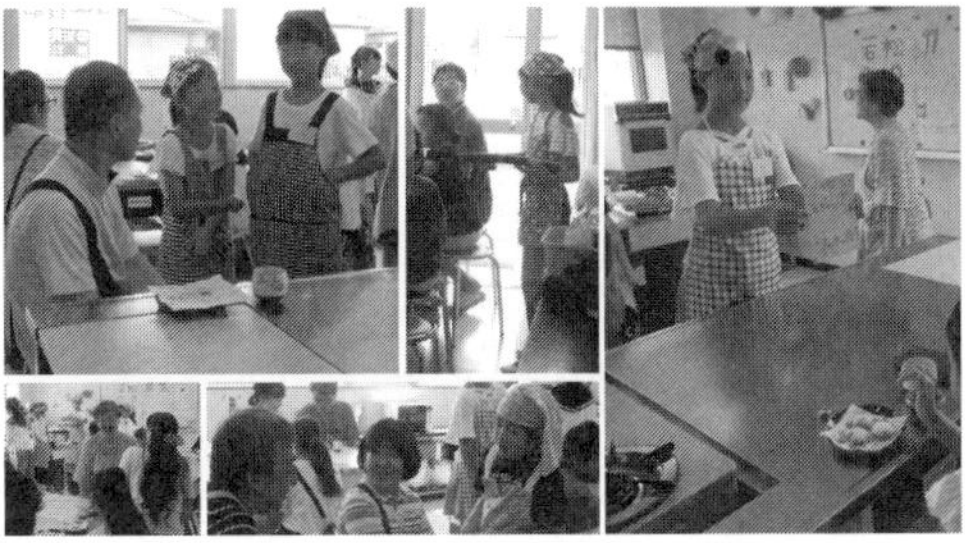

「チラシをもらったから来たよ。」と男性客から
言葉をかけられ、とてもうれしそうな2人。

修了証

殿

あなたは「子どもお菓子作りリーダー養成講座」において所定の課程を修了したことを証します

令和元年九月七日

若松公民館

館長　大木　操

講師　青柳　栄子

カフェ閉店後の卒業式。青柳先生から修了証が渡された。

から後片付けまで、全てを行うことで、承り講座ではなく、主体的な活動の場であることを常に働きかけてきたため、この頃になると指示を待つのではなく、自発的に準備し、はかりや計量カップも迷いなく使えるようになった。

夏休み中は、カフェを開くための準備を行った。特に集まる日を決めていなかったが、朝早くから、「これから行ってもいいですか?」と電話があったときには、公民館が子どもたちの活動範囲の一部に加わったような気がして、嬉しかったことを覚えている。受講生はメニュー作り班や、飾りつけ班、広報班にわかれて活動した。段ボールで立て看板を作ったり、花の飾りつけを作ったり、子どもたちのアイディアに驚かされた。

そして、カフェオープンの日。メニューは、バターたっぷりのブールドネージュという焼き菓子と、寒天ゼリー。準備を急いだために、寒天が固まらないというハプニングがあり、家で自分の好みのかたさのゼリーを研究していた子は悔しそうにしていたが、公民館利用者や、友だち家族など、約六〇人のお客さんが来館した。

5. それからの若松公民館

回を重ねるうちに、青柳先生の指導にも変化がみられた。受講生のやる気に押されたのか、手を出す前に様子をうかがってくださるようになった。先生は私の構想に対して「そんなことができるのかしら。」と思われたようだが、館の力ではなく、先生の理解と子どもたちのやる気、保護者のサポートがあってこそ、この事業を成し遂げることができたように思う。食を扱うことは衛生面で気をつけなければならないことも多く、特にカフェを開催するときには保健所から指導を受けるなど裏方としての苦労はあったが、その苦労を上回る充実感を私も得ることができた。

新型コロナウイルスの感染拡大に伴い、思い描いていた公民館と受講生との定期的な付き合いは途絶えてしまったが、館が主催する単発のお菓子作り講座や親子そば作り講座では、受講生がサポーターとして受付や作業の手伝いをしてくれた。また、第四二回全国公民館研究集会・第六〇回関東甲信越静公民館研究大会千葉大会(3)において発表の機会を得た際には、スライド資料をいっしょに作ってくれるなど、急な依頼も快く引き受けてくれた。

この原稿を書くにあたり、高校生になった慈さんに久しぶりに連絡を取り、思い出を聞いてみたところ、「先生がやさしく教えてくれたことをよくおぼえています。別の学校の人とも友だちみたいになれて、協力して一緒にカフェを開いたことが一番の思い出です。地域の人もたくさん来てくれてうれしかった。なかなか公民館に行く機会はないけれど、またみんなでお祭りみたいなことをしてみたいです。」と、とても心強い言葉をもらえた。

いま、若松公民館は「個の力を、地域の力にする」取り組みに力を注いでいる。二〇一九年度から毎年実施している「坂月川親子生き物教室」は、二〇年にわたって川の美化活動や坂月川ビオトープの保全活動を行っている坂月川愛好会と連携を図り、親子で自然に親しむ機会を提供している。当初は坂月川愛好会の経験や知識を若い世代に普及し、地域への愛着を深めることをねらいとしたが、愛好会会員にとっては、子どもたちの成長が生きがいとなり、コロナ禍では会場と参加者の自宅をつないでオンライン発表会を実施するなど、新たな分野への挑戦の場を創出することができた。

また、地域のつながりの希薄化に対し、サークルの創設を目指した連続講座を開催することで、新たに「お菓子作りサークル」と公民館の花壇を活用した「ハーブサークル」を立ち上げることができた。

いずれも、地域の中においては小さな動きではあるかもしれないが、今後も公民館や地域の活性化に尽力していきたい。

（中村　愛）

(1)　県民の生涯学習の推進を図るための「生涯学習センター」と、参加型芸術文化活動の促進を図るための「芸術文化センター」の機能をあわせ持つ千葉県教育委員会が運営する施設。（千葉県柏市柏の葉4丁目3番地の1）

(2)　公民館の基礎的な知識や技術を学び、見識を高めることを目的に、一九九九年度より初任職員研修会がはじまる。二〇一八年度は、一〇月から二月まで毎月一回開催され、三十八人が受講した。

(3)　千葉県公民館連絡協議会では、大会に向けて二〇一八年に検討委員会を立ち上げ、準備を進めてきたが、新型コロナウイルス感染症の拡大に伴い、代替開催となり、船橋市西部公民館にて全体会の収録を行った。その様子は動画配信サイトＹｏｕＴｕｂｅ（「第42回全国公民館研究集会　千葉大会」ネット配信版）で公開され、『つなぐ〜公民館の限りない可能性〜　大会報告書』にはＤＶＤが添付されている。

三　公民館の家庭教育支援事業の活性化をめざして

―成田市公民館運営審議会答申

地図のない旅　～答申にあたり～

令和3年1月29日に開かれた「令和2年度第2回公民館運営審議会」で、成田市公民館長から私たち成田市公民館運営審議会（以下「公運審」という）に、『公民館の家庭教支援事業の活性化について』の諮問がありました。7月の審議会で中間答申、翌年1月の審議会で本答申をとのことです。それから私たちは、「勉強会」という答申に向けた列車に乗り込むこととなりました。停車するところは「中間答申駅」と終着駅の「答申駅」の2つ。ドサッと音がして、「中間答申」「答申」と書かれたタグのついた2つの大きなカラのカバンが列車内に放り込まれました。中に入れるものは2駅に着くまでに自分たちで考えていっぱいにして欲しいとのこと。

目的地は決まりましたが、どのルートをどのくらいの速度で走っていけばいいのか、それどころか乗っている列車の運転手も車掌も自分たちです。運転する人も決まらぬまま、いつのまにか列車は走り出し……。走り出した先にはレールがありません。こんな形で走り出した答申への勉強会でした。中間答申までに9回の勉強会を、その後答申まで10回の勉強会を重ねてきました。勉強会のメンバーは誰一人として日常生活で暇を持て余している人はいません。ある人は休暇を取り、また、ある人はシフト勤務を代えてもらい、子育て真っ盛りで時間がいくらあっても足りない、受験生を抱えている、そんなメンバーが各々時間を絞り出しての19回の勉強会でした。

中間答申の「はじめに」の中で、

「子どもたちの元気な声が聞こえる世界は、未来に光が見える世界です。子どもたちの元気な声が響き渡る公民館であって欲しいと思います。公民館が子どもの居場所になれば、そこはおのずと「家庭教育支援事業」の場となり、公民館が存在する意義が明確になります。

そのために、公民館はどうしたらよいのか、どう変わっていくべきなのか…」

そう問いかけました。この思いを改めて答申するにあたっての言葉とします。

（成田市公民館運営審議会答申「公民館の家庭教育支援事業の活性化について」令和4年1月25日）

1．公民館運営審議会への諮問に至る経緯

成田市は公民館が13館あり、登録サークル数も全館併せて500サークルを越え、一見社会教育が盛んなように見える市である。しかしながら、各地区公民館に職員配置がなく、サークルもカルチャー

感覚の楽しめればいいという意識のところが多く、主催講座でも社会教育事業として果たして妥当か疑われる、人集め前提で、やはりカルチャー感覚の趣味・教養講座が中心を占めている状況であった。筆者はそうした現状に危機感を覚え、当時の谷平館長の指揮の下、公民館の改革を進めようと考えた。その手始めとして、公民館運営審議会委員の刷新を図ったのである。

当時の成田市公民館運営審議会は、公民館事業の企画・実施において調査・審議する機関としての機能は失われ、公民館利用者の公募で委員を募ったのはいいが、自分たちの利益を優先している委員が多い印象であった。議題も特段なく、年度の事業報告と工事修繕の報告をして終わり、という典型的な「形だけの」審議会であった。

そこでまず、令和2年度の任期替えを契機として、やる気があり、見識もある人材の確保から始めることとした。公民館運営審議会が元気な公民館は、問題意識を持って運営への監視や提言を行っていただくことで、公民館を活性化させることができると考えたからである。幸いなことに成田市の社会教育関係団体の協力も得られ、また若い女性の利用者や元公民館長、長年成田市の生涯学習振興に携わってこられた方などの承諾を得られ、なにより千葉大学名誉教授の長澤成次先生の委員就任を果たせた。

公民館運営審議会の令和2年度第1回目の審議会は、顔合わせと今後の活動方針の説明だけで終わったが、本当の目的は、成田市の公民館運営審議会では長年行われてこなかった館長諮問を審議会に諮り、その答申を得ることにあった。長澤先生からのアドバイスもあり、性急な改革的内容の諮問は避けたほうが良いと考え、若い子育て世代の女性委員がいることも踏まえ、諮問内容は「公民館の家庭教育支援事業の活性化について」とすることに決めた。

2．諮問から自主勉強会へ

諮問は、令和3年1月29日に開催された令和2年度第2回成田市公民館運営審議会の席上で行われた。会議における議事として、「家庭教育支援事業の活性化について（諮問）」として提出し、その内容として以下の文を諮問理由として挙げた。

「令和3年度は43事業を実施したいと考えているが、そのうち家庭教育支援事業として企画立案しているものは以下の3事業のみとなっている。成田市は、ニュータウン地区や並木町・公津の杜・はなのき台などを中心に20～40歳代が最も多い世代となる。いわゆる「子育て世代」であり、その多数を占めている世代に訴求する事業を活性化することは、公民館そのものを活性化することにつながると考えられる。

令和3年度は、地域課題や生活課題、必要課題に対しスピーディかつ柔軟に対応できるように、事業予定を前後期に分け、後期には年度に入ってから発案した事業を実施できるような体制とした。今回の諮問では、今後に企画できる家庭教育支援事業について必要と思われることを提案していただき、より質の高い公民館事業を展開していきたい。」

加えて、谷平館長から、詳細な理由説明を行った。それを受けて、木川義夫審議会長から、まず意見交換を行って、今後の方針を決めるとの提案がなされた。各委員から積極的な発言が相次ぎ、活発な意見交換がなされ、また事務局にもいくつかの質問がなされることで、成田市の公民館における問題点を浮き彫りにしようとする試みもあった。

そのなかで、山内委員から、公民館だけではなく、まず成田市の家庭教育の状況というものを提示し、その現状のなかで公民館の立ち位置を確認し、それから諮問内容に対し、狙いどころを明確にしていくべきではないかとの意見が出され、長澤委員も同調された。

続けて、木川会長から他市町の公民館運営審議会においての諮問・答申の仕方について長澤委員に質問がされた。審議会を毎月行っているところもあるが、最近の傾向としては、審議会本会議を年2~3回しか実施していないところが多く、委員報酬もそこだけしか用意していないというケースがほとんどであるとの紹介がされ、その場合には、議論を深めるために自主的な勉強会を実施し、意見をまとめていければ、との提案がなされた。

また、答申の時期について明確ではなかったため、それについて質問が出た。事務局としては次回、令和3年度第1回にいただければと考えていたが、議論が深まっていくなかでそれでは足りないとの思いが強くなったため、令和3年度第1回に中間報告をいただき、令和3年度第2回に答申をいただだく、という案が谷平館長から出された。

成田市公民館の公民館運営審議会も、年2回のみの開催であったため、これは事実上1年間の議論を経て答申を出す、ということを意味している。このことについて、一同異議なしの声が上がり、また無償での勉強会を行っていく方針も確認された。

3．成田市の家庭教育支援事業

ここで、成田市の家庭教育支援事業の現状を読者のために説明しておきたい。

まず、どこの市町でも家庭教育支援事業の中心的役割を担っていると思われる家庭教育学級であるが、成田市では生涯学習課が所管し、市内各学校のＰＴＡに委託する形で家庭教育学級運営委員を選出し、その運営委員が中心となって年間プログラムを計画し、人集めなどの庶務から当日運営まで行っている。

ＰＴＡ（社会教育関係団体）の構成員による部会のような立場で運営しているため、位置づけ的には社会教育ではあるが、相談・指導するのが各学校の教員であり、相談先としては、生涯学習課はノータッチであることから、どうしても学校教育寄りの内容を企画する傾向にある。また、社会教育の理念を学んでいない運営委員が企画運営しているため、あまり教育的効果のない、お楽しみレク的な内容も多い。アイスブレイクのように1～2回挟むのであればよいが、全市的に行っている教育講演会以外の回はすべてレク的内容、というところもあるため、運営委員への社会教育の啓発・指導に課題があると思われる。

続いて首長部局の家庭教育支援であるが、健康こども部（子育て支援課、保育課、健康増進課）においては、現在のところ子育て支援は、給付や補助など、より直接的な内容を含み、なおかつ子どもの年齢が比較的幼少のため、教育的要素が含まれている家庭教育支援はその業務範疇に含まれていないようである。子ども館が講座教室等の事業を実施しているが、大きく分類すれば体験学習というくらいの内容であり、当然ながら社会教育的効果は狙っていないので、家庭教育支援と呼べるかどうかは微妙である。

そして公民館であるが、成田市の公民館では家庭教育学級を担当していないので、親子教室などの講座教室等開催事業を通して家庭教育支援を実施している。親子教室では、講座構成の一環として親同士の交流などを取り入れており、そこで仲間づくり、つながりづくり、情報交換を行っている。しかし主体的な保護者対象の子育て講座や思春期子育て講座などは令和2年度末の段階では実施していなかったので、幼児期の親子遊びなどを子どもと一緒に楽しみながらスキルを身につける、といった内容に特化している現状があった。

4. 自主勉強会での話し合いから答申書の作成へ

成田市の公民館運営審議会委員は10名で構成されており、1号委員（学校教育）が1名、2号委員（社会教育）が2名、3号委員（家庭教育）が1名、4号委員（利用者）が3名、5号委員（学識経験）が3名、という構成である。

今回の自主勉強会を開催するにあたり、当然審議会長名で全委員に参加を呼び掛けたが、それぞれのご事情などもあり、またあくまで自主的自発的な勉強会であるということもあり、参加いただけたのは以下の8名であった。

1号委員の山内一浩委員、途中で市外に異動となったため、後任の麻生辰浩委員。3号委員の高木麻由子委員。4号委員の中山昭子委員、佐々木有希委員。5号委員の宮本真由美委員、木川義夫委員、長澤成次委員。そして事務局として筆者がすべての回に同席した。そのうち、木川委員は審議会長、佐々木委員は審議会副会長として、勉強会のとりまとめにもご尽力いただいた。また、高木委員、佐々木委員は子育て真っ最中の30～40歳代ということもあり、お忙しいなか積極的な参加をいただき、意見出しの点で中心的な役割をしていただいた。勉強会はできうる限りの参加人数を確保したいということで、話し合いにより月2回、日曜日の午前中に実施することとなった。

木川会長の方針もあり、はじめは雑談形式で意見の出しあいを行った。いろいろな意見が出たが、最初は成田市の公民館が、市民の目から見ても社会教育機関として中途半端であり、活動も消極的であるという不満が多く出された印象であった。また、現在の公民館には情報発信力が足りないこと、市役所他部署や公民館登録サークルなどと連携して、いい意味で利用し、よりよい事業を行っていくべきであることなどが大きな意見として挙がった。また、PTAが主体で行っている家庭教育学級を支援していく手段がないものか、考えるべきだという意見もあった。そのなかで、長澤先生が他市町の事例を取り上げてお話しいただいたことは、たいへん参考となった。

そうした話し合いのなか、構成としては公民館全体の現状と課題、その解決に向けての提言を掲載すること、後半に成田市の家庭教育支援事業を俯瞰し、公民館の家庭教育支援事業に落とし込むにはどうしたらよいかを解決策として提示することが決まった。

また、広く市民の意見を蒐集するため、アンケートを実施することは割合早い段階で決まった。成田市が市民の登録者に意見募集を行っているインターネット市政モニター制度を活用すること、また独自に、公民館で活動している子育てサークルやNPOなどからアンケートを取ること、また、成田市で活動している家庭教育学級の意見も欲しかったが、コロナ禍で活動を休止しているため、直近の令和元年に発行された成田市家庭教育学級活動記録『つぐみ』で行われたアンケートを分析することも決まった。

そうしたことと同時並行で、木川会長を中心に意見集約を行い、佐々木副会長が原稿を執筆して、7月の令和3年度第1回成田市公民館運営審議会に提出する中間答申をまとめることができた。ともすると言いたいことが多すぎてまとまりに欠ける内容を吟味して、中間答申にまとめる作業は並大抵ではなかったと思う。改めて木川会長と佐々木副会長には敬意を表したい。中間答申を示すことで大枠はできたので、あとは更なる内容の充実とアンケート結果の集計結果を答申に盛り込む作業を行った。その間にも新たなアイデアは出てきたので、それも可能な限り答申に反映させた。

勉強会は、令和4年1月25日に行われた令和3年度第2回成田市公民館運営審議会の席上で答申として公民館長に手渡された。その間、自主勉強会は19回にも及んだ。令和3年3月から令和4年1月までの10か月間、毎月2回のペースを守り続けての達成であった。かなり仲良く、冗談を言い合う温かい雰囲気のなかでの勉強会であり、事務局であった筆者も快く仲間に入れてくださった。委員の皆様には、感謝の言葉しかない。

おわりに 「答申」提出後の公民館の取組み

答申内容は、正直現状の公民館に対してかなり辛辣であり、受け取った公民館長も戸惑うような内容ではあった。それは、成田市の社会教育と公民館を憂う市民の気持ちの代弁としてとらえなければならないと思う。答申後、公民館は答申内容の履行をするべく動き出し、まず令和4年度には主催講座の家庭教育支援事業を6講座に増やし、そのうち家庭教育支援に直接資する内容の座学講座をふたつ、そのうちひとつは思春期の子どもに対するコミュニケーションを主眼としたものを入れた。また、他団体との連携の不足が指摘されていたところだったので、公民館登録サークルのひとつの協力を得て、わらべうたをテーマとした子育て講座を開催した。答申で示された公民館改革案は遠く理想に満ちていて、現在の成田市の公民館ではまだ手が届かないところにあるが、一歩ずつ近づけるように歩んでゆこうと話し合っている。

＊筆者は、令和5年4月の定期異動で公民館を去ることとなり、今後の改革に対し、主体的に関与することはできないが、これからは一市民として、充実した公民館活動が展開されることを期待している。

（髙橋　剛）

四　市民がつくる文化事業
―流山市生涯学習センターの取り組み

流山市生涯学習センター（通称　流山エルズ）は、二〇〇六年四月にオープンした施設で、元々は一九八三年から二〇〇四年まで、千葉県立流山青年の家として利用されていた施設である。流山青年の家は、都市型青年の家として長年利用されており、野外活動や高校演劇の活動場所に使われてきた歴史がある。二〇〇四年に千葉県から流山市に移譲され、一年間かけて市民から利用方法や名称などを募り、リニューアル工事を経て、二〇〇六年四月一五日にオープンした。そのため、施設のいたるところに、青年の家時代の面影が残っている。基礎建築は築四〇年を越えているため施設の維持管理には苦労が多いが、それでも、今も流山市の教育・文化芸術の拠点として多くの人が利用している。二〇二二年度の年間利用者数は一八万六千人。新型コロナウイルス感染症が流行する直前の二〇一八年度は二一万五千人と、現在の流山市の人口以上の利用者を記録している。

流山市生涯学習センターは指定管理者制度が導入されており、施設オープン時から現在まで同じ指

【表】実行委員会で行った主な事業名（主催者）

開催日	事業名(主催者)
2009年11月	星野富弘　花の詩画展流山〜やさしさに笑顔をそえて(星野富弘花の詩画展流山を開く会)
2010年4月	震災復興支援ハイチ・アート展（流山ハイチ・アート事務）
2010年6月	青少年のための科学の祭典千葉大会流山会場（青少年のための科学の祭典千葉大会実行委員会）
2010年6月	子どもたちに戦争のない未来を　ジョー・オダネル写真展（ジョー・オダネル写真展流山実行委員会）
2010年7月	終戦65周年連続公演　ピアノ·ソナタ「月光」による朗読劇　月光の夏（「語り継ぐ平和への想い」実行委員会）
2010年7月	終戦65周年連続公演　夏の雲は忘れない　1945・ヒロシマ　ナガサキ（「語り継ぐ平和への想い」実行委員会）
2011年7月	流山ジャズフェスティバル（流山文化のまちづくり実行委員会）
2011年9月	スダマニ〜神々の舞、影絵、ガムラン（流山文化のまちづくり実行委員会）
2011年12月	心象の画家　井崎昭治展（井崎昭治展を開く）
2012年6月	まなび・ふれあいまつり（まなび・ふれあいまつり実行委員会）
2013年7月	言葉を越えて展　自閉症の子どもたちとアーティストのコラボレーション（「言葉を越えて」プロジェクト実行委員会）
2013年8月	「無言館」所蔵作品による戦没画学生「祈りの絵」展（戦没画学生「祈りの絵」展実行委員会）
2013年12月	五井敬介・山本健太郎作品展（五井敬介・山本健太郎作品展実行委員会）
2014年3月	ドキュメンタリー映画上映会　天のしずく　辰巳芳子"いのちのスープ"（「天のしずく」上映実行委員会）
2014年3月	東日本大震災復興チャリティー"私たちの"吉田照美絵画展　流山市から姉妹都市・相馬市へ（吉田照美チャリティー絵画展実行委員会）
2014年8月	地元の味を、地元の高校生が舞台化！白みりん200周年記念演劇公演（白みりん200周年記念演劇公演実行委員会）
2014年8月	日韓交流親善コンサート2014in流山（日韓交流rainbow）
2014年9月	あしたも平和であるために　蘇った被爆ピアノによる平和を願う音楽会（「蘇った被爆ピアノによる音楽会」流山実行委員会）
2015年8月	東京大空襲と学童疎開展（あしたも平和であるためにを推進する会）
2015年12月	言葉を越えて　自閉症の子どもたちとアーティストのコラボレーション（一般社団法人AOAart）
2018年6月	日中韓　国画・書法展（「日中韓」国画・書法展実行委員会）

定管理者が運営している。私自身は二〇一〇年五月にこの施設の職員として運営に携わらせていただいており、地域の方たちと、いろんな事業を一緒に経験させていただいた。現在も流山の地域活動、教育、文化を、よりよい環境で、より有意義であるために、日々どんな運営をしたらいいか、地元の方と意見を交わしながら、職員一同、事業を組み立てている。

流山エルズは「地域の人が、やりたいことをやれる場所」

流山市生涯学習センター（以下、流山エルズ）では開館当初から、地域の方の「やりたいこと」を、最大限効果的に事業化することに注力してきた。たとえば、「この地域の子どもたちが、楽しみながら、大人とふれあって、学べるおまつりがやりたい」という意欲を持った市民活動家と一緒に開催した「まなび・ふれあいまつり」。「ジョー・オダネルの戦争写真に心を打たれた。ぜひ流山で写真を展示して、特に若い人たちに平和の大切さを感じてほしい」という市民の方と一緒に開催した「ジョー・オダネル写真展」。流山おおたかの森駅前で開催していた駅ライブから発展し、「まちの中で、市民が気軽に文化的なイベントに参加できるよう、流山のいろんな場所でジャズや音楽ライブを開催したい」という有志が集まり開催している「流山ジャズフェスティバル」。「自閉症の子どもたちの描く絵の素晴らしさを知ってほしい」という熱意溢れる画家の方と一緒に立ち上げた「言葉を越えてプロジェクト」。この他にも、いろんな方から「こんな事をやりたい」「こんな企画をやってみたい」という話を聞いて、事業化した。その際は実行委員会を作り、時には助成金を獲得して、費用を捻出したケースもある。いずれも、企画の骨格と大事な事業目的は市民の発案。事務局的な運営や、イベント制作などの具体的な作業、助成金申請や、広報活動などに我々職員も加わり、実施してきた。

「想いを誰かと共有したい」というシンプルな熱意が人や文化を動かす

これまで私自身が関わったもの、他の職員が関わったものも含め、多くが実行委員会で事業を行ってきた。現在も継続している実行委員会もある。どの事業も、最初の発起人は地域の人。日々流山エルズを利用していて、利用ついでに事業の相談をしに来る方が多かった。そして、相談に来る方は、年齢も様々、属性もバラバラ。団体に所属している方、個人の方もいる。共通しているのは「これがやりたい」という具体的で率直な熱意を持っていること。我々職員が実行委員会の一員として事業を行うのは、基本的には流山エルズの施設内で行う事業について。しかし時には、他の施設で事業展開するときにも、実行

まなびあいふれあいまつり

委員会の一員として関わることもしばしばあった。どの事業も、我々職員の作業量は決して少なくはないが、それでもやり続けていたのは、地域の方々のやりたい想いを、直接的に実現できることに、やりがいを感じていたからだ。「地元の子どもたちのために」「たくさんの人に楽しい体験をしてもらいたい」「この感動や楽しさを、色んな人に知ってもらいたい」こういう気持ちを持った人の活動を、この施設で展開していくことで、流山の地域は、市民が主役の、文化的活動の活発な地域となっていくのだと考えている。

文化のインプットとアウトプットを繰り返す場所

流山エルズで開催している事業は、通年開催している「生涯学習講座」と「イベント事業」の2つに分けられる。生涯学習講座は、現在は五五種類の生涯学習講座を開講しており、年間延べ一万二千人が受講している。語学や音楽や芸術、健康スポーツ、実用的技能、子育て支援、子どもの生涯学習、親子教室など。気軽にはじめられて、気軽に楽しめることを目的としているため、比較的初心者向けの講座が多い。「イベント事業」は、先ほどから述べた実行委員会形式の事業のほか、施設主催の事業として夏休みや冬休み期間のワークショップ、現代アート企画、コンサート、ダンス公演や落語など。こうした施設主催事業はいわば文化的なインプット系事業である。一方、実行委員会で開催する事業は、市民による文化的アウトプット事業で、自分たちが作り上げたイベントで成果をつくり、その後も活動が発展し、継続した活動をしているケースが多い。

たとえば、「ジョー・オダネル写真展」の開催後。実行委員会のメンバーは引き続き、平和の大切さを若い人に伝える活動を継続。戦没画学生「祈りの絵」展を二〇一三年に開催。その後は「東京大空襲と学童疎開」展を再び実行委員会が主導で開催。三回の企画展の後、実行委員会の皆さんは「戦争を知る最後の世代として、自分たちの世代がこの世から去っても何か平和の大切さを語り継ぐために、流山市民の戦争体験証言集をとして、市内に住む九〇名近い戦争体験者からの証言を集めた書籍「戦後七〇年語り継ぐ戦争〜流山からのメッセージ〜」（崙書房）を出版した。市内の小中学校に書籍を寄付し、「戦争体験特別授業」として市内の小学校に出張して、書籍の内容を語る活動を行っていた。新型コロナウイルス感染症の流行によって出張講演が難しくなった際は、語りの内容をＤＶＤにして、それを市内の学校に寄付する活動をされていた。最初の「ジョー・オダネル写真展」開催の時は、まさかこれほど活動が発展していくとは、一緒に実行委員会の事務局をやらせていただいた私自身は全く予想していなかった。驚きとともに、人生の大先輩である実行委員の皆さんの熱い気持ちに心を打たれる。今も施設に足を運んでくださり、展覧会やいろんな催しに来館されている。

新型コロナウイルス流行・東京二〇二〇オリンピック・パラリンピック以降の変化

事業をつくる過程で、我々が関わる主な作業が「チラシを作る」ことと「当日運営」だ。チラシ作成とは広報活動の一つに過ぎないが、企画を魅力的に魅せるためのコピーライトやタイトルをつけ、広報用のビジュアルを整える。印象的なチラシや宣伝を作らないと、内容がよい企画であってもたくさんの人を来館させることはできない。魅力的な宣伝活動のためのチラシや広報をうつことは、とても重要である程度専門的な技術が必要な作業だ。施設職員の持つ技術を活かして魅力を発揮させる宣伝活動を行う。新型コロナウイルスの流行以降は、紙媒体での広報活動だけでは不十分で、SNSの特性を理解し、効果的に情報を発信しないとイベント自体を知ってもらえない。現在は「いかにSNSでの効果的な情報の出し方をするか、ビジュアルを整えるか」を日々意識して取り組んでいる。新型コロナウイルス感染症の流行は、広報活動にも大きな影響を与えた。紙媒体からインターネット媒体での情報拡散の割合が増え、世代ごとに情報の取得方法が異なる。五〇歳代まではウェブ上に情報を掲載しないと情報が広まらない。六〇歳代以上になると、紙媒体での情報取得が多く、参加申込みにおいても世代によってニーズが異なる。ウェブから予約を受付られる方法が望まれたり、ウェブからの予約だけでは高齢者が参加しにくかったりと、多様な対応力が求められていると実感する。

また東京二〇二〇オリンピック・東京二〇二〇パラリンピックが契機となり、流山エルズで文化活動をする方々の意識や視点にも、変化が見られる。文化や芸術性について、いろんな価値観や発見を共有したいと考える活動が活発になっている。感染症の流行やオリンピック・パラリンピックによって、大きな環境や社会の変化で、新たな発見をしやすくなっているのかもしれない。そんな中で現在も非常に活発に活動し、発展している市民グループの一つが「一般社団法人ＡＯＡａｒｔ」の皆さん。我々流山エルズでも連携してイベントを開催し、彼らの文化活動の楽しさを一緒に味わわせてもらっている。

「言葉を越えて」プロジェクトからのはじまり

「言葉を越えて」プロジェクトの発起人は、流山エルズで日本画を指導する画家の藤島大千氏だ。自閉症というコミュニケーション障害をもつ子どもたちが描く絵を紹介する企画で、中国やイギリスで活動している自閉症の子どもたちの絵画制作の支援団体があり、そこでの作品を知った藤島氏が、日本でもこの活動を広め、自閉症児が描く作品の素晴らしい芸術性を広め、日本でもこの活動を始めたい、と発起された。我々はこのプロジェクトでも、実行委員会の一員として、二〇一三年開催の「言葉を越えて展」や、二〇一五年開催の「言葉を越えて　自閉症者とアーティストのコラボレーション」二〇一九年開催の「言葉を越えて〜自閉症者でありクリエイターである彼らの作品展〜」の三つの展覧会を開催した。二〇一三年の展示では、海外の自閉症児の作品と日本のアーティストと一緒に制作したワークショップ作品を飾った。二〇一三年に展示から活動をはじめ、一般社団法人ＡＯＡａｒｔという組織ができあがり、現在も流山市や近郊の自閉症の子どもや大人が自らの制作活動に、楽しく真剣に向き合っている。二〇一九年に開催した展覧会では、日頃のＡＯＡａｒｔの活動で作品の豊か

言葉を越えて
〜自閉症者でありクリエイターである彼らの作品展〜
“自閉症の人に、閉じているのは私達の方かもしれない”
彼らの開放的な作品を見て、彼らの心に触れてみませんか？
2019.12.20[金] - 12.23[月]　流山市生涯学習センター ギャラリー
開催時間｜9：00〜21：00　入場無料
お問合せ｜TEL 04-7150-7474（流山市生涯学習センター）FAX 04-7159-6639
言葉を越えて展

さに磨きがかかり、どれもユニークで自由で感性が開放された作品ばかり。展覧会を開催する度に、彼らの作品がいつも発展していて、興味深く拝見させていただいている。個人的にもお気に入りの作品があり、彼らの作品はクリエイターとしても商品化できるレベルを感じさせる程である。表現活動においては、障がいは「害」ではなく、個人の特性の一つであり、それによりあらわれてくる表現は、時に素晴らしいものを生み出す要素にもなる。「言葉を越えて」の展覧会をＡＯＡａｒｔの皆さんと開催する度に、そう感じる。彼らが大きな紙やキャンバスに向かって、夢中に絵を描く姿をワークショップで拝見するたびに、彼らの熱中する姿に、キラキラと輝くものを感じる。こうした素晴らしい出会いは、きっと自分たちの発想だけでは、知ることができなかった。ＡＯＡａｒｔの皆さんだけでなく、現在も一緒にたくさんの方の熱意を共有させてもらえ、地域の方と一緒に発見と喜びを感じている。流山エルズが、地域の文化施設として、地域の文化活動の発展に貢献できれば、何よりも嬉しく思う。

（三橋　綾子）

五　市民とともに学びをつくる

野田市の公民館

野田市は、一九五一年（昭和二六年）川間村公民館の開館から、ほぼ二から四年ごとに一館建設し一九九八年（平成一〇年）に複合施設で野田公民館、そして、二〇〇三年（平成一五年）の関宿町との合併に伴い関宿町のコミュニティーセンター三館を公民館として位置づけ、一一館の公民館体制（中学校校区に一公民館）となる。また、社会教育主事有資格者を随時採用し公民館に配置し、「住民が主人公の公民館へとして、①多彩な趣味・文化活動の自主的なつどいを援助する。②地域文化活動との結びつきを大切にする。（例）文化祭、公民館まつり、女性ふれあいのつどい、子ども劇場など。③人権と民主主義そして地域の暮らしの問題を基調にした学習活動を積極的に実施する。（例）同和教育、障害者青年学級、郷土の歴史、女性史、健康、食生活（食品公害、学校給食）、老人福祉、自然保護と環境問題などの講座・講習会。④公民館だよりの発行。以上のことを着実に実践してきている。」『野田地方公民館活動史』野田地方公民館活動史編さん委員会　野田市教育委員会、一九九二年。

二〇一一年（平成二三年）市内一一館の公民館のうち野田公民館のみ指定管理となる。『野田市議会会議事録』二〇一一年（平成二三年第一回定例会）では、指定管理への移行について、「行政改革の徹底として……、メリットについては、経費の削減効果はもちろん利用者の利便性を向上させるため、休館日や開館時間」の変更等について当局から提案され一部会派の反対があったが賛成多数で可決されている。また、「起債の償還が終了したため……より一層の市民の生涯学習の推進を図ろうと」二〇一九年（令和元年）第二回野田市議会定例会にて、野田公民館が生涯学習センターへ変更された。

住民が主人公の公民館をめざして

野田公民館は公民館の本来の役割として、野田市教育委員会の『住民が主人公』をめざして公民館運営に取り組んできた。「コーディネーターズ・のだ」が誕生する契機となった「学びのコーディネーター養成講座」は公民館と市民とが共に学びあうことから、地域の学習の拠点としての公民館を位置づけていきたいとの思いから企画され継続されていった。

（高瀬　義彰）

市民活動の始まり

妻をがんで亡くして一年余り、時が悲しみを癒やしてくれるのか、やっと日常生活を平穏に過ごせるようになった。子どもたちは社会人となり独立し、独居生活がスタートする。ふと自分の周り、地域を見渡すとあいさつ程度はしていたものの、私には地域とのつながりがないことに気づいた。亡き妻がすべて地域との関係をつくっていたのだと思うと、恐れや怖さを感じる。これでいいのだろうか。そこで、自分のセカンドライフの一つに地域・社会とのつながりを持とうと決めた。ちょうどその頃、野田市で市民オンブズマンの創立総会があった。よい機会と思い、恐る恐るではあるが入会の手続きをした。市民活動の始まりである。

「コーディネーターズ・のだ」の立ち上げ

野田公民館（野田市生涯学習センターの前身）主催の「学びのコーディネーター養成講座」のポスターが目に入る。自分がやりたいことはこれだと直感した。二〇一二年九月から半年、月二回計一二回の講座である。

受講生は二〇名、内容の充実した講座であった。それでも修了できたのは、確か一五名ほどであると記憶している。講座最後の日の終了時に自ら手を挙げ、「共に学んだ仲間、このまま〝おさらば〟するのは余りにももったいない。集まりを持ちませんか」と提案した。

二〇一三年三月、「学びのコーディネーター養成講座」を修了した受講生の有志八人がボランティア団体「コーディネーターズ・のだ」を立ち上げた。「私たちは野田公民館を中心に、公民館活動に参画し、公民館の事業に協力・連携し、企画・運営を担っていく。多くの皆さんが近くの公民館と関わりをもち、主体的に参加されることを願い、少しでもそのお手伝いができればと思い、活動していきます。野田公民館に集い、気軽に交流できる場を皆さんと一緒につくりあげたいと願っています。」と宣言した。

野田公民館と私達の関係はどうあるべきかと、当時の館長に尋ねたら「つかずはなれずの関係」ではどうだろうかと応えた。まさに自主性を保ちつつ、協力・連携し合う関係だ。

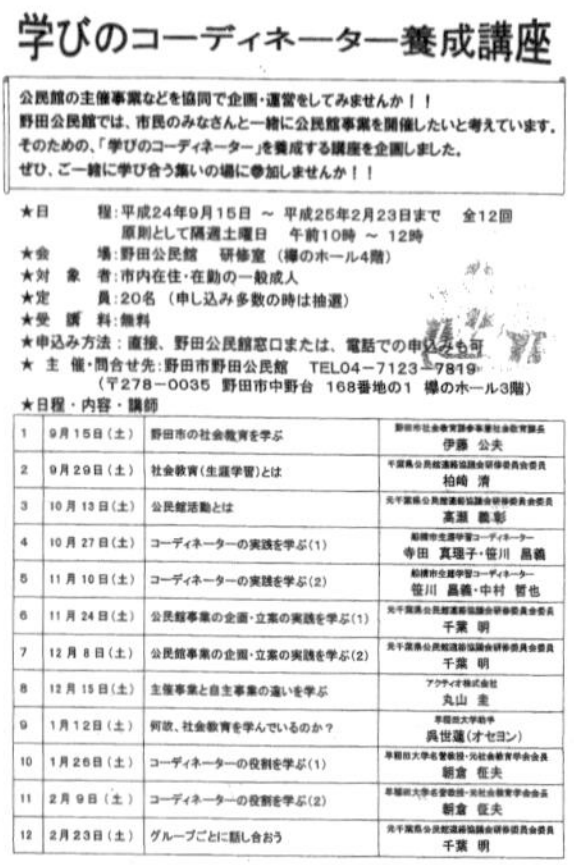

学びのコーディネーター養成講座

公民館の主催事業などを協同で企画・運営をしてみませんか！！
野田公民館では、市民のみなさんと一緒に公民館事業を開催したいと考えています。
そのための、「学びのコーディネーター」を養成する講座を企画しました。
ぜひ、ご一緒に学び合う集いの場に参加しませんか！！

★日　程：平成24年9月15日 ～ 平成25年2月23日まで　全12回
原則として隔週土曜日　午前10時 ～ 12時
★会　場：野田公民館　研修室（欅のホール4階）
★対象者：市内在住・在勤の一般成人
★定　員：20名（申し込み多数の時は抽選）
★受講料：無料
★申込み方法：直接、野田公民館窓口または、電話での申込みも可
★主催・問合せ先：野田市野田公民館　TEL04－7123－7819
（〒278－0035 野田市中野台 168番地の1 欅のホール3階）
★日程・内容・講師

1	9月15日（土）	野田市の社会教育を学ぶ	野田市社会教育課参事兼社会教育課長 伊藤 公夫
2	9月29日（土）	社会教育（生涯学習）とは	千葉県公民館連絡協議会研修委員会委員 柏崎 清
3	10月13日（土）	公民館活動とは	元千葉県公民館連絡協議会研修委員会委員 高瀬 義彰
4	10月27日（土）	コーディネーターの実践を学ぶ（1）	船橋市生涯学習コーディネーター 寺田 真理子・笹川 昌義
5	11月10日（土）	コーディネーターの実践を学ぶ（2）	船橋市生涯学習コーディネーター 笹川 昌義・中村 哲也
6	11月24日（土）	公民館事業の企画・立案の実践を学ぶ（1）	元千葉県公民館連絡協議会研修委員会委員 千葉 明
7	12月8日（土）	公民館事業の企画・立案の実践を学ぶ（2）	元千葉県公民館連絡協議会研修委員会委員 千葉 明
8	12月15日（土）	主催事業と自主事業の違いを学ぶ	アクティオ株式会社 丸山 圭
9	1月12日（土）	何故、社会教育を学んでいるのか？	早稲田大学助手 呉世蓮（オセヨン）
10	1月26日（土）	コーディネーターの役割を学ぶ（1）	早稲田大学名誉教授・元社会教育学会会長 朝倉 征夫
11	2月9日（土）	コーディネーターの役割を学ぶ（2）	早稲田大学名誉教授・元社会教育学会会長 朝倉 征夫
12	2月23日（土）	グループごとに話し合おう	元千葉県公民館連絡協議会研修委員会委員 千葉 明

学びのコーディネーター養成講座

初めての独自事業

「学びのコーディネーター養成講座」を修了したとしても、素人の集まり。初のイベントに何をやるかは頭を悩ます。そこで、宣言にある「野田公民館に集い、気軽に交流できる場」を手軽に実践できるイベント「懐かしい映像を楽しむ集い」を考えた。仲間に趣味の映像（DVD）を所有する者がいたことも容易に実践可能とした。参加者には会員となってもらい、ローマの

休日などの思い出の映画、司馬遼太郎「街道をゆく」、落語「古今亭志ん朝」、ドキュメンタリー「日本と朝鮮半島二〇〇〇年」などの映像を楽しんだ。参加者は三〇人から七〇人と好評であった。しかし、交流できる場というねらいから、映像を楽しんだ後に映像について思い出や感想を語り合う場を設定したが、その場に残る人は少なくこちらは不評であった。残念ながら、このイベントは公民館に集うという点では良かったのだが、交流の場（社会参加）という点では問題が残り、二〇一八年四月に終了した。

共催事業が始まる

「公民館活動に参画し、公民館の事業に協力・連携し、企画・運営を担っていく」には、野田公民館との関係で、当会の活動を整理する必要がある。当時から野田公民館は指定管理者が運営している。そのため、野田公民館には野田市の主催事業と指定管理者としての自主事業がある。そこで、当会の活動は①生涯学習センター主催事業への協力②生涯学習センターとの共催事業③当会の独自事業の三つに分類される。

二〇一四年五月の公演「アフターヌーンコンサート」を皮切りに共催事業が始まり、学びのコーディネーター養成講座（第二回）、コーチング体験講座、傾聴体験講座と続く。二〇一五年には、古文書入門講座、コーチング体験講座（第二回）、傾聴体験講座（第二回）、公演劇「となりに、天才モーツァルト」、学びのコーディネーター養成講座（第三回）、親子で楽しむ　講演「宇宙の始まり」、古文書入門講座（第二回）、作品展示体験講座等が順調に、主催事業の協力・共催事業が続き現在に至る。

コラボレーション

当会が野田市生涯学習センターと市民や他団体をつなぐコラボレーションである。二〇一五年には、東京理科大学天文研究会による「プラネタリウム公演」を実施した。このイベントは好評により現在も続いている。そして同じく電気工学研究会による「電気工作実験教室」、野田市民とのコラボ・働く人の健康増進講座「〝ツボ刺激〟で健康増進！」が続いた。二〇一八年、野田をもっと知ろう（第一回）「原始・古代の史跡を訪ねる」では野田市のボランティア団体「むらさきの里　野田ガイドの会」とコラボによって実施した。

市民大学の創設を探る

二〇一五年一〇月、私が受講によく通ったつくば市民大学を当会のメンバーが視察した。つくば発の新しい試み、理念「まなぶ　つながる　つくりだす」の素晴らしさに魅せられる。同一〇月、「のだ市民大学」検討会を当会内に立ち上げた。二〇一六年には、埼玉県の富士見市民大学の理事長に来てもらい説明を受けた。こちらは富士見市の教育委員会が中心に立ち上げ、市民が中心に運営する公

設民営とのこと。一年掛けて検討した暫定整理は、

(1) 運営主体「のだ市民大学（仮称）」は民設民営の事業体「コーディネーターズ・のだ」を母体とし、市民のための学びの場を市民大学と位置付ける。

(2) 運営方針「学ぶ・つながる・つくり出す」を基本コンセプトに運営する。

(3) 基本構成　下記の3分野を柱として事業を展開する。

①コミュニティ分野　②ライフスタイル分野　③自然塾分野

しかし、検討の結果、スタッフ不足・資金繰り・活動施設・実績の点で時期尚早と判断した。今後の課題として、実績づくり（3分野を常設の事業とし、並行して多様な事業を展開する。）とスタッフの養成・発掘（養成講座の活用や広報活動に重点を置く。）に取り組むことにした。近い将来、生涯学習センターと相談の上結実させたいと考えている。

令和５年度　　コーディネーターズ・のだ

今後の行事予定　　お楽しみ下さい！

項番	講座名	概要	開催日	備考
1	傾聴を体験しよう	信頼を深める聞き上手のワザを身につける体験学習	2023年 5/14、21、28	3回 センター共催
2	笑いヨガ（ﾗﾌﾀｰﾖｶﾞ）	条件のない笑いとヨガの呼吸法を組み合わせたエクササイズ	2023年 5/27 6/3、10	3回 センター共催
3	のだ自然塾	野田周辺に蔓延る古代繊維についての体験講座	2023年 6/27、28、7/4、5、11、12	6回 センター主催
4	野田をもっと知ろう第3回“まめバス”	まめバスで行く こうのとりの里・三ツ堀里山 自然園散策	2023年 6月4日	1回 センター共催
5	もっと知りたいＬＩＮＥ活用法	初心者を対象に ＬＩＮＥの使い方を学ぶ	2023年 6月25日	1回 センター共催
6	バルーンアートで遊ぼう！	バルーン（風船）によるアート作品をつくって楽しむ体験講座	2023年 7月23日	1回 センター共催
7	プラネタリウム公演	理科大生による自作 プラネタリウム公演と星空観望会等	2023年 8月20日	野田天文研究会とコラボ センター主催
8	やさしく学ぶコーチング	相手の目標達成をサポートし、自発的な行動を促す コミュニケーション講座	2023年 9/17、24 10/1、8	4回 センター共催
9	あなたを変える対話術	相手と心を通わせる対話の仕方をグループワークで学ぶ	2023年 12/3、10	2回 センター共催
10	日本の凧あげ習俗体験講座	日本の伝統の凧について学び凧あげ習俗を体験する	2024年 1/23、24、30 2/6、13、14	6回 センター主催
11	ファシリテーション入門講座	集団での対話・話し合いのスキルアップ・トレーニング講座	2024年 2/11、18 3/3、10	4回 センター共催

※センター：野田市生涯学習センター

「コーディネーターズ・のだ」今後の行事予定

「野田もの知り検定」の立ち上げ

前述した富士見市民大学の中心事業に「富士

見検定」があった。まちづくりに最適な事業ではないかと思っていたところ、「コーディネーターズ・のだ」の仲間から当会で「野田検定」を作ろうと提案があり、二〇一六年9月に当会から独立した団体として「野田もの知り検定企画・実行委員会」が立ち上がった。これまで、野田市の自然地理・文化くらし・歴史の3分野について、クイズ集「野田もの知りクイズ50」のＰａｒｔ１・２・３そしてＢｅｓｔ50を制作・発行し、教育委員会を通じて市内の小学3年生に配布してきた。二〇一九年度には、クイズアプリの開発も行い、鈴木貫太郎記念館等4館に設置された。二〇二一年度では、野田市の魅力発信事業に「ちびっこ野田検定」が採択され、市内の小学三年生希望者を対象に実施された。さらに、二〇二三年度の1月~3月には野田郷土博物館で市民文化活動展が開催されることになり、私は今事務局長としてその準備に忙しい。

現在の事業紹介

当会では、独自事業として「市民提案・共同企画」を呼びかけている。独自事業から始まり、生涯学習センターに提案して、センターの主催事業・共催事業として取り組まれている。もちろん「懐かしい映像を楽しむ集い」等は、独自事業で継続したイベントでもある。現在の二〇二三年度事業を紹介する（１２１ページ参照）。

当会の講座のねらい

単に「まなぶ」ことにとどまらず、「世代や立場、組織の枠を超えて交流する（つながる）なかで、地域や社会の課題を解決するために自分たち自身ができることを探っていく（つくりだす）」ことを意識しており、対話などを通じて互いに〝学び合う〟ことを大切にしている。したがって、当会が設定する講座は以下の特徴を有している。

①公益性を意識した市民向けの講座であること。

多様な参加者に開かれたものであり、「自分や自分たちがしたいこと」だけでなく「社会から求められていること」を意識したものである。

②参加・体験型で相互作用の要素をもつ講座であること。

一方通行の講義形式だけではなく、講師と参加者および参加者どうしの対話の時間が確保されていることである。

（佐々木　盛次）

六　すさい・まちの変化「一〇〇の記憶」

「ここ一、二年のうちに話を聞かなんだら、もう昔のことを話せる人がおらんようになるよ…。」地域住民Mさんのつぶやきが、この事業を始めるきっかけとなった。まちの人々の記憶が風化してしまう前に、「記録」に残して未来に託す。コロナ禍真っ只中の二年間に取り組んだ「すさい・まちの変化『一〇〇の記憶』」について紹介したい。

1．はじめに

周西公民館の対象地区は、房総半島に東西に大きく広がる君津市の中で唯一東京湾に接している地域で、沿岸部一帯は㈱日本製鉄東日本製鉄所君津地区の工業区域である。地区の人口は一四七〇〇人（二〇二三年二月時点）。大規模な社宅や戸建ての住宅が立ち並び、今では昔からの住民よりも、移り住んできた人々が圧倒的に多い。製鉄所が建つ以前は、山野と田畑が広がる田園風景の中に民家が点在し、住民の多くは冬場は海苔養殖、春から秋は農業で生計を立てる半農半漁の生活を営んでいた。

一九六一年、北九州の八幡製鐵株式会社（当時）が関東への進出を決め、君津が候補地となった。先祖代々からの生活基盤を根底から変える埋め立てには大きな反対があったが、紆余曲折の末二つの漁業協同組合が漁業権を譲渡。瞬く間に巨大な製鉄所が建設され、北九州を中心に大勢の労働者とその家族二万人以上が移住した。さらに土地区画整理事業によって住宅街、学校、商業施設などのインフラが次々に整備され、より暮らしやすいまちへと姿を変えていった。このように周西地区は、製鉄所の進出により人々の仕事や暮らし・文化にも大きな変化が起こり、他に類を見ないような大規模かつ急激な変貌を遂げてきた。この変化は、君津市のまちづくりの歴史を象徴的に表すものである。

2．地域学習講座「周西まるかじり」

周西公民館は、二〇〇六年に君津市で八番目の公民館として開館した、市内で最も若い公民館である。周西の歴史文化・自然を学ぶ事業としては、君津中央公民館の分館時代から実施してきた「地域再発見講座」がある。その蓄積をもとに二〇一七年からは「周西まるかじり」と銘打って、地域の歴史文化をテーマに、海苔づけ体験などの参加体験型事業を実施してきた。しかし二〇二一年、コロナ禍に直面したこともあり、事業は見直しを迫られた。折しもこの年は、海苔養殖が始まってから二〇〇年、千葉県と八幡製鐵の工業用地造成分譲協定から六〇年、さらに君津市市政施行から五〇年の節目を迎えていた。当然、五〇年前を知る世代は高齢になり、「記録化するタイミングはここ数年が限界だ。」との冒頭のMさんの助言もあった。

北九州八幡出身のMさんは、昭和四四年に君津製鐵所に転勤となり君津に移住してきた一人だ。退職後、前述した「地域再発見講座」をきっかけに公民館活動を始め、仲間とともにサークルを立ち上げ、地域の文化遺産や歴史を見て聞いて記録するという地道な活動を続けた。成果をまとめた冊子は今も貴重な地域資料であり、Mさんは公民館にとって心強いアドバイザーのような存在になっていた。

目まぐるしく移り変わる時代の中で、周西地区の変化を住民がどのように考え、感じて生きてきたのか。人々の中の大切な記憶を、今「記録」として残さなければ、失われてしまう。私たちはMさんの「想い」も受け止め、コロナ禍という状況を逆手に取って、参加体験型ではなく調査・記録を主な手法とするスタイルで当時を知る人の記憶や想いを記録化し、地域資料として残す事業に取り組むことにした。こうして、「一〇〇人にインタビューをする」という大きな目標を掲げた取り組みがスタートしたのである。

3．第一期　学習会

この事業は、二年間を実施期間として期を区切って段階的に進めていくこととした。二〇二〇年の第一期はインタビュー調査をおこなうための基礎知識を学ぶ期間。二〇二一年の第二期でインタビュー調査をおこない、同年第三期をまとめの期間として冊子を刊行することを目途とした。懸念されていた冊子発行にかかる費用は、市政五〇周年記念事業として市の予算を確保することができた。

まず調査員の募集を地域に呼びかけたところ、数名が手を挙げた。子育て中の若いママ、郷土資料・文化財の研究を手掛けてきた男性Oさん、かつて製鉄所の労働者として君津・周西に移住してきた方などがメンバーとなった。第一期の学習では、Mさんが長年かけて集め、まとめた写真や資料を基に、周西の地域史を総ざらいし、次に市内資料館の学芸員から聞き取り調査のノウハウを学んだ。この年度の途中、事業発足を手掛けた担当職員の異動やコロナによる実施延期といった事態にも直面したが、残った職員と調査員とで協力して、学習を終えることができた。

調査員との月一回の定例会

4. 第二期　インタビュー調査

二〇二一年、いよいよインタビュー調査を開始した。できるだけ幅広い観点からの声を集めるため、対象者を「従来からの住民、移住者、元漁業者、商業者、主婦…」といった属性に分類し、二一項目を設定した。この作業は調査員のOさんが担ってくれた。

インタビュー対象者に趣旨を話すと、ほとんどの方が「私の話が役に立つなら」と快諾してくれた。自分の話をぜひ聞いてほしいと電話をもらうこともあれば、インタビューを終えた人から「この人に聞くと良いよ」と数珠繋ぎに紹介いただけることもあった。候補者として名前があがりながら、うかがう少し前に亡くなった方もいて、「昔のことを話せる人がいなくなる」という言葉の重さを痛感したこともあった。

インタビューでは、大切な人生の記憶を聞かせていただくという真摯な気持ちで、相手の話に寄り添うことを心掛けた。話していただくのは、生い立ちから現在に至るまでの歩み、まちの変化をどう感じてきたか、そして最後に、これからのまちづくりに期待すること。できるだけその方の「想い」を聞き出すよう適宜質問を挟みつつ、話にじっくり耳を傾ける。最初は言葉少なに語り始める方もどんどん話が弾み、二時間でもとても語りつくせないこともしばしばだった。一人ひとり違う人生の物語にはいつも引き込まれ、目に浮かぶ情景に胸が熱くなった。その後の原稿に書き起こしていく作業では、限られた文字数の中にお聞きした内容ができるだけ伝わるようにまとめ、本人に納得いただけるまで校正を重ねた。これを何十人と繰り返すのだから根気がいったが、喜んでもらえることが何より嬉しかった。途中、感染拡大による休館措置や活動制限のためインタビューを中断せざるを得ない時期もあり、まさにコロナの感染状況とにらめっこしながらの作業だった。年が明けると、原稿は寄稿も含め一〇〇名目前となり、初めは半信半

距離をとってインタビュー

疑だった目標が現実味を帯びてきたことを、調査員と喜び合った。

5. インタビューで見えてきたこと

不安と期待を抱えながら新天地・君津にやってきた人。まちの活性化を信じて変化を受け入れ、故郷が変わっていく様子を見守ってきた地元の人。製鉄所の進出は、多くの人たちの運命を変えた。その捉え方は百人百様ながらも、みなこれまでの人生を肯定し、これからのまちづくりへの期待を語ってくれた。さまざまな立場の、幾人もの記憶を統合し全体を俯瞰すると、表面的に理解していた「過去」が多角的に、深みを増して見えてきた。一滴の雫が大河に収斂されていくように、いくつもの人生が縒り合され、やがて「まちの歴史」そのものになっていくということを実感した。

学校や仕事場、地域活動での人々の交流の様子からは、言葉や文化が違う新旧の住民が歩み寄り、融和を図ってきたことがうかがえる。現在の君津市は人口が減少し、企業誘致によるまちの発展は思い描いたようにはいかなかった。しかし短期間にこれほど多くの人を受け入れながらも互いに協力しあい、ともに暮らしやすいまちをつくりあげてきた地道な歩みこそが君津の強みであり、これからも活かすべき良さだと思う。この冊子を単なる回顧録にせず、まちがたどってきた歴史を捉え直し、人々の活動の記録や想いから学ぶことは、これからのまちづくりを考えるうえで大きな意味があるのではないだろうか。

6．冊子の刊行と反響

最終的に一〇八名の原稿が集まり、その後の膨大な編集・校正作業を経て、二〇二二年の春、ようやく冊子『すさい・まちの変化一〇〇の記憶』が発行を迎えた。

私たちの調査と同時期に、福岡県の民間放送局・RKB毎日放送株式会社が君津製鐵所に関するドキュメンタリー番組制作をしていた。これも思えば奇遇であったが、ディレクターのT氏が当館に取材に訪れたことをきっかけに、資料提供や取材対象者の紹介などで連携することができた。そして冊子の発行と同じころ、ドキュメンタリー「もうひとつの八幡製鉄所・君津～『民族大移動』から五〇年～」が完成し、九州で放映された。この時はまだ関東で放映していなかったこともあり、T氏の協力のもと、冊子のお披露目とあわせた上映会をおこなうことになった。

「もうひとつの八幡製鉄所・君津」上映会

開催を周知したところ、大きな反響があった。番組のことを九州の家族や知り合いから聞いたという人や、製鉄所OBのネットワークで知ったという人たちを中心に、問い合わせが相次いだのだ。当日は急きょ別室を設けるほどの人が来場し、上映会は盛況のうちに終了した。更に翌日以降、上映会の模様と冊子の存在が新聞記事に掲載されたことから問い合わせが殺到し、瞬く間に販売部数が売り

切れてしまった。県内外、遠くは九州や北海道からも注文をいただき、聞くとその多くが製鉄所と何らかの関わりがあって、皆一様に君津が懐かしいと話してくれた。新聞の影響の大きさもさることながら、各地の製鉄所関係者の多さに改めて驚いた。この冊子が、君津を離れた人にとっても意義深いものになれば嬉しい限りである。

二〇二二年度は「スピンオフ事業」と称して、この上映会のほかに、土地区画整理事業の記念碑を巡るウォーキングイベントや、他地区での事業報告をおこなった。冊子はその後、第二版を発行することができた。

完成した冊子

7．活動を振り返って

事業そのものは二年間だったが、ここに至るまでの多くの蓄積が繋がって得ることができた成果だといえる。この事業はMさんがいなければ成立しなかった。しかし数十年前、退職してすぐのMさんと出会い、地域の歴史を探るきっかけを作った職員の存在。その後も歴代の公民館職員が、ともに学びを積み重ねていったこと。その中の一人がMさんの想いを受け止めて事業をスタートさせ、引き継いだ職員が冊子の発行というゴールまでやり遂げたこと。このように、Mさんに関わった君津市の社会教育職員がバトンを繋ぎ、チームとして取り組んだからこそ成し得たことだと思う。私もその一員として関われたことは、職員として大きな財産となった。

この活動を通じて、相手の話を真摯に聞き、記し、残すという手法によって得られる深い学び、一人ひとりの人生の尊さを、改めて知ることができた。生き生きとした語りからは話し手の人柄が浮かび上がり、読み手はその生き様やものの考え方から学び、想いを受け取ることができる。そして自分の人生と、暮らしていくまちをどんなものにしていきたいか、未来を考えるための学びに繋がっていく。若い世代にぜひ読んでもらいたいし、私自身も、地域の人々の声に丁寧に耳を傾けていく姿勢をこれからも大切にしていきたい。

今年の春、Mさんは故郷の北九州に帰っていった。冊子が完成したとき、「よかった、もう十分。」と満足そうにつぶやいていた姿を思い出す。

この「すさい・まちの変化『一〇〇の記憶』」が、未来のまちに託した想いを次世代に伝える存在になれば、と心から思っている。

（三枝　美和子）

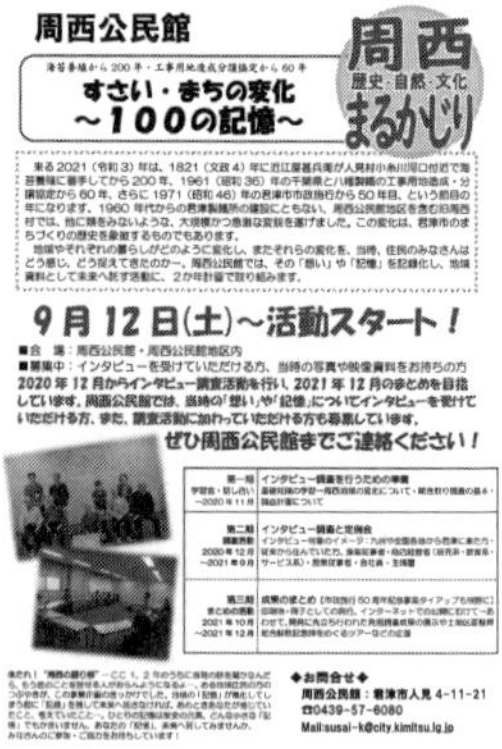

100の記憶ポスター

Mさんのこと

Mさんが故郷に帰ることになった。

Mさんとの出会いは20数年前。当時私が担当していた地域の歴史教室に、定年を迎えたばかりのMさんがやってきた。「これまで仕事一辺倒で、まちのことをなんも知らんので、混ぜてください」お国なまりが少し残るMさんの言葉を、今も覚えている。

それからMさんはパソコンを覚え、まちの歴史や植物、生き物などをコツコツと撮影し、記録にまとめていった。仲間も拡がり、いろいろなグループが生まれ、その活動は今も多くの人たちから親しまれている。

Mさんは、半世紀前このまちにやってきた。三年前、北九州のテレビ局が、このまちを題材にドキュメンタリー番組を作成した。製鉄所とともに北九州からこのまちに移り住んだ、約二万人もの人々の物語だ。番組にMさんも登場している。海辺の丘の上で、製鉄所を見つめながら、しみじみと思いを語るシーンが忘れられない。

数日前、仲間の職員からこんなことを聞いた。「Mさんが引っ越しの挨拶に来てくれて、〝布施という亀に乗ったら、公民館という竜宮城に連れて来てもらえたよ〟って言ってたよ」

お礼を言うのはこちらの方だ。いろいろ語り合い、時にはぶつかったこともあった。それでもMさんはこのまちと、公民館を愛してくれた。

羽田へと向かう時間にぎりぎり間に合い、ご自宅に挨拶に伺うことができた。

「定年後の人生、本当に楽しかった」と、Mさんは握手をしながら涙をこぼしてくれた。

こういう時、何を言えばよいのか。でも、もう時間だ。

Mさんがずっと手を振って私を見送ってくれた。その姿を見ていたら、私もMさんの顔がぼんやりに

海辺の丘から見る製鉄所

じんで見えなくなった。

帰り道、海辺の丘にのぼってみた。番組撮影の時はきれいな青空だったが、今日はなんとなく涙ぐもりだ。

故郷を離れた遠い見知らぬまちで懸命に働き、勤めを終え第二の故郷を愛そうと丹念に学んできたMさん。丘の上から見えるこのまちの、小さな公民館でのささやかな活動を心の楽しみにしてくれていたMさん。このまちは、Mさんにとってどんなまちだったのだろうか。気がつくと、少し早めの桜の花が数輪咲いていた。桜の花ごしに製鉄所が見える。

「また、必ず会おうね」・・・別れ際のMさんの声が、耳の奥に響いた。

（布施　利之）

＊このコラムは２０２３年３月18日Facebookへの布施利之さんの投稿記事から、御本人の了解を得て本書に転載したものである（編者）。

七　浦安市公民館での憲法学習の実践

はじめに

浦安市は、「東京ディズニーリゾート」の街である。元々は漁師町で、面積の七〇％が埋め立てられた街だ。そのため、埋め立て前の元々の地域は「元町」、第一期（一九六八年～）の埋め立て地は「中町」、第二期（一九七八年～）埋め立て地は「新町」と呼ばれ地域差も見られる街である。面積は千葉県内一番小さく一六・九八㎢、人口は約一七万人（約八万世帯）で、公民館はおおむね中学校区を基準に七館設置されている。

浦安市での憲法講座

浦安市では、二〇〇五年度から、中央公民館の主催事業として憲法講座が始まった。「憲法の基本原理を学ぶ―憲法とはなにか―」と題した五回の連続講座で就労している方も参加ができるように平日夜間に開催した。硬いテーマにもかかわらず、延べ七三人の参加があった。その後、二〇一六年度まで約一二年間、憲法講座を継続した。最後となった年は長澤成次先生に「暮らし中の憲法」のテーマで全二回、憲法の役割や立憲主義などを学んだ。参加者も延二四人あったが、その後は浦安市公民館で憲法講座の開催はなくなってしまった。あくまで想像だが、「参加者が固定化しているのではないか」、「憲法講座から『憲法を考える会』や『憲法サロンin浦安』というサークルも誕生しているので、ひと区切りしてもよいのではないか」というような形で事業見直しがおこなわれてしまったのではないかと思われる。また、担当者の異動も一因となったのかもしれない。

憲法講座を公民館で

浦安市の公民館主催事業は、「浦安市公民館運営方針」に沿って企画・実施している。方針には、「主催事業の基本体系」として七項目の取り組みが位置付けられているが、私は、なかでも「現代的課題への取り組み」に重点を置いて事業づくりに取り組んでいる。平和、人権、環境、国際理解、福祉、防災・防犯、男女共同参画・就労などの諸課題は私たちの生活とも深く関係するものである。だからこそ、同じ地域に暮らしている人たちが、共に話し合い、考え合いながら解決を目指していくことが大切である。そして、それを応援するのが公民館の役割と考えている。しかし、「現代的課題は難しい」と思われがちで、敬遠され、参加者が思うように集まらないのも現状だ。

そのようななか、家庭教育学級の参加者から「憲法講座をやってもらえないか?」と声がかかった。

「憲法？」「なぜ若いお母さんから？」「確かに大切な学習テーマだけど、参加者は集まるのだろうか？」などと色々なことが頭の中を駆け巡った。でも、詳しく聞くと、「憲法に関心がなかったけど、憲法の講座『檻の中のライオン』に参加して驚いた。目からウロコで、憲法がこんなに自分の暮らしとつながっているとは知らなかった。是非、子育て中の方に聞いてもらいたい。」とのことであった。

私が、「なぜ対象が子育て中の方なのか？」と聞くと、「暮らしにつながるということは、自分たちの子どもが生きていく社会にもつながることなので、子育て中の方こそ知る必要がある。子育て中は目の前の育児にとらわれがちで、憲法の話は視野も広がるいいチャンスになるのでは」と。さらに、「子育て中の方にも参加してもらうには託児が必要なので、そのためにも、ぜひ、公民館の主催事業として開催してほしい」とのことだった。

子育て中だからこその率直な気持ちが伝わってきた。そして、まずは自分の憲法講座「織の中のライオン」に参加してみようと思った。

憲法講座の企画へ

参加してみると面白い！しかも、憲法が堅苦しくなく身近なものとして感じられた。さすが、家庭教育学級の参加者である。この学級では、一年間かけて「子育ての不安や悩み」だけでなく「日々のちょっとした疑問や違和感」なども話し合い共有していくので、参加者同士の信頼関係を築きやすい事業である。この事業のおかげで、「憲法を子育て世代は知る必要がある！」と提案してくれたのだと感じた。そして、この参加者が所属する公民館サークル「多様な学びを求める母の会」と一緒に協働事業という形で企画をすることになった。

一番わかりやすい！憲法のおはなし「檻の中のライオン」

「檻の中のライオン」の講演をしている椋《はん》大樹《どうたいき》さんは、広島県の弁護士である。全国各地で講演をする際、飛行機代がかかるので近隣で数か所まとめてご講演するのが原則である。その日程調整を「多様な学びを求める母の会」にお願いし、依頼することができた。その後のやり取りも、フェイスブック（公民館ＰＣはセキュリティーの問題でできない）を利用した連絡方法だったので、全てやってもらい協働事業のありがたさを感じた。

問題は、「どうしたら子育て中の方が来てくれるか？」だった。「関心が持てるタイトルにする」に重点を置き話し合った。最終的にシンプルな「一番わかりやすい！憲法のおはなし『檻の中のライオン』」に決定。内容、講師、日程、タイトルも決まり四年ぶりに憲法講座が浦安市公民館主催事業で復活した。

参加者募集にあたって、公民館では市のホームページに掲載するとともに関係施設や学校にチラシを配布し、「多様な学びを求める母の会」にはフェイスブックでのＰＲをお願いした。

檻の中のライオンと椋先生

二〇二〇年一一月一五日（日）、当日、参加者の出足は悪く、椋さんからも「少ないね」と言われてしまった。予定では二六人（保育児九人）の参加希望があったが、一〇人程度で講義が始まった。

初めに天賦人権の話があり、「基本的人権は誰からもらったの？」「①国②憲法③それ以外」というクイズが出た。大体の人は「②憲法」。「…と思うでしょう。」と椋さん。「生まれながら天から与えられているのです。」と抑揚をつけた名調子で説明があった。このいいところが過ぎたころに、参加者がだんだん増えてきた。つい「遅刻は…」と否定的にとらえがちだが、「参加する気持ちが最初の一歩」と思うようにしている。〔最終的に二二人の参加（子育て世代一一名）〕

つぎに「憲法を守らなければいけないのは誰ですか？」のクイズ。「憲法九九条から正解は公務員、国会議員や大臣。だから、権力（ライオン）は檻（憲法）に入れて、私たちにかみついたりしない（権利を守る）ようにしているのです。」と説明があった。憲法講座なのに、「なぜライオン？」と思った方も多かったようで、一気にその謎が解けた瞬間だった。このたとえが最大のポイントだった。このたとえを用いて「檻で何を守る？」との問いに対しては、平和主義、基本的人権（自由権・社会権）についての解説が、「檻を壊されないために」という問いに対しては、権力分立、公務員の憲法尊重擁護義務、最高法規制、硬性憲法、違憲審査制、国民の不断の努力、抵抗権のお話が次々と出てきた。難しい言葉が並ぶが、〔檻〕と〔ライオン〕の関係で聞くとスッと頭に入ってきた。

最後に椋さんから「ライオンが入る檻は今後どうあるべきか、自分の頭で、自分と自分の子孫の問題として考えてね。知る→考える→行動する、になるよ。」との言葉があった。

質問の時間に、「椋さんのその熱い原動力は？」と聞かれ「法律を学んだ者として、憲法を伝えていないような現状を見ていられなかった。憲法をしっかり理解できるように伝えたい。弁護士業をそっちのけで全国各地を周っているのもその想い。まぁ、各地の美味しいもの食べられるしね。」と感動的になりそうな言葉も最後まで楽しく締めくくっていた。

講座を終えて

市民発案の憲法講座、多くの学びがあった。アンケートには「憲法が身近になった」「知ったことで暮らしが豊かになる」「憲法に守られていた日常にまったく気づいていなかったことに気づいた」「日ごろから関心を持ち、自分で考え、話し合う『不断の努力』を心がけたい」など自分の暮らし（方）に対する気持ちの変化がうかがえた。

「檻」の保っている安心は日常の暮らしで、暮らしを守るため「檻」を壊さない暮らし方をする、そんなアンケート結果をいただき、憲法講座を復活できた意義を感じている。

でも、市民は関心の薄い方が大多数である。椋さんの「知る→考える→行動する！」の言葉を胸に、市民の方が「知る」主催事業を増やしていこうと思う。

それには、公民館単独ではなく「多様な学びを求める母の会」をはじめ市民の方と一緒に「知って考えて行動」をしていこうと思っている。

その後、コロナ禍

上記の文章は、二〇二一年三月号『月刊社会教育』特集憲法と学習の【コラム】に寄稿したものである。その後、新型コロナウイルスの蔓延により、一時公民館事業やサークル活動も活動できない状況になった。コロナ感染防止への対応は、様々な方が利用する公民館の立ち位置を今更ながら知る機会になった。公民館は、どなたでもご利用できる場所であるからこそ、制限をしなければならない、一方サークル「多様な学びを求める母の会」では、対象は主に育児中の保護者であり、どんな状況でも子どもの成長は止まらないのだから、そのための活動は続ける、と対応していた。このことは、市民の学びを継続するためにもサークル育成や公民館と地域団体が連携・協力をしていくことを強く意識したところである。

公民館と地域団体

「多様な学びを求める母の会」は、他の市民団体と連携して、「檻の中ライオン in 浦安実行委員会」を立ち上げ、二〇二三年三月二八日に浦安市での講演を開催した。この講演に私も参加したことで、改めて「公民館」で開催した時との違いに気がつくことができた。

まずは、「空気感の違い」である。会場は、一般的な会議室だが、同じ室内にキッズコーナーを設置しており、幼児が走り回っている。日々の暮らしはきれいごとでは済まないことばかりだ。公民館では、保育室があり学習権を保障して学べる環境を提供しているが、日々の暮らしはそうではないことがわかる、憲法と暮らしとがつながるリアルな空気があった。この場で憲法の話を聞き、感じること、考えることはどんなに大事なことだろう、と思った。

次に感じたのは、感想や意見の表出の仕方の多様さだった。椋さんの講義後に、SNS(ソーシャルネットワーキングサービス)から、この講座内容に疑問と反論を投げかけた方がいたのだ。私は、公民館主催だとこの展開になっただろうか?と思った。公民館主催では感じなかった気軽さと自由な空気が、疑問や反論を表明することにつながったのではないか、と思ったのだ。また、この方は、自分の表明した意見を投げっぱなしにするのではなく、そこからの質問に対してのやり取りを一人ひとり丁寧に返していた。これは、とても大事なことだ。SNSは便利だが、相手を傷つけることがしばしばある。意見の表出の手軽さと自由さとともに相手を傷つけないマナーを守りながら活用することができたら、これからの時代に合わせた「対話」の形なのかもしれない。顔を合わせないで発言することが、責任を伴わない相手を傷つけてもいい発言にならないか、「対話」にしていくことが大切なのだと思った。公民館は、「民主主義を学ぶところから始まった」と教わったが、多様な意見が出せて、そこから対話をどれだけ重ねていけるか、また、そのような人との関係性を作っていけるか、を実感した出来事だった。

おわりに

憲法講座を開催し、また継続して地域団体とも関われたことから、様々な気づきをいただいた。今後、時代とともに公民館の事業形態も内容も変わっていくのも肌で感じた。それとともに、公民館業務で「変わらないものは何なのか」も考えていきたいと思った。時代とともに変化していくためにも、軸になるものをしっかりとらえたいと思う。

浦安市の中央公民館は、児童が「小学校に講堂が欲しい」と「1円貯金」を始め、その児童たちが大人になると「講堂だけでなく公民館を」と寄付を申し入れ、その善意に町当局が動いて誕生したと聞いている。

この経緯は、住民の思いと行政がともに動く「変わらないもの」の代表格と思う。キーワードは「対話」なのかもしれない。ただ、その対

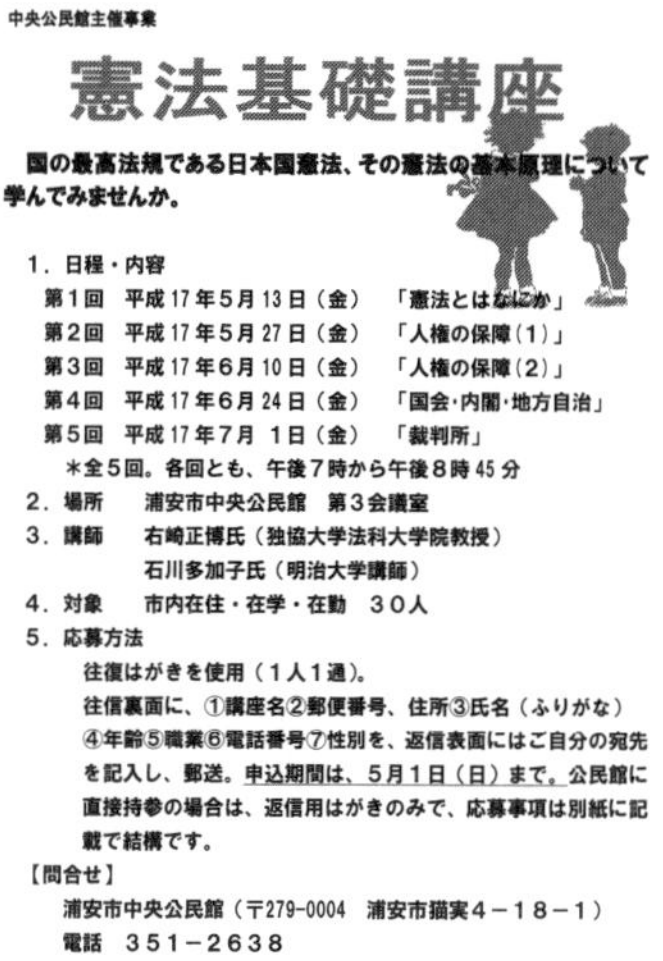
中央公民館主催事業

憲法基礎講座

国の最高法規である日本国憲法、その憲法の基本原理について学んでみませんか。

1．日程・内容
第1回　平成17年5月13日（金）　「憲法とはなにか」
第2回　平成17年5月27日（金）　「人権の保障（1）」
第3回　平成17年6月10日（金）　「人権の保障（2）」
第4回　平成17年6月24日（金）　「国会·内閣·地方自治」
第5回　平成17年7月 1日（金）　「裁判所」
＊全5回。各回とも、午後7時から午後8時45分
2．場所　浦安市中央公民館　第3会議室
3．講師　右崎正博氏（独協大学法科大学院教授）
石川多加子氏（明治大学講師）
4．対象　市内在住・在学・在勤　30人
5．応募方法
往復はがきを使用（1人1通）。

往信裏面に、①講座名②郵便番号、住所③氏名（ふりがな）④年齢⑤職業⑥電話番号⑦性別を、返信表面にはご自分の宛先を記入し、郵送。申込期間は、5月1日（日）まで。公民館に直接持参の場合は、返信用はがきのみで、応募事項は別紙に記載で結構です。

【問合せ】

浦安市中央公民館（〒279-0004　浦安市猫実4－18－1）

電話　351－2638

憲法基礎講座ポスター

話の場所は公民館だけではないのかもしれない。様々なことを地域の方と考えていきたい。

憲法一二条の「国民の不断の努力によって保持されなければならない」の言葉が思い返される。「変わらないもの」を考え、対話していくことは、不断の努力が必要だと感じている。

中央公民館で憲法講座を一二年間続けていたことの意味も振り返りたい。どんな対話をしていたのだろう。

憲法講座とともに学んだ「変わらないもの」を考えていくことは、地域の公民館であり続けること。また、違った取り組みで憲法講座を開催していきたいと思う。

（北村　章代）

八　「木更津市公民館のつどい」の変遷から見えてきたこと

はじめに

現在、木更津市内には一五の公民館が設置されている。
平成八年度から平成二四年度まで、市民と公民館職員からなる木更津市公民館のつどい実行委員会を組織し、各々の地域や公民館における活動をつなげ、広げ、深め、一人ひとりが携わるまちづくりの実践や、社会教育・生涯学習の拠点である公民館が担っていく役割について考える「木更津市公民館のつどい」に取り組んできたが、平成二六年度は「〝公民館の魅力再発見〟シンポジウム」、平成二七年度、平成二八年度は「木更津市公民館研究集会」と形を変え開催した。（詳細は「公民館で学ぶV」参照）
一方、一五の公民館の職員で構成されている木更津市立公民館連絡会では、公民館全体で取り組む事業のあり方を考える「これからの公民館事業検討委員会」を立ち上げ、これまで取り組んできた「木更津市公民館のつどい」は、「参加者一人ひとりが、実践発表や意見交流を通して学んだことを各地域（公民館）に持ち帰り、今後の実践に活かす中で、さらなる充実に向けて取り組んでいくこと」が

目的だったことを確認し、それを踏まえて、今後は、
一、市内の公民館を拠点に行われている学習や地域活動など実践活動の発表・交流の場
二、地域をよくしていくために行動する人、地域づくりを担う人材を育成する場
三、時代に即した地域における公民館の存在や役割、あり方を考える場
を目指すこととした。

そこで、平成二九年度は市民と公民館職員からなる実行委員会を組織し、実践から学ぶ「木更津市公民館実践交流集会」に取り組むこととなった。

「木更津市公民館実践交流集会」の開催

木更津市公民館実践交流集会を実施するにあたって、一五公民館全体で協議し、今年度取り上げる分野は「地域づくり・まちづくり」「高齢者」とし、「シニアが主役のまちづくり〜人と人がつながり、支え合う地域をめざして〜」をテーマにして開催することとなった。

さらに、
一、人との繋がりを広げ、新たな仲間を増やすこと
二、学びや経験を生かし、自分ができることで地域に関わること
三、地域の特色や実情を踏まえた取り組みが求められていること

木更津市公民館実践交流集会の変遷

年度	平成29年度	平成30年度	令和元年度
テーマ	「シニアが主役のまちづくり」 ～人と人がつながり、支えあう地域をめざして！～	「子ども達は地域で育つ」 ～地域とともに盛り上げる青少年事業～	「防災と地域コミュニティを考える」 ～地域と公民館で考える防災・地域づくり～
開催日時	平成30年2月11日（祝）	平成31年2月11日（祝）	令和2年2月11日（祝）
主催	木更津市公民館実践交流集会実行委員会 木更津市立公民館連絡協議会	木更津市公民館実践交流集会実行委員会 木更津市立公民館連絡協議会	木更津市公民館実践交流集会実行委員会 木更津市立公民館連絡協議会
会場	木更津市立中央公民館	木更津市立中央公民館	木更津市立中央公民館
実践発表の内容	①地域の絆を育む自治会活動 ②シニアが主役の老人クラブ ③高齢者のための居場所づくり ＜助言者＞ 聖徳大学社会福祉学科 川口　一美氏	①ハッピーメーカー必ずやる実行委員会の取り組み～サカサマ学級～ ②中郷小梨っ子クラブ～放課後子ども教室～ ③地域で支える通学合宿～木更津第二中学校区青少年健全育成住民会議～ ＜助言者＞ 千葉敬愛短期大学学長 明石　要一氏	①災害時に支え合える地域づくり～台風15号の教訓を活かして～ ②まちづくり協議会と地域防災活動 ③清見台・太田地区の地域防災組織について ④木更津市災害ボランティアセンターの取り組みについて～令和元年台風15号・19号・豪雨災害実践報告～ ⑤災害ボランティア団体の役割と活動紹介～災害ボランティアを通じて感じていること・伝えたいこと～
巻末資料	○市内各公民館高齢者教室一覧 ○地域で活動する高齢者団体一覧	○市内青少年事業一覧表 ・公民館主催事業及び共催事業の部 ・住民会議、生き生き子ども地域活動促進事業の部 ・通学合宿の部 ・地域団体主催活動の部	○市内の自主防災組織一覧 ○市内の市民活動団体一覧 ○市内公民館主催　防災と地域コミュニティ事業一覧 ○市内　防災と地域コミュニティを実施している団体一覧

「実践交流集会の変遷一覧」

を重視し、各公民館地域で実践されている取り組みから、互いに学び合う機会となるよう設定した。第一部の全体会では三つの地区からの実践発表、第二部は分散会として実践発表をもとに意見交換とし、第三部は助言者からまとめと提言をいただき、参加者が今後活動をしていくうえで参考となる資料を巻末に添付し、学習の広がりが生まれるようにした。（詳細は「実践交流集会の変遷一覧」参照）

翌年は、地域での子どもたちの体験・交流活動が減少している現状を鑑み、地域で青少年を育むことの意義やあり方についての認識を深め、青少年事業の充実と公民館活動の推進を図ることを目的に、「子ども達は地域で育つ～地域とともに盛り上げる

ワールドカフェの様子

青少年事業〜」をテーマに取り組むこととなる。第一部は実践発表、第二部はワールドカフェを行ない、自由に話し合える場とし、第三部は千葉敬愛短期大学学長明石要一氏からご講話いただき、青少年事業について考える集会となった。

令和元年度については、木更津市も台風15号・19号により甚大な被害を受けたことから、地域防災について考えることとなった。災害時には公民館は避難所となることから、「防災と地域コミュニティ」をテーマに、第一部では、各中学校区に設立された「まちづくり協議会」（各公民館が事務局を担っている）が中心となって行っている地域防災活動の発表とし、第二部は分散会を行い、第三部全体会においてこれまでの学びを参加者全員で共有する場とした。

新型コロナウイルス感染症の影響を受けつつ、新たな試みへ

令和二年度も引き続き実践交流集会を開催するつもりでいたが、新型コロナウイルス感染症の影響により開催には至らなかった。

令和三年度は、新型コロナウイルス感染症感染対策防止による制限が緩和され公民館事業も少しずつ再開されたことから、公民館全体で取り組む事業として、実践交流集会ではなく、市民の交流を育む事業に着手することとした。これまでの学びのあり方が問われ始めたからである。

令和三年度「てくてく木更津わくわく散歩」　一覧表

No	開催日	担当公民館	コース名
1	5月16日（日）	中央	木更津街なか「路地めぐり」～ちょっと昔にタイムスリップ～
2		富来田	一茶の愛した里山を巡る～石造文化で巡る宇麻具多の一日～
3		岩根	いにしえの岩根～石造物と歴史を訪ねて～
4		鎌足	鎌足の不思議謎解きツアー～神仏の世界にドップリ浸かってみる～
5		中郷	中 GO！たんけん隊～小櫃川から地域特産業へのオリエンテーリング～
6		文京	遠く富嶽を望む祥雲寺山散策道から長楽寺の庭園へ
7		八幡台	ほたる舞う里山から開発続く街並みへ
8		西清川	にしきよ謎解きウォークラリー～ギオンとナガイサクの謎～
9	11月23日（祝）	富岡	郷土の偉人を訪ね歩く～義民・池田三郎左衛門を知っていますか？～
10		東清	戦国時代の山城を結ぶ道
11		清見台	古の痕跡を感じる新しい街～請西～
12		畑沢	畑沢の眺望と石造物を散策～古を感じる小浜と畑沢を巡る～
13		岩根西	岩西ふしぎ発見！～こんなのあったの？びっくり探検ツアー～
14		波岡	ぐるり！波岡めぐり
15		桜井	いざ鎌倉！木更津の「鎌倉道」を行く
16		金田出張所	かねだ温故知新ものがたり

※金田出張所が公民館業務を兼ねている

「てくてく木更津わくわく散歩」一覧表

そこで、公民館がこれまで継続して取り組んできた郷土史学習を基盤として、各地域の「歴史」「文化」「自然」「風土」を結びつけ、各地区の特色ある散策コースを住民とともに作成し、木更津市公民館連携事業「てくてく木更津わくわく散歩～公民館発！地域の魅力16選～」を実践することとした。

どの地域も地元でなければ知らないコースとなり、普段から地域密着している公民館というものをアピールできる事業となった。一五公民館が一度に動き出すことによる周知力は強く、これまで公民館を利用したことない方々の参加も多く見られ、人々の交流を育む事業となった。また、コロナ禍で遠くに出かけられないせいか、若い家族の参加も見られた。

今後この事業の波及効果についてはじっくりと検証

していくこととする。

さらに「さとやまアドベンチャー」にも取り組んで

令和四年度は「てくてく木更津わくわく散歩」に着手しながら、新たに「さとやまアドベンチャー」にも取り組んだ。これは、木更津の中でも多くの自然を残している地域（鎌足）を会場に、里山の自然を活かしたこども対象の体験プログラムを多数用意し、自然とのふれあいや里山の保全に取り組む大人たちとの交流を図ることを目的とした事業である。子どもたちの豊かな心と体を育み自然豊かな木更津市の魅力を再発見してもらえたら、またコロナ禍で身体を動かす機会が減った子どもたちの体験活動の一助となったら、というねらいで、ツリーイング、丸太切り、竹鉄砲、竹とんぼ、竹馬、草木染、革細工、きのこ観察、ネイチャーゲーム、どんぐり工作の一〇種目を準備し、事業当日は子どもたちの歓声で鎌足の山がにぎやかになった。

「てくてく木更津わくわく散歩」

今後の木更津市公民館の取り組み

木更津市立公民館連絡会としては、公民館全体で取り組む事業として令和五年度も引き続き、「てくてく木更津わくわく散歩」「さとやまアドベンチャー」に着手することとしている。

「てくてく木更津わくわく散歩」については、公民館を利用したことのない人をどれだけ誘い込めるか、身近な地域の良さをどれだけアピールできるのか、が課題となっており、「さとやまアドベンチャー」については、危険が伴う事業ということを忘れず、安全性を確保しながら魅力的な事業を作り上げていくことが今後の課題となっている。

また、平成八年度から続いてきた「公民館のつどい」「公民館実践交流集会」については、各地区に実践が蓄積できた段階で、三〜五年周期で実施しようとしていることから、今後実施する時期を決め、テーマの設定や内容を求めていく時期となっている。

木更津市の公民館は、社会教育主事が多く在職していたころとは違う職員体制になってきている。木更津市の公民館の変遷については、「木更津市公民館のつどい」を題材に、『公民館で学ぶ　自分づくりとまちづくり』（一九九八年）から掲載させてもらっているが、時代の変化とともに公民館を取り巻く状況も変化していることから、木更津市の公民館がどのように変化していくのか、記録していきたいと思っている。

（鈴木　玲子）

九　公民館と地域ぐるみの町そだて

――船橋市高根台公民館づくりの学び・組織化・行動

はじめに

「船橋の公民館を考えるつどい」パートⅡ」（二〇二二年一二月一一日開催）のお誘いを受けて参加して後日「高根台公民館建設運動について書いてください」と思いがけない原稿依頼をいただき、おろかにも有頂天となり引き受けてしまった。それにはすこし理由もあった。

私は船橋の高根台団地に住んで六二年、うち四〇年間は団地自治会役員など、昨年（二〇二二年六月）までの二〇年間、高根台社会福祉協議会の会長をつとめてきた。入居以来高根台の町づくりに一生懸命だった。夫は二〇年前に亡くなったが当時は船橋中央公民館主事として勤務していた。公民館と地域住民と共に「町そだて」を行ってきた。深い歴史があることを折にふれて記録に残したいと考えてきた。しかし、いざ原稿用紙を前にすると、きちんとした記録にするにはまずは資料の点検から始める必要がある。私は何年ぶりかでしまいこんであった資料の点検にかかった。するとなつかしい写真や役にたちそうな資料が出てくる。そのたびにワクワクして宝さがしでもしているような気分になった。

私と公民館との出会いは公民館主催の私たち夫婦の結婚式

六五年前のことである。一冊のアルバムを取り出して手がとまった。当時夫は船橋中央公民館主事であった。結婚式を申し込むにあたっては「結婚式のしおり」にそって行うことになる。その内容をかいつまんで記してみると「開催のねらい、新生活の一環として簡素にして厳しゅくな結婚式を行うことを目的とする。憲法二四条　結婚は両性の合意のみに基づいて成立した夫婦が同等の権利を有することを基本として　相互の協力により維持されなければならない。結婚式について、式はすべて公民館職員によってすすめる」

このような前置きのあと、挙式料一〇〇〇円、花、盃事用酒代四〇〇円（冬期燃料代一〇〇円）となっている。さらに披露宴については「できるだけ簡素にして無駄な費用はかけないよう当公民館では最高五〇〇円を限度とし、酒は一人一合以内。新生活運動として普段着ということを提唱している。

船橋市中央公民館結婚式
「誓いの言葉」

結婚式での渡辺市長の祝辞は「健康で明朗な家庭を」、松井館長は「第一に婚姻は二人の合意の上で成立するもの、生涯りっぱな修業を。第二に夫婦は同等の権利を基本とする、お互いに信頼し尊敬する。第三に人はそれぞれ異なった個性と性格と健康をもっていて夫婦といえども一様ではない。二人だけの生活だけではなく、さまざまな問題が起こりうる。どんな困難にも助けあい社会公共の福祉にも貢献されたい」

その文章は美しく儀礼的なものではなく、全文をそのままのせたいような内容であったことにあらためて気づいた。社会教育とは、公民館とは、今問われている時だからこそ心に響いたかも知れない。

高根台団地のこと－広々とした空間、ダイニングキッチン、水洗トイレ、あこがれの団地、入居してみるとないないづくし

日本住宅公団が誕生、高根台団地は新進気鋭の若手建築家津端修一氏が設計した。当時、土地の起伏を生かした住棟配置は美しく、全国的にも注目をあびた。たしかに美しい団地だった。広々とした空間、ダイニングキッチン、水洗トイレ、など、当時の住宅の水準からすれば夢のようなものだった。しかし、家賃は高く我が家は二ＤＫで六四〇〇円、敷金一万九二〇〇円、アルバイトでもしなければ家計は大変だった。専業主婦が多かったので内職をする人もいた。しかし子育てに追われるなかで、保育園もない、学校も足りない、ごみの収集も一週間から一〇日に一回でうじ虫に悩まされる、通勤

地獄。急激な人口増加で行政の施策が追い付かないのだ。日常のたくさんの問題をかかえて住民は四か月の準備期間を含めて入居一〇か月で自治会を結成した。入会率は八〇パーセント近く、設立総会は三〇〇名の出席だった。自治会はすぐに保育所づくりや通勤問題などに取り組んだ。また文化活動にも力を入れて、敬老会やたかね夏まつり、文化祭の開催、農村青年と提携して野菜の即売会など、主婦の活動はめざましいものがあった。

高根台婦人学級はじまる（一九六七年）―学び、組織して行動する

やむにやまれぬ生活要求から子育て中の主婦により展開された高根台団地自治会の活動は、全国的にも注目される存在になってきた。そんな折、船橋の東部公民館から婦人学級開催の申し入れがあった。学習への意欲も高く早速開校準備が始まった。公民館主事の指導のもと協議を重ね、決まった講師がすごかった。立正大学教授の藤田秀雄氏、教育評論家金沢嘉一氏、和光学園園長丸木正臣氏、映画監督の山本薩夫氏・山田洋次氏、評論家の瓜生忠夫氏など。山田洋次監督は「日本人の笑い」と題してのお話、後で大船撮影所へととらさん一家と記念撮影した見学、婦人学級の内容は多彩で楽しかった。

「高根台公民館をつくる会」発足（一九八七年）

婦人学級は開講から、公民館が欲しいという声が高まってきた。団地には集会所があるからと高根台公民館建設は見通しがつかなかった。団地自治会の呼びかけに応じて参加してきた団体、サークルは三五団体に及んだ。第一回会合の中で体制を確認した。代表高根台団地自治会長、代表幹事各町会自治会ほか五団体、事務局高根台団地事務局。活動は早速始まった。

九月一三日には三五団体連名の要望書を持参し船橋市社会教育部長と面談した。船橋市の基本計画では一九九二年（平成四）度までに二三コミュニティに公民館を開館するとしている。その中には高根台の計画はない。公民館建設の場所については公団との話し合いが必要となる。公団にも、駅前の再整備計画があった。公民館をつくる会では、学習の必要性があることから「公民館とはなにか」をテーマに千葉大学助教授の長澤成次氏、「図書館をくらしの中に」浦安市中央図書館館長竹内紀吉氏、船橋市公民館長佐久間章氏の方々を迎えての学習会、市内塚田公民館、丸山公民館などの見学、公団との交渉、船橋市役所との交渉を重ねた。つくる会の要望事項ははっきりしていた。シンプルでも良い、グレードの高い公民館、応対窓口は大きく開き、市民との対話ができるように、講堂の天井は高く、音響に配慮し、一流のアーティストの演奏に恥ずかしくないように、ピアノもできるだけ高級なものを、などをはじめ、調理室のお鍋の大きさやお皿の種類にも、主婦の目線での要望、さらに講堂のトイレは、女性用の数を増やして等、細部にわたる要望事項に行政の担当者は目をシロクロ。参加団体が多い故か情報も多く、講堂のどんちょうが安物にかえられそう！と聞くや、ただちに抗議、撤回してもらう。こうして具体的やりとりは、公民館建設が決まってからの話ではあるが、後に今の高根台の講堂の音響は、プロの音楽家や落語家さんなどにもほめてもらえるのだ。

さて、高根台に公民館をつくる計画について、一年経っても進展がないため、それで署名運動を広げて、市議会に働きかけようと決意した。結果、つくる会に参加する全団体が取り組むことになり、一四〇〇九名の署名が集まり市議会に提出した。

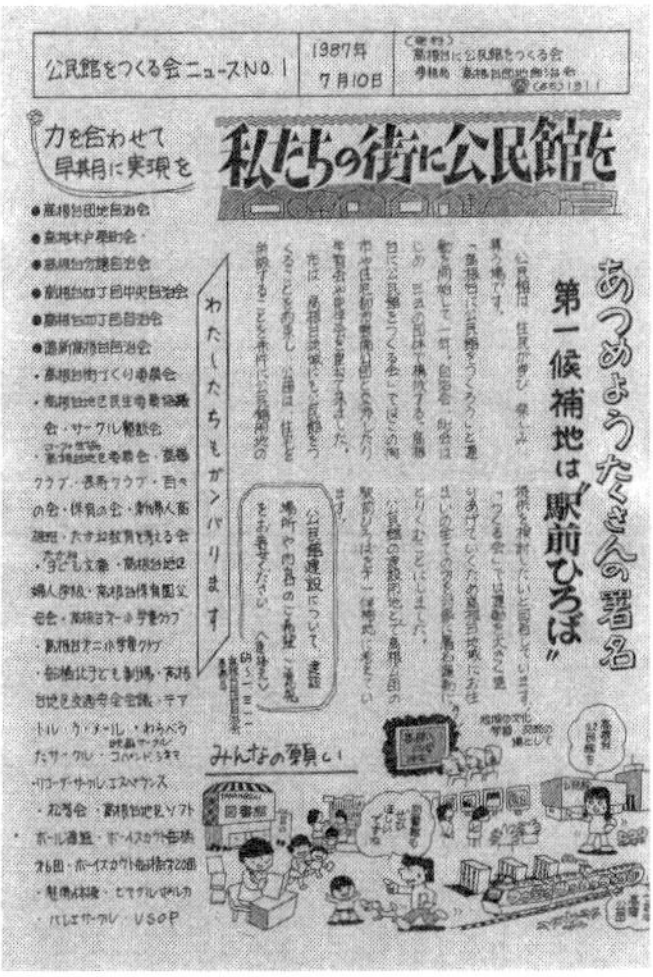

私たちの街に公民館を

一九八七年九月一六日、市議会文教委員会の傍聴を申し出たが拒否された。しかし、採決の結果は。採択五、不採択四で委員会では採択された。しかし本会議では勢力が逆転するので一六日、一七日、一八日、三日間かけて保守系議員に面会、採択にまわって陳情した。さらに一九日に、つくる会が緊急会議を開き、本会議の傍聴を呼びかけた。

九月二三日の本会議には二一名がかけつけた。傍聴者が見守る中、採択二四、継続五、退場一、不採択二〇となり（過半数二六）「議決に至らず」の結果になった。ひとまず「不採択」にはさせなかったというべきか。退場した議員は保守系の地元議員で、うまく逃げたのであろう。連日七日間のつくる会の行動は、忘れられないものである。

その後もつくる会の活動はねばり強く続けられ。コンサートを開くなど地域へのアピールなどを続けた。「つくる会」の結成が一九八七（昭和六五）年。公民館のオープンが一九九六年、一〇年間の活動であった。

船橋市主催記念式典

一九九六年三月二五日・二六日に高根台公民館オープン

その日は晴れて参列者も太陽のように輝いていた。開催プログラムは、教育委員会と協議の上、午前の部は船橋市の主催、午後の部のパーティーは住民の主催と決まった。公民館の玄関には地域で活動され私たちの友人でもある渡辺信一氏の油絵、一二〇号の大作が飾られた。一九七六年第二九回創造展において「文部大臣賞」を受賞された作品。ご遺族の依頼を受け、寄贈にかかる費用は我々友人二七名が負担したもの。「みんなでつくった公民館」こんな思いは今も消えていない。

そして二〇年

高根公民館と地域住民のつながりは今も健全であると信じている。高根台公民館には「ボランティア室」ができてボランティアの運営拠点となった。すでに活動していたボランティア団体の強い要望により実現したもので船橋市社会福祉協議会の委託を受けて高根台地区社会福祉協議会が「管理運営を行う」というもので現在は高根台地区社会福祉協議会の事務所となっている。

以来、高根台の地区社協の事業、福祉フェスティバル、ボランティア講座など多くの事業が高根台公民館との共催事業となっている。事業のことでクレームがつくことがあった時期もないことはなかった。しかし今までの実績などにより、それからの事業に影響することはなかった。公民館で活動するサークル「たかね台歌の集い」「テアトルラメール」（演劇）をはじめ開館から続くサークルやボーイスカウト他の団体などが公民館の催しには協力を惜しまない。公民館も地域の催しには積極的に参加している。

振り返ればこうした数々の実績は公民館出発の理念「民主主義の実践の場」「人をつなぎ、暮らしをつむぐ」「地域の町そだて」を地域住民とともに守り育てた公民館職員の方々の見識の高さによるものと思う。公民館活動の歴史、そして現状をもっともっと知らせる必要があるのではないか。

（山下　栄子）

十　柏市中央公民館建て替え問題に取り組んだ市民の学びと活動

はじめに

二〇一八年七月四日付、柏市中央民館館長より、公民館登録団体代表者宛に、「柏市教育福祉会館の体館について」という一枚のハガキが届いた。二〇一九年四月一日から、二〇二〇年一二月まで、施設の耐震補強及び時代に即した学習施設となるように、大規模改修工事を行う予定であること、工事は、利用者の安全確保と工事短縮のため、教育福祉会館を全館休館として実施する。休館中は、他の施設を利用する場合、各施設ごとの団体登録手続きが必要となる。ご不便をおかけしますが、ご理解とご協力を。といった内容のものだった。

一年九カ月にわたっての全館休館について、公民館からの案内は、近隣センターや、パレット柏、ふるさと会館等の利用をしてほしいと、いうものだった。柏市唯一の公民館である「中央公民館」は、登録団体六八五団体、年間利用者一四万八〇〇〇人、この利用者が、案内された施設だけで、活動を続けることが可能なのか、休止や停滞を招くことなく、市民活動、公民館活動が、続けられるのか、

請　願　書

2019年6月7日

柏市議会議長
　山中　一男　様

請願団体
中央公民館の代替施設を求める会
代表　上田　弘子
連絡先　柏市松葉町7-33-5
04-7133-9348

〈紹介議員〉

中央公民館の代替施設確保の具体化を求める請願

〈請願主旨〉

　中央公民館の大規模改修のための長期間の休館開始から2か月が経過しました。この間、利用可能な公共施設のご案内や、近隣センター登録手続きの援助をいただいたりしていますが、やはり想像していた通り、市民団体は今、大変な困難に直面しています。「抽選に外れた」、「会場が取れない」、「これまで毎週近隣センターを予約出来ていたのに、1回のみの当選で困っている」、「毎回の会場が変更続きで混乱が起きている」等求める会に実情が訴えられています。

　今回、4回目の請願となりました。

「求める会」は公民館休館中の1年9か月のことだけでなく、市民にとって大切な学習施設、生涯学習の場が失われてはならないし、市民活動が停滞・休止してはならないと考えています。　市民のために是非ご尽力ください。

〈請願項目〉

1. 中央公民館リニューアル後も「公民館」の名称を変えず、市民の生涯学習の場としての役割を保障してください。
2. 代替施設として公共施設だけでなく、民間企業や大手商業施設、空きビル、空き家などの検討をしてください。

以上

請願書

混乱が予想されることは、目に見えている。そこで、早速、九月議会に「柏市教育福祉会館休館に伴う代替施設を求める請願書」を提出した。私の所属する新日本婦人の会柏支部の他、二つの市民団体も同主旨の請願書を提出し、「代替施設の検討をする」の項目が、僅少差ながら採択。この結果を受け、三団体が中心となり、一〇月一五日、「中央公民館の代替施設を求める会」を立ち上げた。市民にとって大切な学習施設、公民館活動が失われることのないよう対策を講じようと活動が出発した。

中央公民館の代替施設を求める会活動経緯

以下に「中央公民館代替施設を求める会」の活動経緯を記してみたい。

二〇一八年七月四日、ハガキで中央公民館利用登録団体にお知らせが届く。

二〇一九年四月〜二〇二〇年一二月末、大規模改修工事のため休館となる。

二〇一八年、九月市議会に「代替施設を求める請願」を三団体が提出。「代替施設の検討をする」の項目が僅少差ながら採択される。

二〇一八年一〇月一五日、「中央公民館代替施設を求める会」発足。

二〇一八年、一二月市議会に、「求める会」参加四五団体で、「具体的に利用できる代替施設の検討を」の請願が全会派一致で採択。

二〇一八年一二月一二日、秋山浩保市長の「求める会」の要請に対する「公民館に対する考え」の回答が届く。

二〇一八年一二月二二日、「公民館は誰のもの」学習講演会、講師、長澤成次先生。

二〇一九年一月八日、中央公民館休館を扱う記事が毎日新聞千葉版で紹介。

二〇一九年一月一六日、柏市公共施設等総合計画、個別施設再編方針案にかかるパブリックコメントを提出。

二〇一九年二月一九日、「求める会」と生涯学習部長、公民館長との懇談会。

二〇一九年三月、市議会に「求める会」の三度目の請願、「駿台予備校旧校舎借用の検討を」→僅少差ながら採択。

二〇一九年三月二二日、中央公民館体館に関する説明会開催。「求める会」の要請に応えるもの。一日に三回実施。各回五〇人

の参加。

二〇一九年四月、柏市長、生涯学習部長、公民館長へ、要請・激励の絵手紙によるハガキ郵送、直接届ける。各四〇〇枚～五〇〇枚。

二〇一九年五月一九日、千葉県自治体問題研究所「千葉県自治体学校」「まちづくり分科会」にてレポート発表。

二〇一九年六月、市議会に「求める会」として四回目の請願。「リニューアル後も、公民館の名称・役割を保障すること」が全会派全議員一致で採択。

二〇一九年八月二八日、五回の申し入れで秋山市長との面談が実現。

二〇一九年八月四日、柏市議会議員選挙後、新市議による議会がスタート。

二〇二〇年一月一五日、「公民館は誰のものパートⅡ」学習講演会、講師、長澤成次先生。「求める会」の進め方、「今後の公民館の在り方」を考えあう。

二〇年一二月末まで体館。この間、かしわ九条の会他、市民団体に「求

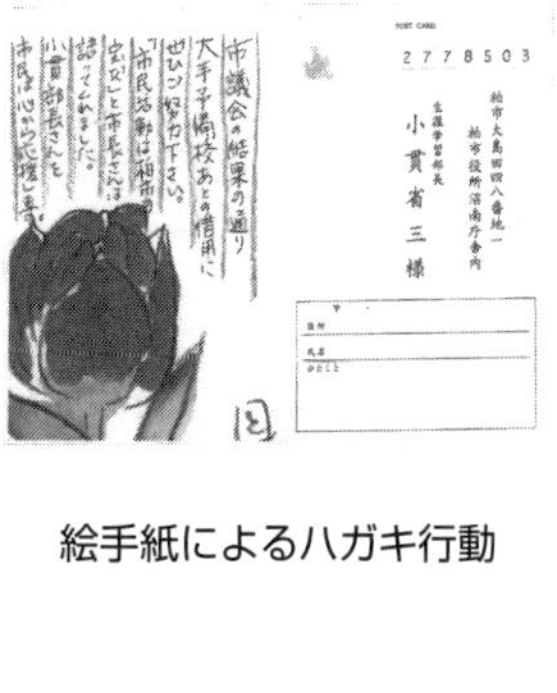

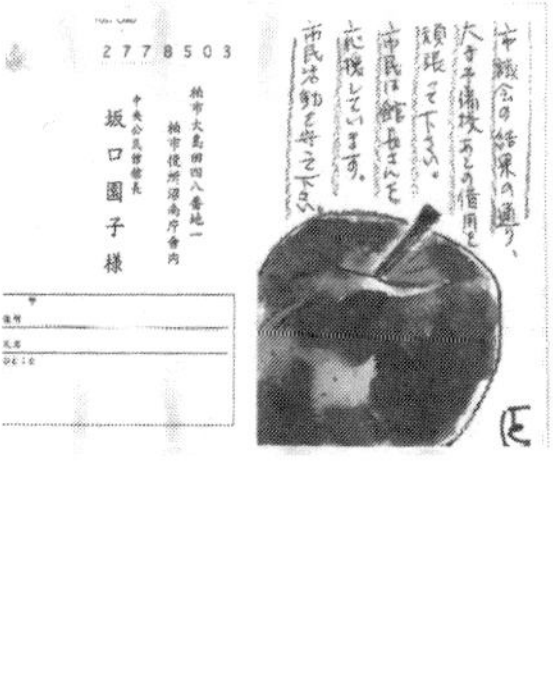

絵手紙によるハガキ行動

める会」の声を届ける。

二〇二一年一月、大規模改修を終了し、リニューアル後の中央公民館オープン。改修後の全館名称、「柏市教育福社会館」を市民から募集、「ラコルタ」に決定。リニューアル後の「公民館」の説明を職員より受け、「求める会」を、「公民館を考える会」に改名、今後も活動の継続を確認する。

代替施設を求める取り組みを通して学んだこと

柏市で唯一の公民館、柏市中央公民館（一九八一年開設、鉄筋コンクリート五階建ての三～五階部分）が、一年九カ月、耐震工事のため休館することとなり、活動の縮小や休止の声があがり、このまま黙っていてよいのか、同じ思いの市民が、「声をまとめて、市議会に、市長に、館長に届けよう！」と誕生したのが「代替施設を求める会」である。一二月市議会に「求める会」参加四五団体で提出した請願、中央公民館に代わる「具体的に利用できる代替施設の検討を！」が全会派一致で採択され、さらに市長への手紙の回答で大変うれしい返事が届いた。返事は「皆様の生涯学習活動が活発に展開されていることは、本市の宝であり、さらに発展させていくことが、市や教育委員会の役割りである。」と。そして、一二月二二日に開催した「公民館は誰のもの―公民館の原点と人権としての学習権保障の場」の演題で、千葉大学名誉教授・長澤成次氏による学習講演会は、参加者の多くの方々に衝撃を与えた。まず冒頭に、千葉県教育委員会が出した「わたしたちの公民館」一九六三年頃の写真を前に、千葉県公民館の第一号は、柏町公民館、一九四六年開館であり、千葉県の公民館の歴史を語るには、柏市中央公民館抜きには語れない、と導入された。そして、公民館の歴史を語られ、公民館とは、憲法の精神を私たちの暮らしに具体化するための恒久的な施設と述べられ、戦後の郷土再建の拠点施設として文部省の呼びかけで全国に公民館が設置され、多いときは全国に三万五千館存在していたと。そして今回、柏市が直面している休館の施策も、本来は、公民館運営審議会の中で住民参加の審議会で対応策が考えられなければならなかったと指摘された。公民館とは、住民の学習権を保障する場であると確認された。今後の柏市における豊かな公民館活動をめざして、改修工事期間中の代替施設を求める運動を通して、これを契機によりよい柏市公民館ビジョンを！と展望を示された。

　柏市の現在の人口は四二万人、小学校四二校、中学校二一校、中学校区に公民館を配置すると二一館の公民館があってよい。船橋市は、人口六三万人、中学校

毎日新聞
23　千葉　2019年（平成31年）1月8日（火）
千葉 CHIBA
柏市中央公民館 休館へ
利用団体、代替施設要望
活動縮小・休止を懸念

毎日新聞記事

二六校、公民館二六館、千葉県の公民館数約三〇〇弱は、ほぼ中学校区に配置されている。一週間前に長澤先生が出張された石川県金沢市は人口四五万人、公民館は小学校区に六二館、柏市は一館しかない、あまりにも少なすぎる。まずは、六八五の利用団体が、これを機会によりよい公民館のあり方を考えていくことが大事であると述べられた。最後に、豊かな公民館活動の鍵は市民参加。市民の声を反映させるためには、「公民館に関する学び」が重要であるとまとめられた。市民活動、サークル活動の場が一年九カ月使用できない。何としても代替の施設を!との思いで、取り組みを始めた「求める会」であったが、公民館設立の原点に立ち返って活動を見直していくことの大切さを感じている。また、柏市の近隣センターは首長部局の所管、公民館は教育委員会所管の教育機関であることも学んだ。

おわりに―リニューアル後の現状と課題

二〇二一年一月、大規模改修を終了し、リニューアル後、柏市中央公民館がオープンした。「中央公民館の代替施設を求める会」は「公民館を考える会」に名称を変え、活動を継続している。リニューアルによって各部屋にＷｉＦｉが配備され、五階の講堂には、全席磁気ループが配備。和室の畳だった部屋は洋室となり、畳は必要に応じて敷く畳が用意され両用使用可となっている。問題点は、改修後、全館の名称を「柏市教育福祉会館」を市民より募集して「ラコルタ」と決定。三〜五階の中央公民館の名称が薄らぐ傾向にあり、対策を講ずる必要性を感じている。

（上田　弘子）

十一　公民館有料化反対運動の軌跡から「まちの公民館」へ

えっ！公民館が有料になる？

京成電鉄の日暮里駅から成田へ約五〇分、隙間なく続く様々な建造物がところどころ切れ、印旛沼が見えるあたりが、人口一七万一〇三七人（二〇二三年三月）の佐倉市である。このまちで、一九一七年暮れ、事前に市民に知らされないまま、公民館の「有料化」が強行された。市は、その年の六月議会で市のコミュニティセンターやテニスコート・野球場、自転車駐車場など公共施設の使用料や住民票等の手数料等の値上げを実施した。その行政措置の根拠になったのが、市がその前年以来、行政懇話会で練り上げ、三月に仕上げた「佐倉市使用料・手数料の見直しに関する基本方針」（以下「見直し基本方針」）である。佐倉市の施設について「統一的な算定方式によりコストを算出」や、行政サービスでは「公費（市）と受益者（利用者）の負担割合を明確に　＊受益者負担－手数料は一〇〇％、使用料は市場性で一〇〇％と五〇％」とし、四年ごとの定期的見直しを定めていた。

公民館「有料化」への仕掛け

実は、行政懇話会でこの「見直し基本方針案」の議論で、委員からの「公民館の有料化がキモ」の発言もあった。公民館無料の条例（一九七三年九月）が、市長部局の施策推進の盾になっていた。このため、市が「見直し基本方針」で使用料・手数料変更の発議ができる直営施設の「値上げ」の既成事実を先行し、二〇一七年の「公民館運営審議会」など教育委員会関係の会議を「無事」通過させて緘口令を敷いた。議会筋に、何時どのような説明があったのか市民は知るすべもなく、一一月議会で「公民館条例の改悪（公民館無料条項等の廃止、料金徴収条項に差し替え）」が強行された。さらに、議会審議で、行政が市民に公民館「有料化」の事前説明をしなかったことについて、佐倉市民協働推進条例第七条二項に「使用料の施策に関することは市民に意見を聞くことを要しない」を引用し、緘口令をも正当化する答弁をするなど、前代未聞の策略がこらされた。

市長の姿勢にいぶかり怒る市民

議会直前の僅かな情報による市民の請願緊急提出も否決になり、条例改悪による公民館「有料化」に対する怒りの声が直ちに広がった。公民館を利用する有志、「条例改悪」反対会派の議員、市内生活要求団体の代表などが「公民館の有料化は中止してください懇談会」に結集し、各公民館前で、公民館有料化が住民に説明なしに決められた、と書かれたビラ宣伝と、「有料化の反対・中止署名」を集める活動を開始した。またそれぞれの人々が、六か月間の条例周知期間（二〇一八年六月末まで）に、地区別「説明会」で市民の声を伝え、関連部課と頻繁に折衝を続けた。蕨和雄市長は、共同代表の手から利根基文副市長に手交された要求書と二五六四筆の署名を受け取りながら、四月一六日の市長会見（二二人同席）の場に現れず、利根基文副市長に「市長所見（文書）」を託し、直接面談を避けた。果たして、その内容は「（前略）公民館は、市民の学びの場、地域づくりの拠点として重要な学習施設としてとらえております（中略）。公民館使用料につきましては、市全体の経費バランスをとりつつ、施設の維持管理に要する経費の一部ご負担をいただきたいと考えております（後略）」という、社会教育を担う公民館の役割を認識しながら、本質に触れず、使用料を導入することのみの弁明だった。条例周知期間が終わり、佐倉市公民館を考える会（共同代表―今村幸夫・佐藤重子・志津健司・田中寛治―以下「会」）が、「有料化」実施の直前の六月議会で、新たに「公民館有料化の延期・再検討とだれでも公平・自由に安心して利用できる市民の公民館の在り方を保障する請願」を出し、市議会の会派・議員、議長に要請行動をすすめた（否決）。

国政の背景に目を開く市民

その秋、「会」の主催で「11・6公民館を考えるお話し会―今、市民がまなび・集い・つなぐ」が開かれた。長澤成次・千葉大学名誉教授の講演と参加者の論議で、公民館「有料化」強行の背景に、総務省による財政誘導付の「公共施設等総合管理計画」策定が自治体に拡げられ、同時期に、文部科学省の「施策変更と組織再編」もあることなど、国の政治がらみの課題も明らかになった。国政と自治体の姿勢の「変化」に、憲法上から社会教育権と法制の後退、自治権の制約などが危惧されていたのである。市長部局の「公民館を利用する人としない人との公平性」とか、「有料化」条例賛成会派の「使用料は公民館活動を推進するための特別財源とし、社会教育活動の一層の充実」などの「論理」は、明らかに欺瞞だった。まちのなかでは、市民が市内六公民館の館長に「公民館とは、などについて、地域の人々、利用者・市民の声を交流し、館長からもきたんなくお話をいただく機会をもうけてください」などの要請をした。統一地方選挙前夜の最後の二〇一九年二月議会では、「会」は、八九一人の連名請願人（議会事務局が厳密点検確認）を立て「公民館使用料を無料に戻し、市民がだれでも公平・自由に楽しめる、健康で文化的な公民館を求める請願」を出した。最終日に否決となったが「公民館無料の原則」などの論戦も重ねられ、逆流に錨が撃ち込まれたのだ。

まちの公民館を大切にしたい市民のこころ

「有料化」になって公民館の利用は、一時、下がった。使用料の負担がネックになり、小人数のサークルや大会議室を使うサークルの一部で「解散」状態も生れた。しかし、会場確保は地域のサークル活動の死活問題である。京成志津駅から三分の距離で、講堂兼用や調理・アトリエ・和室など大・中・

小一一の部屋を備える志津公民館は混んでいる。約八〇〇を超える団体・サークル（三人以上）の登録があり、その内約二〇〇の団体・サークルが、常時、三か月前からの予約のためにＡＩ抽選に参加し、一時間単位の使用料を払い、確保できた会議室で多様な活動をしている。そして、その活動の内容や参加するまちの人たちの気持ちを考えず表面だけで見ると「繁盛している貸し部屋のデパート」にされかねない。これは公民館自らもサークル運営研修会で、「公民館は、貸ホール・貸教室ではありません」を強調している逆現象である。公民館は「貸し部屋稼業」ではない。志津公民館が、二〇一六年に移転新築が行われたその開館直前に、市が「志津市民プラザ」という「呼び名?」を付けた（公募形式）。市は、建物の一部にコンパクト化した市役所出張所・図書館分室・児童施設・介護事務所を入れた。玄関ドアのガラス面に、そして入口の看板柱にPublic Hall /Complex facilityの横文字を「意図的に?」書き込んだ。ところが当初から「志津公民館がわかりやすいのに」の声があり、数年後のいまも「志津公民館」の方が通りがよい。これは、志津公民館の役割をだいじにするまちの人々とその活動があるからである。

公民館が、コロナ禍で傷だらけ

二〇二〇年八月二日の朝日新聞朝刊が「新たに73人感染最多　佐倉カラオケ2店集団発生」を報じた。その二か月前には、志津公民館の近くに住む八七歳の高齢者が佐倉市コロナ犠牲者の第一号になった。地域に戦慄がはしった。コロナ禍の中の公民館は、制約に縛られ、数回の長期の休館・各部屋の定員二分の一減（使用料割引なし）、「声をださない（コーラス）」「体に触れない（ダンス）」「マスクをとらない（吹奏楽器）」などのルールで、出入りが少なくなった。玄関のホールは、憩いの丸テーブルや椅子の除去で空洞化し、それまでの雰囲気も一変した。そして運営にも影響があった。四六年間継承されていた秋の志津公民館祭が「中止」になってしまった。佐倉市も高齢者の増加が続きその人口割合が三二％を超えた。後期高齢者になると持病や体力などの事情もあり、概して、周辺の友や居場所を求め、大半がつましいく暮らしをしている。その人々が気軽に出かけ、友がいるサークルがあり、趣味・知識・体験・研究交流などで談笑の機会にふれて、生きがいにみたされる場所こそ「地域のまちの公民館」なのだ。その高齢者のオアシスの公民館の灯が、コロナ禍とはいえ、数年間細々となった。

公民館に、「上意下達」感はなじまない

コロナ禍もさることながら、様々な社会現象に対応するうえで公民館の職員と市民・利用者のコミュニケーションが看過できない。志津公民館は、館長を含めて職員が六人の時代もあったが一人減員となり、五人の職員が仕事をする現場である。「部屋予約の抽選会（月一回）」があった頃は、その日は職員総出の大会議室に人々と賑やかな声があふれた。ところが、「有料化」ＡＩ抽選システムになっ

てからは、その機会は消えた。公民館事業として、唯一、「サークル運営研修会」が年に一度開かれるが、団体・サークル代表一名出席の限定から、多くのサークル員にはなじみが薄い。また、志津公民館の事務室は、通常、内側カーテンが引かれ、職員と市民が顔を合わすのも「室の鍵の受け取り・返納と映像機器などの借り出し・返済で窓口とドアの開け閉めの瞬間」程度でおちつかない。窓の横の掲示板には、細かい字の公的機関のお知らせやポスターが貼られ、パンフレットラックに印刷物もおかれるが、なにごともホームページ依存の通知形態で、高齢者の目や耳が追い付かない。多くの利用者・市民は、二年程度で異動する館長の顔も名前も知らず、職員の現場の仕事も知らない。同一フロアーの市役所出張所のレイアウトが、カウンター式で、係り別の内札もあり、その場で目が合う職員と市民が挨拶をかわし、二〜三回で知り合いになっているのと比べると、開かれた公民館としての一工夫が必要に思われる。

公民館活動とまちづくりにかかせない力の寄せ合い

すこし歴史をさかのぼる。志津公民館には恒例の公民館祭がある。第一回志津公民館祭（一九七五年）の実行委員長・坂井享子さんが、「人と人とのふれあいが、楽しい学習です。連帯性が芽生え、明るい郷土づくりの原動力となり、わたくしたちの願いが祭りの広場を通して広がることを期待しております」と爽やかな挨拶をしている。また第一三回（一九八六年）の実行委員長・田中孝一さんは、公民館祭予算の増額（一五万円を二〇万円に）を果たし、多彩なプログラムを伸び伸びと展開した。そして、コロナ禍直前の第四六回志津公民館祭（二〇一九年）では、ミニシンポ「まちに魅力のある公民館」が実施され、越村康英氏（千葉大講師）の助言と、記録映画「私たちの学びとともに・千葉県公民館五〇年のあゆみ」が上映されている。こうした一連の志津公民館祭はまちにも知られていたし、佐倉市公民館運営審議会でも、志津公民館からの報告も高い評価を得ていた。公民館祭りの核心は、市民の自主性と公民館の役割の積極的な結合にある。

繋ぎの「サークルふれあいまつり」

二〇二三年二月下旬、ひさびさのサークル運営研修会があり、職員のイベント担当者が「新たな企画」を提案した。その案には一九八六年度以来継承されていた二〇万円（改築後一時三〇万円）の給付金予算の説明がなかったので、各団体・サークル代表は、再開のための予算の明確化を要望した。「実施案」では、その半額の一〇万円が付けられていた。中身は「今回の開催は、①次年度からリニューアールの公民館祭（通算四七回）を開いていくための（繋ぎの）サークルふれあいまつりとする。②参加サークルによる実行委員会をつくる。③予算一〇万円（実行委員会必要経費＝駐車場等保安委託料他。一部協議、各サークル事務費等は自弁）を用意し、参加サークルからの参加料（分担金）は徴収しない」としていた。公民館は、事務所前の会議室使用状況掲示板に参加申し込み用紙が置き、五月末を目途に参加募集を始めた。まずは、公民館活動の内容やサークルのメニューと自主性を、周りのまちの人々に紹介するなど、サークルふれあいまつりの目的を明らかにして、公民館スタッフと参加団体・サークルが連携を深める実行委員会の確立が第一歩になる。

市のすすめるファシリテイマネジメント導入の本質は

佐倉市が広報「ＳＡＫＵＲＡ」Ｎｏ１３９（２０２３年1月15日）が、一面トップで「公共施設の新たな未来―公有財産の有効活用で経費縮減・創意工夫でサービス向上」を報じた。また、同様な趣旨のシンポジウムも開かれている。公共施設の維持管理や運営に企業経営の手段（ファシリテイマネジメント・ＦＭと略記）を導入し、財源の「縮小・統合・多機能・廃止」をはかることを目指し、二〇二三年度以降に「外部委員会を設置して方針や実施計画を策定する（議会答弁）」としている。「会の中から、「市がすすめることの本質は何か。だれのため、何のためのＦＭなのか」「地域の公民館がどうなるか」の声が出た。身近なところからの市民の学習と知見を深めて、暮らしの面との違和感がある問題点を、根本的に話し合うことが求められる。その動きと明らかになる事実を、多くの市民に伝えることが急がれる。

憲法による社会教育権・自治権・文化権を保障する公民館とまちづくりへ

公民館の「有料化」を導入した蕨和雄市長は、二〇一九年の市長選挙で敗退した。次いで市長になった西田三十五氏は、図書館建て替えを複合施設（地下室に閲覧室でモグラ図書館のあだ名）とし、別に六億円の国庫返納金騒ぎを起こした。そして、二〇二三年の市長選挙で三万五四九票の得票はしたものの、次点の、「市民目線一〇〇%の大転換」を訴えた清田のり子氏（弁護士）に一八五票の超僅差で迫られる。市民の賢察力によるウオッチングの現職市長直接不信任の烙印だ。佐倉市公民館を考える会は小人数の懇談会を開いている。このところ、「新しい戦前の到来」感に似て、ウクライナ・アベノミクスと「国葬」・軍事予算・沖縄・闇バイトなどなどの発表が続いた。また、市の財政至上主義への疑問も出ている。二〇二二年度の終わりに「会」は、一年で市長部局に異動直前の志津公民館長に、「公民館が、①まちにだいじな場所 ②職員に働き甲斐のある職場 ③公民館祭でコロナ災いからの脱却へ」を要請した。「会」の細かい気配りで要望したファックス使用基準の改善・ワイファイ設備導入も、それぞれ措置された。

みんなが築く「まちの公民館」

公民館設置の原点になった文部次官通牒（一九四六年七月五日）によると、終戦直後の時代の特色があるが、公民館の設置は、国民の道徳的・知的・政治的水準、自治体の民主主義・科学思想と平和産業の課題などに積極的に関わるとあり、それは、時代を超えても極めて鮮明である。次官通牒から七七年を経て、今日、国のキナ臭い方向や社会の停滞・不安定の複雑な様相から、皮肉にも当時の課題を世相にあてておかしくなく、むしろより深刻な問題として浮き上がるではないか。佐倉市民にとって公民館は何のためにあるのか。本来の公民館は、憲法のもとの社会教育権・自治権・文化権など広く人権保障の羅針盤を持つものとして、市民の生活に応え、市政・国政の関連にもきちんと対処することが求められる。その視点が、地域の人々にまちづくり・ひとづくりの場となる「まちの公民館」を築き続ける源泉になるに違いない。

（田中　寛治）

十二　船橋市公民館への指定管理者制度導入を止めた市民の学びと活動

私と船橋市公民館との出会い

私は愛知県名古屋市で生まれた。結婚して愛知県木曽川町、夫の転勤で大阪府枚方市、そして１９８１年に船橋市習志野台、１９９０年からは市内丸山へ。船橋市在住42年になる。

公民館との出会いは、２０００年から丸山公民館で「絵手紙サークル」で利用した。２００６年からは丸山公民館主催高齢者学級「丸山さわやか学級」の運営委員となり、２０１１年から委員長としてかかわった。きっかけは、25年間勤めていた会社を定年退職で辞めた頃、知り合いの方に「さわやか学級」のイス出しを手伝って欲しいと声をかけられ、引き受けたことが「さわやか学級」との出会いであった。「さわやか学級」は公民館が高齢者を対象とした事業で、「社会や経済の動きから身近な生活の問題まで取り上げて」年間９回講座を開き、今年、２０２３年で32年目になる。２０２３年度の参加者は１５０名余。以前参加者全員に「あなたにとってさわやか学級とは」とアンケートをとってみた。①公民館活動を通して生きる力を頂いている。②集えば楽しく生活のリズムの一部になっている。③知らなかったことが学べる。④大人の学校、灯です。⑤退職や歳を重ねても行くところがある、元気のもとになっている。⑥新たに友だちができた。との回答があった。

「さわやか学級」に参加される皆さんだけではなく、運営委員としてかかわる私たちにとっても大切な「さわやか学級」である。遠くに出かけなくても近くの公民館で気軽に参加できる「さわやか学級」を皆さんの協力で続けていきたいと思っている。

指定管理者制度導入の動きと「船橋の公民館を考える会」の発足

2019年3月「船橋市行財政改革推進プラン」発表で公民館が指定管理者制度導入の対象となった。もし導入されたら「さわやか学級」はどうなるのだろう?毎年楽しみに参加されている皆さんがくわしいことを何も知らされていないのに、知らないままで民間委託されたら長年かかわってきた私はどう皆さんに説明したらいいのだろう、と大きな不安となった。「なんとかしなくてはいけない」「このまま黙っていたら本当に大変なことになる」、公民館の館長にも聞きにいった。館長は「いますぐじゃないから大丈夫ですよ」、私は「決まってからでは遅いでしょう」、そんな不安が大きくなった頃、友人から誘われて2020年10月28日、長澤成次さんの講演「人権としての学習権保障とサウンディング型市場調査―公民館の民営化とコミュニティセンター化を考える―」(こんな行革はイヤだ!市民連絡会「学習&意見交換会」）の学習会に参加した。学習会に参加したことがきっかけとなり、有志の方が集まり、２０２０年12月７日「船橋の公民館を考える会」が発足した。学習会の時、手をあげて「さわやか学級」のことを話したが、自分の不安な気持ちを誰かに聞いてもらいたいと必死の発言だった。

船橋市教育委員会生涯学習部との懇談から公民館の学びへ

「考える会」の発足で生涯学習部との懇談を申し入れることになった。２０２０年12月22日、暮れも押し迫っていたが、１回目の生涯学習部との懇談では、市側から生涯学習部長、社会教育課長、中央公民館長他６名。「船橋の公民館を考える会」からは９名が出席。そこで参加者は船橋の公民館に対する思いを伝えた。サウンディング型市場調査の結果について説明を受け、今後も話し合いの場を要望した。

２０２１年１月〜３月は２０２１年12月の生涯学習部との懇談を経て今後の取り組みについて話し合った。そして、公民館について学習をしようと「公民館はいつどうしてできたのか」「社会教育ってどんなこと?」など長澤先生から教えていただき、１９５０年制作の映画「公民館」の視聴や元公民館長の「船橋の公民館話」など実に沢山のことを学んだ。

特に公民館が「先の戦争への深い反省から、戦後平和で民主主義的な日本をめざして郷土再建の拠点としてその設置が呼びかけられたこと、そして憲法や教育基本法など広く人権としての学ぶ権利を保障する教育機関として位置づけられていること」を学んだことは今後の行動する指針となった。「公民館の民営化」問題が提示されなかったら公民館について船橋に26館あることや、地域の拠点としての生涯学習の場であることや、災害時の避難場所となることなど、を学ぶなかで「やっぱり公民館は直営が良い！」と確信となった。「知は力」となった。２０２１年3月から4月は、中央公民館長、館長補佐と公民館側が進めている公民館を市民がより良く利用するための公民館アンケート調査について懇談、その後公民館窓口で管理面への要望アンケートが置かれるようになった。

要望書の提出と生涯学習部との2回目の懇談

２０２１年6月3日に2回目の生涯学習部との懇談、その時に市長、教育長、生涯学習部長あての「要望書」を提出した。出席者は、市側が生涯学習部長、社会教育課長、中央公民館長他7名。「船橋の公民館を考える会は18名であった。

懇談会では、要望書を読み上げて質疑応答。生涯学習部長からは「総合的なサービスの向上とコストの削減が目的である。直営か民営かは早急に決めることはできない」とのことであった。船橋市公民館についての「要望書」では　1．人との絆を深め、生涯にわたる市民の学びを支える公民館事業の一層の充実を図ってください。2．地域防災の拠点、福祉避難所として、公民館の整備、充実を図ってください。3．市内26の公民館すべてに社会教育主事有資格者を計画的に配置するなど、公民館の職員体制の整備と充実を図ってください。4．社会教育機関である公民館に指定管理者制度はなじみません。船橋市教育委員会による直営を今後も堅持してください。と要望した。

2021年6月28日、生涯学習部からの要望書への回答では「市の行財政改革の中では民間活力の積極的活用については、公民館も対象になっている。現在は公民館を取り巻く現状や課題を整理している段階である」であった。

「船橋の公民館を考えるつどい―船橋の公民館・歩みとこれから」を開催

要望書への回答を経て「考える会」で協議し、人づくりの拠点としての公民館を次世代にも手渡せるようにフォーラム開催を取り組むことにした。7月から11月の話し合いで「船橋の公民館を考えるつどい」の開催を決定。開催内容、会場、教育委員会の後援申請等の準備、パネラーとの打ち合わせ、チラシ作成、配布等、参加への声がけをはじめ、市長、教育長、生涯学習部長、社会教育課長、市内全26館の館長に招待状を届けた。フォーラム開催のポスターを市の掲示板にも貼った。

2021年12月5日「船橋の公民館を考えるつどい」を船橋市東部公民館で開催。当日は参加者121名。新型コロナウイルス感染予防のためのマスクの着用、手の消毒、体温測定、受付での連絡先の表記をお願いした。フォーラムの開会前には映画「公民館」（1950年）が上映された。パネラーで参加された皆さんの公民館への思いは、金子光夫さん：公民館は地域を元気にする畑である。佐藤澄子さん：地域文化を支えてくれる大事な存在、竹村結希さん：子ども時代の原風景・原体験の中に公民館がある。佐々木昌子さん：サークル活動の育成が大事と支援の取り組みを工夫。公民館は職員と市民が一緒になって創っていくもの、と語られた。パネラーの皆さんの話から長年にわたって公民館とかかわって活動をしておられる人がいたという発見、驚き、感動、活動を支えた職員の協力も素晴らしい。

「考えるつどい」では参加者にアンケートをお願いした。参加者121名中68名の方の感想が出され、①公民館は誰のためにあるのか思い知らされた。②民間委託になると利益優先になる可能性大だ、公民館の名前で利益を考えるとはおかしい。③パネラーの方々の発表とコーディネーターのコメントも勉強になった。④仕事をしている間は公民館の催し物に参加できず有料化された時も使える人が払えばいいと思っていた。しかし退職していくところは公民館でした。⑤地元で長年にわたって地域のために活躍されている文化運動のことを教えていただき心がふるえました。⑥今日のフォーラムで公民館が地域の文化を支える大きな役割を担っているのだなあ、とよく理解できました。⑦映画におどろいた、20年代はじめ地域の中の公民館の活動が素晴らしい。現在とのギャップをどうすればいいか。⑧人が豊かに安心して生きていけるために公的な施設は大切。ある程度の費用がかかって当たり前、有効な税の使い道。⑨公民館が身近に感じられるような存在になるように私たちも大

つどいチラシ2021年12月5日

いに利用して頑張りたい。⑩これからの提案として地域の自治会長や使用団体の代表等の話し合いの場をつくり、地域が何を公民館に求めているのか等。話し合って一緒に地域をより住みやすく子育てを共に考えていける場になることが理想だと思う。

こんなに公民館に関心をもっている方がいて感激した。アンケートには公民館の民間委託に不安をもつ意見や今回の企画への感謝の言葉が多く綴られていた。

バンザーイ！指定管理者制度導入の中止！

２０２２年３月「つどい」報告集を作成し、市長、教育長、生涯学習部長、全26館公民館長、全市議会議員に届けた。市議会議員には各会派の控室を全部回り、公民館の直営について理解を求めて手渡した。そして２０２２年３月の市議会定例会で「公民館の指定管理者制度」について市長は「これまでの分析では、地域性とか地域の方とのコミュニケーションとか、深いところでのつながりを担える外部団体は見当たらないという感触を得ている。市としては公民館の今後については、こういった運営の方向で当分の間はやっていくことをお示ししたい」（発言要旨、令和4年第1回定例会、2022年3月3日）との答弁があり、指定管理者制度導入は中止となった。

民間委託反対は一人のつぶやきから始まった

「公民館の民間委託には反対！」と一人のつぶやきから「船橋の公民館を考える会」が声をあげ、学習を何度も重ねて市民の皆さんと共に、生涯学習部との二度にわたる懇談、要望書の提出、フォーラム「船橋の公民館を考えるつどい」の開催等、ひとつひとつの行動が指定管理者制度導入を押し返す力になったと確信する。黙っていたら止められなかった。声を出して動いたから止められた。「考える会」で学び行動した皆さんは勿論のこと、周りで指定管理者制度導入に反対して応援し背中を押し、励ましてくださった大勢の皆さんに「良かったね、ありがとう」とお礼の言葉を送りたい。そしてこれからも公民館が住民にとってより使いやすく住民の生きがい、希望の場所となるように、職員の方の力も借りて、ご一緒に動いていきましょう、と伝えていきたい。

私は「さわやか学級」のことで日頃から公民館長との間で信頼関係があったので公民館の民営化のことも「考える会」での話し合いも全部話してきた。また「さわやか学級の運営委員さんにも公民館民営化の問題で「考える会」に参加し、民営化に反対する立場で活動していることに理解してくださ

船橋の公民館を
考えるつどい PARTⅡ

船橋の２６公民館が地域と共に歩む公民館であり続けるために、現在を考え、
未来につなげるために、みんなで考えていきましょう！！

２０２２年１２月１１日（日）
１３時～１５時３０分
会場：船橋市中央公民館　講堂
定員：１００名　　参加費：無料
開場・受付：12時30分から

一部（１３：０５～）　映画会
「公民館物語」（全国視聴覚教育連盟　第１回企画作品、1954年）
二部（１３：４０～）　「地域と公民館の現在」
登壇者　関根努さん（船橋市中央公民館館長）
平栗瑞枝さん（海老が作公民館・館報編集委員）
（休憩）
三部（１４：３５～）　「地域と公民館の未来」
登壇者　大森由里子さん（子育て応援メッセ in ふなばし）
上野剛史さん（高校教諭）
まとめ　長澤成次さん（千葉大学名誉教授）

※新型コロナウイルス感染予防のために公民館の予防対策に沿って開催致します。
※マスクの着用・手の消毒・体温測定・受付での連絡先の表記をお願い致します。
※緊急事態宣言発出などで、公民館が休館した時は延期といたします。
主催：船橋の公民館を考える会　　後援：船橋市教育委員会
問い合わせ先：大野 090-5502-2358　　funa.kouminkan@gmail.com

つどいチラシ2022年12月11日

るよう説明してきた。そして「さわやか学級」の例会の場でも館長の了解を得て、会員の皆さんに公民館の民営化の動きを伝えてきた。最初の一歩が「さわやか学級」を直営で守っていきたいからであった。例会の時、公民館が民営化の動きがあることご存知ですか、知っている人は手をあげてください、といったら誰も手をあげる人はいなかった。市側は日頃公民館を利用している人が知らないうちにどんどん進めていった。サウンディング調査で業者に声を聞く前に、まず最初に市民の声を聞くことが重要ではないか。

「つどいＰＡＲＴⅡ」地域と公民館の現在と未来

２０２２年（令和４年）５月～12月は毎月定例会を開き、学習し話し合いを経て12月11日に「船橋の公民館を考えるつどいＰＡＲＴⅡ」を開催することになった。ＰＡＲＴⅠと同じように準備を重ね、市長、教育長、生涯学習部長、社会教育課長、市内全26公民館長宛に招待状を届けた。２０２２年（令和４年）12月11日「船橋の公民館を考えるつどいＰＡＲＴⅡ」を中央公民館講堂で開催。当日は参加者87名、コロナウイルス感染予防のため前回と同じように対応した。

ＰＡＲＴⅡでも参加者87名にアンケートをとり34件寄せられた。①　公民館がいかに地域住民の生活と直結しているか豊かな内容のある企画運営であった。今後地域住民としての活動を公民館とともに考え実践したい。②　市内の各公民館の利用者（団体）を対象にして「公民館を考える会」を継続すること、地域に根づいた運動が広がると思います。③　４人の登壇者のお話しに希望を感じました。普段では聞かれない関根館長の公民館のお話をもっと多くの人に聞いてもらいたかった。上野先生、生徒の方の取り組み、これからの町づくりへの立派な提言だと感動しました。④　公民館の存在価値を認識しました。⑤　平栗さんの公民館に期待すること、公民館の利用法を読んで地元公民館に行ってみよう！関心をもってみようと思いました。

「つどいＰＡＲＴⅡ」の報告集も、２０２３年3月に市長、教育長、生涯学習部長、社会教育課長、各公民館長に届けた。

おわりに―公民館に思うこと

子どもたちが学校に通うように、公民館は生涯学習の大人の学校である。ある人は、生涯学習は認知症予防として利用しているという。なるほど公民館とはそういうところだ。地域で暮らし、普通に生活をしている人々にとって公民館は自分の足で歩いて行けて、しかも普段着で行けるところである

（でも時々はお化粧しておしゃれもしてね）。公民館に行けばサークル活動もあるし、公民館主催のコンサートや落語映画会なども楽しめるところだ。何よりも友だちに会えておしゃべりができる。帰りには一緒に食事やお茶をしてまたおしゃべりに花が咲く。公民館に行けば何故か心が弾み笑顔になる。公民館の職員さんとのとってもやさしくてなにげない会話もうれしい。公民館主催の講座もちょっとむつかしい話もあるけど、新しいことを学ぶって頭の体操にもなる。だから認知症の予防にもなる。でも使用料は無料にしてほしい。公民館はいろいろなサークル団体が活動の場として利用しているが、こんなことで利用していますよ、と紹介したり話し合いの場が持てたらいい。年に2回くらい公民館主催でぜひやってほしい。それがきっかけで顔見知りとなって「こんにちは」と挨拶をする人が増えたら災害が起きた時や、地域に何か困り事が起きた時にご一緒に話し合いませんか、と解決する力になる。公民館が日頃どんなことに取り組んでいるのか、災害時の避難所としての役割とか地域の住民にお知らせする機会をぜひつくってほしい。公民館と住民がもっと親しくなれたらと心から願っている。

（大野　久仁子）

若葉・九条の会と千葉市みつわ台公民館

２００４年６月、大江健三郎さん、澤地久枝さんたちの呼びかけで、日本各地に九条の会が生まれた。私が住む千葉市若葉区でも「九条の会」を設立しようと、立ち上がった人たちがいた。２００５年の初め、誘われて設立準備の会へ出席した。設立総会にどなたをお呼びするかとの話し合いの時、既にできていた「図書館九条の会」（私は図書館員だったので直ぐにこの会に入った）の情報で、在野の憲法研究者、岩田行雄さんを提案し、２００５年５月29日みつわ台公民館で「憲法講演会」を開催、講堂いっぱいの参加者であふれた。

新聞にも掲載されたので、はるばる袖ヶ浦から参加した方が一番乗りだった。その方は参加理由に「将来国民投票になった時、自分はどうすれば良いか勉強するため」と言われた。

この時、公民館長は苦々しい顔をしていたが会場は借りられた。「若葉・九条の会」と「憲法を読む会」の連名の共催という工夫をした。（憲法を読んで勉強をするのは良くて、九条を守ろうと行動するのはまずいということか）

筆者のご親戚の方が
1941年3月20日に
召集された時の軍隊手牒

２００６年２月「憲法を改正したがる人々と愛国心」というテーマで千葉大学の城丸章夫さんに来ていただいた時「公民館を貸さない」と館長が言い出した。

今考えるとみつわ台周辺のボス的存在の自民党市議会議員の圧力があったと推察できる。「九条の会」と名のつく集会には必ず「勝共連合」の街宣車がくるので、内容より公民館長はそれを嫌がったということらしい。館長さんもおどせずに、規則にのっとって業務をしてい

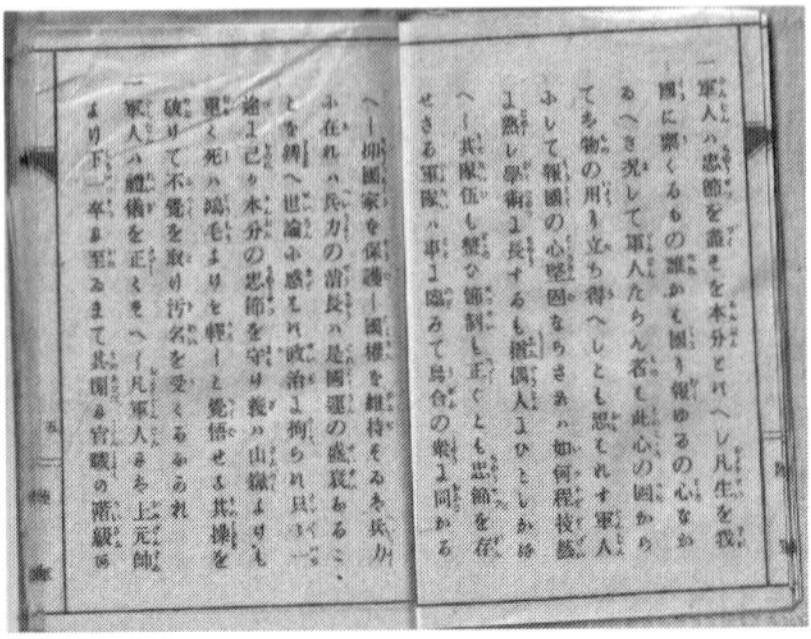

軍隊手牒」所収の勅諭「・・義は山嶽よりも重く死ハ鴻毛よりも軽しと覚悟せよ」の文字がみえる。

ると言えばよいのに。

街宣車の警備に当たっているお巡りさんに聞いたところ「インターネットで調べて街宣車でやってくるようだ」と言っていた。そういえば件の自民党議員先生は旧統一教会の影響下にあり、男女共同参画にも反対していた。

それから17年、「憲法学習」と「戦争を語り継ぐ」を軸に、学習会を重ねて、公民館とも仲良くなれ、クラブ連絡協議会にも参加、公民館文化祭には「昭和の記憶」として生活用具の展示、モンペや軍隊手帖や戦争中の教科書の展示をしている。「戦争の記憶」とすると公民館が心配するから「昭和の記憶」にするなど多少の工夫もしている。

２０１１年原発事故後は「核兵器と原子力発電」「エネルギー政策」「沖縄の基地問題」と学習の範囲は広がっている。「戦争を語り継ぐ」は戦争を知っている人々が少なくなってきたので「戦争を語り継ぐ+私と憲法」とした。また近年は政治そのものとも向き合って「ウクライナ侵攻と憲法9条」「敵基地攻撃能力保有とは?」もテーマになっている。つどい、学び、繋がり、発信すべく、今は「平和、いのち、くらしを壊す大軍拡、大増税に反対する請願書名」に取り組んでいてJR千葉駅前で署名を呼びかけている。

（鎌倉　淑子）

第三章　災害・コロナ禍のもとで学びを創る

一　二〇一九年台風・大雨災害に直面した富来田公民館
―FAXAI（房総半島台風）に学ぶ

二〇一一年（平成二三年）東日本大震災を経験して一〇余年が経った。この間も毎年のように大なり小なりの災害が日本列島を蹂躙している。しかも、昨今の災害は一〇〇年に一度、五〇年に一度と言われるようなレベルが頻発し、目や耳を疑うような光景を私たちは目するようになり、地震・台風の自然災害に慣れているはずの私たち日本人でさえ危機感を抱き、「防災」を強く意識するようになってきている。

そして、最悪にも自身の市町村に大きな災害が襲ってきた時、普段、地域の学習・コミュニティの拠点としている「公民館」の役割が大きく変わることを知って頂き、今、これから公民館に勤務される、また主事を目指す全ての皆さんの今後の糧として頂ければ幸いと思い、当時新米館長として体験した記憶と記録をここに綴りたい。

今（令和五年三月）から思い返すと何もかもが笑話として語れる出来事であるが、海と山を持ち合わせ、年間を通じて温暖で、首都圏にも近く、呑気で楽観的だと称される「千葉県民」。そんな「千葉県民」のそれまでの危機管理に対する考え方を根底から覆す災害が二〇一九年（令和元年）の夏に房総半島を襲った。

「令和房総半島台風」である。強風で折れ曲がった高圧電線の鉄塔や二階部分が全壊した家屋などの映像をＴＶニュースで見た記憶がある方も多いのではないか。当時、自分は、木更津市の最東端に位置する「富来田公民館」の館長として四月に着任したばかりであった。それは管理職として初めての勤務で、私を含む常勤職員二名と二名の非常勤職員の計四名で巨大（市内一五館中で二番目の延床面積を誇る）な館の運営を任されたこともあり、使命感に燃え期待と緊張を持って職務に励んでいた。

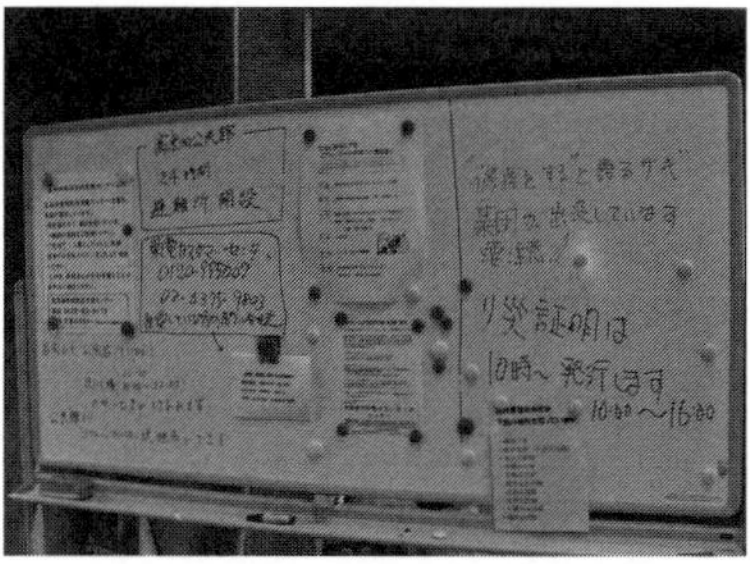

災害時の木更津市富来田公民館掲示板

ここで、簡単に富来田地域の沿革について紹介しておきたい。「富来田」地域は先に述べたように木更津市の東端に位置しており、西には南北に流れる県内の一級河川でもある小櫃川が流れており、その流域に田畑が開け、東は房総丘陵の山並みが連なるなど、自然が豊かな地域である。首都圏のローカル線でも有名なＪＲ久留里線の丁度中間地点となる馬来田駅を玄関口に持ち、国道四〇九号バイパスの延伸や圏央道の一部区間開通など道路網が徐々に整備され、木更津東ＩＣ周辺には、新たな地域交流拠点として県内外からの脚光をあびている「道の駅うまくた」があり、観光スポットとして人気を博している。

元旦マラソン、納涼大会、秋のコスモスフェスティバルなど、一年を通じて地域活動が活発な反面、少子高齢化・若者の地域離れにより人口は近年、六〇〇〇人を割り込み、人口減少傾向が続いており、後継者の育成や地域の活性化に向けた取組が課題となっている中心市街地から離れた典型的な郊外過疎地域である。そして富来田公民館は地域の玄関口でもある馬来田駅から徒歩すぐの位置にあり、館内には市民課の出張所が別部屋として設けられており、人々の交差点であり地域のランドマーク的な施設となっている。なお令和五年四月より公民館と出張所が合併された。

そんな地域に後に「令和房総半島台風」と呼ばれた台風一五号が想定外の災害をもたらした。ここからは、公民館が台風一過後、非常事態となった地域に公民館（避難所）が避難者から何を求められ、何に対処してきたか，当時を思い返しながら書き綴ってみたい。混然とする中での記憶なので曖昧な点などがあり、事実との齟齬もあるかとは思うが、ご容赦願いたい。

（経過）

九月九日（月）：この日、千葉県は台風一五号（のちの令和房総半島台風）の進路にあたること、上陸は深夜頃になる、との気象庁の予報。市内は警戒態勢の一日となっていた。当時はまだ、現在からみれば危機管理意識も緩く、前述した県民の楽観主義的な空気が一般的であった。自分はその日は休館日と言うこともあり、いつもよりずっと遅い起床をし、台風が近づき天候が悪化してくる窓の外を眺めながら、「今日の出勤だったら大変だったよなぁ～。ラッキー！」なんて優越感を感じていた。恐らく明日は台風一過の被害報告を連絡する事が朝一番で求められる事が想定できたので、早朝には公民館へ向かうつもりでその日は早々に寝所に就いた。

九月一〇日（火）：翌日は台風一過後の交通障害を想定し、まだ暗い内に自宅を出発。片道二〇キロ弱の勤務地へ車を走らせた。いつもの通勤路は、側溝から溢れた水流がゴミや落葉の留場をつくり、強風による垂れた電線・折れた看板・どこから飛ばされてきたのか農業用シートなどが散乱している有様。そして大量の倒木が道をふさいでいた。これは想定内の範疇だったので携帯した鋸で木を切りながら、障害物を乗り越えて、職場に到着した。通常なら二〇分程度で着くのが約一時間はかかった記憶がある。

セキュリティーが機能していない、「あぁ…停電しているな…」事務室まで続く五〇メートル程の廊下は所々、どこからか侵入してきた雨水で浸水していた。「事務室も停電か…」「電話はつながってるわ！」2階にあがってみた。「よかった、ガラス割れてない」「雨水の浸水は和室も調理室も無いな…」地域の被害像はこの地点ではまだ知る由もなかったが、時間の経過とともに全容と混乱が館を包み込む形となった。

振り返りポイント①

早々に出勤し、館内の被害状況を確認・片付けを始め館の設備状態を把握したことが、後の被災要求に対して出来ること出来ない事を素早く判断できる事へとつながった。

明るくなってくると情報や助けを求め人々が次々と公民館へ押し寄せて来た。「屋根が飛んでしまって寝ていない、どこに連絡したらよいのか」「ガラスが割れて浸水し困っている」「電気が来ていない？公民館はついているのか？」「水が出ない、どうなっているのか？」等々の開館前から公民館への電話での問合せが暫く続いたが、その後電話での問い合わせが無くなった。実は安否確認が集中した為、携帯中継局の電源喪失が発生していたのである。

振り返りポイント②

問合せの電話が突然無くなることは、異変の現れ。電源や通信環境の不具合を疑い・生じたものと思え。特に電源や連絡手段が無くなることはその後の対応への影響が大きいので察知する感覚は大事。

この地点で、市民課出張所は全てが機能不全のため、通常業務を行うことが不可能であるため、出張所職員も所長を含め公民館事務室にて待機していた。「これから、私たちは職員として何をしたらいいのか？」声には出せないのだが、恐らく職員一同の頭の中よぎった台詞だったと思う。

ここからは、自分の記憶も曖昧となっており、今振り返るとなぜにそんな指示をしたのか根拠は説明できないが、その時は無我夢中で以下のような指示したと記憶している。

ア　本庁（中央公民館）との連絡回復と対応についての今後の指示など情報の収集。

イ　来館する被災者の訴えを聞く情報を集める（記録する）。

ウ　避難してきた方の一時保護場所の設置（自館は三〇〇人収容できる多目的ホールがある）。

特に「本部との連絡を取る」ことと「被災者の受入れ」は、最優先となった。始めは窓口にて対応をしていたが、見る見るうちに窓口に人が溜まったので、ロビーに受付を設置し、臨時窓口として避難一時保護者と被害報告者との二つの窓口を設け対処を行なった。避難者においての対応は概ね正解であったが、問題は被害報告に来館する、個々への対応である。

「倒木で道が塞がれ動けない」「別棟に住む独居老人の安否不明」「屋根が飛んだ」「車に飛んできた看板があたり破損した」「川の水が堤防を越えそうだ」等々、被災した方は軽いパニック状態なので自分の置かれた状況をまくし立てて話し込んでくる。質問に対する答えがすぐに出るならば問題は無いが、ほとんどの質問に対して明朗なアンサーは出来ない。緊急時の際に私情を訴える方への対応が

富来田公民館　炊き出しの様子
2019年9月15日

一番やっかいで、一言で言えば「面倒」でもあった。

振り返りポイント③

避難者においては簡易で構わないので、住所、氏名（家族全員）その他を記入して頂き提出してもらう。被災報告も一人一人の要望は異なり対応しきれないので「お知らせ版」を直ぐに設置し、以下のア〜ウを行うとよい。

ア　「現在全地域停電中」や「水道出ません」などの基本情報を張り出す。

イ　平時にあらかじめ、被害状況に対応する部署先を確認しておくこと、そしてア同様に連絡先として直ぐ張り出す。

ウ　地域被害状況を把握する為の用紙・投函箱を用意・設置する。

午後は、人々に求められるままに、土嚢袋つくり・ブルーシートの配布・食料の配給等々に追われ時間が過ぎていった。午後になってようやく本部（中央公民館・災害対策本部）の連絡車が到着、市内の被害状況の確認と必要物資・救援職員の要求を伝えることが出来たことに安堵した自分を覚えている。この頃になると、被害情報がマスコミを通じて全国へ報道されたことから、「応援」「援助」を申出る個人・団体が突如として来館し始めた。焼きそば・ラーメン・お菓子・モバイルバッテリー・

おにぎり等々、これには自分はびっくりした。救援を頼んでもいないのに次々とやってくる（差し伸べられる）応援団がいること、それも無償で来ることが凄い。

九月一一日（水）以後：さてその後はと言うと誠に申し訳ないが、余りにも多々の出来事が発生し、記憶として時系列を順序だてて整理できないが、脳裏に焼き付いた事例を羅列する。

・土嚢を求める住民が公民館に押しかけてきた。また電話での問合せが殺到したこと。
・独居老人や高齢者からのボランティア支援・援助を求む声が多数寄せられ苦慮したこと。
・宿泊可能な避難所とするため大容量の発電機が設置し可動したところ、「騒音が酷くて眠れない運転を止めろ！」と怒鳴りに来た老人に「避難所運営の為に稼働させる事にご理解頂きたい」旨の説明を必死で説いている横から市幹部の職員があっさり「稼働を止めます」と言い放ったこと。
・食料や備品の配給時になると何度も何度も並んで、物資をもらっていく「連中」に対する対応についての職員間での見解の相違が起きたこと。
・有名なコストコがパンの提供をしてくれたが、広報無線で「避難所でコストコのパンが配られます…」と広報した所、コストコのパン目当ての被災者では無い方々までが行列をなして並び、いつ配給されるかも不明なパンに対しての苦情が多数寄せられた。

富来田公民館　ロビーの様子
2019年9月15日

・本部からのタイミングを外した避難者に対する理解しがたい、個人情報の収集指示へ抗議したこと。
・設置タイミングが完全にズレた自衛隊の野外入浴場への利用者をワザワザ募る羽目になったこと。
・全国から届いた大量の支援・救援物資（食料・飲料水・その他）の配給方法や配分を公民館に丸投げされたこと。
・自販機の災害時に無料開放をするべきか否かの判断や、ペットの避難所への同伴についての可否。
・停電に関する苦情・携帯電話に対する苦情・隣人に対する苦情・市の援助に対する苦情など。

過ぎてしまえばアッと言う間であったが、それからは避難所・災害連絡所としての一週間が過ぎていった。この経験は避難所となった公民館での貴重な体験になった。館長として職員として感じた心構えを綴る。参考にしていただけたら幸いである。

★緊急事態発生時の公民館職員の心構え六条

1．指定マニュアルどおりに物事は進まない。

2. 避難所指定されていなくとも公民館には避難者が救いを求めてくる。
3. 避難者の職員への依存度は高い。
4. 公民館へは地域のあらゆる被災情報が入ってくる。それを公民館長は拒んではいけない。
5. 館の責任者は状況によっては判断と決断を迫られる事がある。
6. 事務室（本部）は開放してはいけない。

その後の気になる点

この大災害を経て災害へ検証が進み、市の災害への認識、対応も大きく変わった。市職員への訓練や非常時の組織づくりの強化が図られ、市民への防災に関する情報発信も多くなった。災害情報の発信については、いち早く市民に災害の危険が迫っていることを知らせる警鐘として大変意義あるものと思うが、以後発信される災害情報が現場からすると「これは止めて欲しい！」と感じたことがいくつかある。今後の為にも災害対策をつかさどる関係機関には是非検証していただけることを望みたい。

・災害広報無線の内容と現場（地域）での状況が合致していないケースがある。

気象情報と現地での状況にズレがあり、それが人々の判断に混乱を生じさせる場合がある。

（例）既に天候が回復傾向にも関わらず、避難指示を促す広報が流れる。

・対策本部が避難所の現状を確認しないまま、広報無線による避難指示を行ってしまう。

避難所が破損・雨漏り・倒壊などで受入出来ない状態にも関わらず避難者が押寄せ、混乱を招く結果に。

・TVなどマスメディア等の災害報道のあり方。

過度の映像や被害報告を盛った報道が、指定地域外の人々の恐怖心を煽り無用な避難行動を増長させ現場を混乱させる。

おわりに

これは、あくまでも個人の意見として述べさせていただきたい。天災は人知の及ばぬ領域があり、ある意味で避けきれないものである。私たちはそれを承知し災害と向き合っていかねばならない。国や自治体が発信する情報を安易に鵜呑みにした避難行動は要らぬ不安やパニックを招き、避難事故に繋がる恐れもある。大切なのは自分自身の「目で」「耳で」地域の状況を確認し、避難行動へ移していくことである。自分の命を守る「責任」を負うのは、結局は自分自身である。「自分の命は自分で守る」このことを忘れてはいけない。

（水越　学）

二　被災・避難所経験から防災力を高める学びへ

未曾有の台風直撃

二〇一九年九月九日未明の台風一五号(1)の通過により、君津市内では最大三万七七〇〇軒が停電し、一万三〇〇〇世帯が断水した（当時八月末の世帯数は三万九〇〇一世帯）。これまでに経験したことのない被害のなかで、避難所は最多時には一〇箇所を開設し、延べ二九四世帯四八九人が避難したが、実際には、給水や充電、トイレの利用、情報収集、ブルーシート等の物資の配布に連日多くの住民が訪れた。

本稿では、未曾有の台風被害と君津市小糸公民館での二週間（九月八日〜二三日）にわたる避難所経験、そこから生まれた防災学習の取り組みについて述べていく。なお、本稿は拙著「台風一五号の影響と公民館での避難所対応」『月刊社会教育二〇一九年十二月号』（旬報社）をもとに書き直したものである。

小糸公民館における避難所

筆者が二〇一六年四月から二〇二二年三月まで勤務していた小糸公民館は、一九七一年に開館し、建物としては市内で最も古い公民館である。地区内人口は七五二二人（二〇二三年四月末）で減少傾向にあり高齢化率も年々高くなっているが、地域婦人会や青少年健全育成協議会、青少年相談員等、様々な団体活動が活発な地域であり、公民館も団体支援に重点を置いて取り組んできた。さらに二〇〇一年以降は、公民館併設の地域子育て支援センター「小糸プレイルーム」を拠点に子育て支援や子ども事業が活発に行われ、二〇一八年には優良公民館表彰を受賞している。

台風通過前の九月八日より、小糸公民館は自主避難所として開設していたものの、台風通過後の早朝には、館内のいたるところが水浸しとなり、駐車場も冠水、敷地のいたるところで木や農業資材が散在し、付設しているテニスコートの倉庫が横転、陶芸小屋のガラスが破損していた。

市内各所でも電柱倒壊や倒木による電線切断による停電と断水、瓦の飛散、建物倒壊や冠水による通行止め、ビニールハウスの崩壊、倒木等での通行困難・孤立、寺社仏閣への被害が出ていた。

災害対策本部との連絡も停電によって通信困難となり、職員個人の携帯電話が唯一の連絡手段となっていたが、これから避難に訪れるだろう住民に何ができるか、公民館職員で即時即決しながら避難所対応を始めざるを得なかったことが後の独自的な展開につながっていくこととなった。まずは、避難者の受け入れ場所を整える必要があり、防災倉庫から物資の提供のための準備と、発電機による投光器とスマホの充電コーナーの設置に取り組んだ。

翌日からは、市や他の自治体、自衛隊による給水活動が開始したが、このとき、小糸公民館は停電中であったものの高架水槽に溜まっていた水が使用できたため、昼夜を問わずトイレの利用に訪れる住民も数多くいた。

避難所では情報提供も重要で、各部屋のホワイトボードをロビーへ移設し、「避難所掲示板」として、市からのお知らせメールや防災無線、来館者から寄せられる地区別の停電状況を頼りに、常に新しい情報を更新していくようにした。

併設している「小糸プレイルーム」は授乳とオムツ替えの場として開放しつつ、被災によって過度なストレス状態となった子ども達の「遊びの場」としても活用することとした。

避難所運営に公民館の学びを生かす

避難所運営にあたっては、公民館での学びの蓄積が大いに生かされた。

被災後三日目の早朝、高架水槽の水が尽きてしまい、断水状態となってしまった。避難所におけるトイレ環境の重要性は、周南公民館で防災学習（災害時トイレの学習）に取り組んでいた公民館職員から聞いていたため、最優先に対処する必要があったが、このとき助けられたのが、「自噴井戸」であった。

「自噴井戸」とは、ポンプなどで汲み上げなくても出てくる井戸のことである。

自噴の仕組みは次のように説明されている。「君津市の地層・地形は緩く傾斜し、砂層・泥層・砂礫層が交互に重なった単斜構造をなして、東京湾の地下にある水盆に続いています。水を透しやすい砂礫層や砂層は、降水量の多い上総丘陵の森林から雨水の供給を受けて帯水層となっています。水を透しにくい泥層に上下をはさまれて傾斜しているので、圧力を受けた状態です。その層に孔をあけるので水が噴き出す」。(2)

もともと君津市は河岸段丘によって河川が低い位置を流れ、灌漑用水の不足に悩みを抱えていた土地だったが、特殊な地層構造を生かして明治時代に「上総掘り」という掘り抜き工法が考案された。これにより、現在では小糸地区をはじめ市内各所で水が自然と湧き出る自噴井戸が多く点在し、稲作やカラーなどの花卉栽培に活かされている。

こうした上総掘りによる自噴井戸の存在は、公民館の学習題材としても扱うことがあり知っていたことから、断水した直後から、避難所に最も近い自噴井戸を探し、汲み水を使った水洗方法へ切り替えた。

避難所には仮設トイレも設置されたものの、やはり高齢者や女性にとっては使いづらいようで、公民館のトイレを利用する方は多かった。電気は被災後四日目で復旧したものの、断水が続いている間は、井戸水を汲みに行く作業を続けていった。

避難所を中心に広がる支援の輪

避難所運営に携わるなかで生じてきた新たな課題が、独居高齢者へどう物資を届けるかという「避難所に行けない人への支援」であった。

この課題に対して、小糸公民館では、公民館運営審議会委員をされていた郵便局長からの申し出もあり、地区の自治会長や民生委員を通じて、避難所に届く水や食料、生活物資を直接該当者へ届ける取り組みを被災後三日目から始めていき、「今必要な人に届ける」流れが少しずつできていった。この動きに後追いするように市の対応でも、避難所に給水に来られない住民に対して、行政センターから自治会長を通じて飲料水の配布が行われるようになっていった。

また、君津市の災害ボランティアセンターが設置される以前から、臨時休校中の地元中高校生もボランティアとして関わってくれるなど、様々な人が避難所運営に関わってくれるようになっていった。なお、このときボランティアとして関わってくれたある高校生は、数年後に開催された成人式(3)の実行委員長や地区文化祭の子ども企画のお手伝いとしても関わりを持ち続けてくれている。

避難所開設中だからこそ今必要な学びを

被災から一〇日目の九月一八日は、もともと小糸プレイルームの関連事業として「母乳なんでも相談室」を予定していた。避難所開設中は当然、貸し館業務も主催事業も全て中止していたが、避難所での液体ミルクの配布の際、災害ストレスで母乳が出なくなってしまったと、乳児を抱える母親たちの深刻な悩みを聞くことが続いた。そこで、避難所開設中であったものの、公民館長と相談し、いま必要な事業と判断してもらい、「母乳なんでも相談室」（講師は、母乳育児支援を行う、ラ・レーチェ・リーグ木更津）を開催するに至った。

参加者は大人五人、子ども六人という少人数ではあったが、非常時だからこそ集い悩みを話せる場の必要性を強く感じる機会となった。

避難所運営の拠りどころは「公民館の機能」

被災から一五日目の九月二三日、小糸公民館の避難所は閉鎖した。

ふり返ると、ここまで長期間の避難所開設は初めての経験で、当初は停電のなか限られた情報手段で日々避難所を運営することで精一杯だった。それでも、刻一刻と変化する状況のなかで、住民にとって公民館がどういう場であったらよいか、公民館の「集う」、「学ぶ」、「つながる」機能が避難所運営の拠りどころとなったのは間違いない。

その結果として、公民館のロビーが住民の茶の間となって、会話し情報を交換し合える空間となり、様々な情報を整理し発信していくことで気づきと学びが生まれ、公民館に関わる人のつながりが、公民館に来られない人への支援にも発展していった。

今回の対応を踏まえて小糸公民館では次の三つの課題を整理し、公民館運営審議会でも報告した。
①安全に避難できる施設提供の観点と施設の老朽化への課題
②新たな課題を受けて避難所運営の方針を事前に定める必要があること
③公民館活動を通じた関係づくり、自主防災組織との結びつきの必要性

特に③に関していうと、台風による被災後、公民館利用者を中心に、台風一五号・一九号に関するアンケートを実施した結果、「あって良かったもの」の上位のうち、三位が「人のつながり」、五位が「避難所・公民館」となっていた。公民館主催の家庭教育学級でも、「台風一五号の被害とこれからの防災」に向けた話し合いをしたところ、災害直後から、学級の連絡用ＬＩＮＥグループを活用し、安否確認や様々な支援情報を共有するネットワークが機能していたという。

このアンケート結果や家庭教育学級での連絡網からもわかるように、日々の人間関係づくりが災害時のネットワークや支え合いの基盤となることから、公民館活動を通じた関係づくりの構築は引き続き必要であり、加えて、各地区の自主防災組織と結びつきを持つことも必要である。

被災経験から見えてきた「共助」の必要性

避難所としての小糸公民館での取り組みは、災害時における地域の拠点機能を一定程度果たすこと

ができたのではと評価できるが、君津市全体でみれば災害直後、市域の広さ（約三一九平方キロメートルで県内二番目の面積）ゆえに、停電等による通信手段の遮断やこれまでにない規模での被災状況から、「公助の限界」も浮き彫りとなった。

被災経験後の一一月三〇日、小糸地区自治会連絡協議会による「令和元年秋季自然災害への対応を記録する会」が開催され様々な課題が出された。特に、災害時における要援護者の安否確認などは民生委員との連携なくしては難しく、自治会長に負担が集中する実態のなかで、自主防災組織をはじめとする共助の必要性も高まっていった。

このようなことから、小糸地区自治会連絡協議会の事務窓口である小糸行政センターとも連携しながら、地域での防災意識と災害時の支え合いとして共助の力を高めていくことを目的に、小糸公民館と小糸地区自治会連絡協議会の共催による「小糸防災力講座」を二〇二〇年度から開設していくこととした。

コロナ禍のなかで始まった小糸防災力講座

開設初年度の内容は、君津市危機管理課職員より、災害時の対応についての現状と共助の必要性について話してもらった。その後、助け合いの防災活動の先進事例(4)として、千葉市黒砂地域防災会議の池江麻里氏より「みんなでする防災～住民の視点で考える・行動する地域組織が機能するために～」

と題して、避難所マニュアルボックスを使った避難所訓練の事例など地域で実用できる取り組みを報告してもらった。

コロナ禍での講座開催（二〇二〇年一二月一三日）であったことから、対象者も開催回数も絞らざるを得ず、各自治会より一名の参加とし、内容も感染リスクが高いワークショップは避け、座学一回に留めざるを得なかった。代わりに、会場内には避難所で使用するパーテーションや持ち出しリスト等を展示し、危機意識と当事者意識が持続できるよう配慮した。

感染対策を講じつつ講座を開催

回覧

令和３年度 小糸防災力講座をご視聴ください

（YouTubeにてオンデマンド配信中）

小糸防災力講座とは…

○ 令和元年、台風15号と台風19号での被災経験を踏まえ、令和2年度より、小糸地区自治会連絡協議会と小糸公民館が共催して開設した「地域の防災力を高めるための講座」です。

○ 今年は、東日本大震災から10年の節目の年です。被災地での教訓による防災の取り組みに学び、災害弱者と呼ばれるような高齢者や障がい者、女性、子どもなど多様な立場の一人一人の命と人権が大切にされ、地域における防災意識と災害時の支え合いとして、「共助」の力を高める機会として実施いたします。

○ なお、新型コロナウイルス感染症の急拡大に伴い、今回、対面による開催ではなく収録したものを、オンデマンド配信及び各自治会長様へのDVD配布とさせていただきました。

▽動画内容はこちら▽

① 防災講座～自分たちの地域と自らの命は自分たちで守る～
（君津市総務部危機管理課）【約30分】

② 地域の防災力がなぜ重要か？～地域における防災学習の意義とその取り組みから～
（野元弘幸氏／東京都立大学教授）【約60分】

※著書 野元弘幸編『社会教育における防災教育の展開』（大学教育出版、2018年）

▽ご視聴方法はこちら▽

■スマートフォンやタブレットでご視聴する場合には、右側のQRコードをカメラで読み込めば、君津市公式YouTubeチャンネル（限定公開）にアクセスできます。

■PCでご視聴する場合には、インターネットで「小糸防災力講座」と検索すると専用ページ（君津市HP）にアクセスできますので、そこでご視聴ください。

■YouTubeをご視聴できない方は、自治会長にDVDを配布していますので、お問い合わせください。

動画視聴用URL ▸ https://youtu.be/Y6RIMsCZLpc

ご質問をお寄せください

動画の内容について、ご質問がございましたら、8月31日までに、メール、ファックスまたは直接お寄せください。いただいたご質問につきましては、9月16日の自治会回覧にて講師からのコメントとして回答させていただきます。

メールの場合… koito-k@city.kimitsu.lg.jp ※質問用メールはこちら

ファックスの場合…0439-32-2185（※様式は問いません）

直接来館の場合… 小糸公民館及び小糸行政センターに質問用紙を置いておきますので、ご記入の上、窓口にご提出ください。

QRコードを読み取り、「メール作成画面はこちら」をクリック

主催 小糸地区自治会連絡協議会・小糸公民館（お問合せ先：℡0439-32-2184）

講座の配信は自治会回覧にて周知

二〇二一年度は、危機管理課職員による説明に加えて、東日本大震災から一〇年が経過するにあたり、被災地での教訓による防災の取り組みに学ぼうと、東京都立大学の野元弘幸氏を講師に、「『地域の防災力』がなぜ重要か?~地域における防災学習の意義と取り組みから~」[5]と題して講演を依頼した。

このころ、小糸公民館では耐震強度不足の問題が浮上し、第一避難所の指定が近隣の空き校舎（小学校の統合により二〇二一年三月閉校）に移っていた。そこで、新たな避難所の場所を地域の関係者にも知ってもらう意味からも、第一避難所を会場に、自治会役員をはじめ、小糸婦人会や民生委員、日赤奉仕団、駐在所の警察官に集まってもらい八月一日に開催する予定で準備を進めていた。

ところが、開催日翌日より千葉県が緊急事態宣言の対象に追加されるという時期と重なり、感染拡大のリスクを避ける必要から対面での開催を断念し、急遽Ｚｏｏｍ上で講話を収録し、後日編集したものをＹｏｕＴｕｂｅでのオンデマンド配信に切り替えた。

地域の防災力を高めていくために

未曾有の台風を契機に、共助を高める防災学習の取り組みを始めた矢先、コロナ禍に突入したことや耐震問題に起因する施設の利用制限の影響を受け、さらに筆者も現在の小櫃公民館に異動となった。講座は後任職員に引き継いだものの、二〇二二年度は、コロナの感染拡大時期と重なり、結果的に学習機会が持てなかった。

今後の講座展開による防災力の向上に期待を寄せつつも、「共助」の結びつきを高めていくには、地域の年中行事が何よりも大事である。コロナ禍で、様々な行事や祭りが中止や縮小となり、数年の空白期間により新型コロナウイルス感染症が感染症法で五類に位置づけられたあともかつての行事が復活するかどうかも難しくなりつつある。これまでも希薄化しつつあったコミュニティ内の結びつきはさらに危機的な状況にあると言わざるを得ない。

被災経験によって高まった住民の自助意識も時間の経過と共に薄らいでいくなか、住民主体での共同学習の場と防災力の向上に向けて、いかに展開していくかが問われている。筆者自身もまた、現在の小櫃公民館で、小櫃地区自治会連絡協議会との共催による「小櫃地区防災講座」を担当し、当地での防災力向上に努めている。

（會澤　直也）

(1)令和元年度房総半島台風は、関東地方に上陸したものとして観測史上最強クラスの勢力であった。これにより小糸地区（長石）に建っていた大型の送電塔二基が倒壊し、大規模な停電が発生した。

(2)君津市立久留里城址資料館「上総掘り　深井戸掘削の技術」（二〇一一年）より引用

(3)君津市では、成人を祝う集い（現在は、二〇歳のつどい）として、公民館において中学校区単位で実行委員会を結成し、企画運営を行っている。

(4)池江麻里「黒砂地域防災会議『みんなでする防災』」長澤成次編著『公民館で学ぶV　いま、伝えたい地域が変わる学びの力』（国土社、二〇一八年）

(5)野元弘幸「地域における防災学習の意義と課題」『月刊社会教育』二〇二一年一月号（旬報社）

三　オンラインのメリットを活かした公民館活動

コロナ禍で「歩いて行ける公民館」に歩いて行けない状況へ

二〇二〇年に端を発した新型コロナウイルスにより、「密閉・密集・密接」の三密を防ぐことが求められ、友人同士で外出をしたりすることだけでなく、学校や職場などの日常生活でも極力人と会うのを避けることが推奨されるようになった。今まで当たり前のように賑やかだった公民館でも休館が求められ、静まり返った建物を見ていると、改めて公民館は事業の実施や部屋の貸し出しに留まらず、地域の人同士が交流できる心の拠り所としての役割が重要だったのだと痛感した。以前、地域の方から「公民館は地域みんなの庭みたいなものだから」というお言葉をいただいたことがあったが、本来なら庭のように気軽に集うことができる公民館に気軽に来られなくなった状況は、かなり異様だった。

オンライン事業の前段として、リモート事業の実施へ

何もできずに手をこまねいていた中、地域の方からこんな話をいただいた。

「小学生が学校に行けず、各自で時間を過ごす内容にも限界があると思う。そこで、俳句コンテストを企画したい。」

今まで集まる形でしか事業を考えたことがなかったので、この事業は公民館職員だけでは考えつくことができなかったと思う。早速地域団体と連携を取りながら実施に取り組んだ。課題の一つであった周知方法についても、たまたま小学校が全児童に休校中のお手紙を送付するという情報を得、その中に混ぜさせてもらうことができた。新年度が始まってから二週間足らずで企画から実施までに漕ぎつけることができたのは、ひとえに地域の方の協力のおかげであり、それまで公民館が地域の方や地域団体、学校とも連携を取ってきたからこそだと思う。日頃から地域に密着して活動してきた公民館の強みが発揮された事業ともなった。

その年は小学生対象の「俳句作ろうコンテスト」のほか、地域全体を対象とした「地域の好きなところ・よいところ」を募集する企画、戦後七十年を迎えた年でもあったので「戦争体験」を募集する企画も実施した。集まった内容は掲示物にして貼りだしたり、冊子を作って自由に読むことができるようにした。公民館の休館が解かれた際、来館者の皆さんが掲示物を楽しそうに見てくれる姿を見ていると、「休館中も事業を止めなくてよかった」という思いがした。しかしこの事業はそれ以外にも新しい発見があった。「何をするにしても対面の方が情報量が圧倒的だが、対面でないからこそのメリットもあるかもしれない」ということである。

コロナに負《ま》けるな、俳句《はいく》で吹《ふ》き飛《と》ばせ！

ほしゅうちゅう
募集中！

俳句作ろうコンテスト！

休み中　俳句作ろう　コンテスト！
主催：八幡台小学校区まちづくり協議会
共催：八幡台公民館

小学校《しょうがっこう》がお休《やす》みの間《あいだ》、俳句《はいく》のコンテストを実施《じっし》します！

自宅《じたく》で頭《あたま》の体操《たいそう》、そこで一句《いっく》。

季語《きご》（季節《きせつ》を表《あらわ》す言葉《ことば》）がない、川柳《せんりゅう》でも大丈夫《だいじょうぶ》!!

五《ご》・七《しち》・五《ご》でなくてもOK!!

優秀《ゆうしゅう》な作品《さくひん》には豪華《ごうか》な景品《けいひん》も…？ふるって応募《おうぼ》ください!!

【例題《れいだい》】

春休み　ひねってみたが　指くじき　／　季語もなく　風刺も効かず　四苦八苦（4句8句）

気に入らぬ　風もあろうに　柳かな　／　わけ入っても　わけ入っても　青い山

○お　題《だい》　①コロナ　②マスク　③休校《きゅうこう》　④自由部門《じゆうぶもん》（お題《だい》なし）

○応募期限《おうぼきげん》　令和《れいわ》2年《ねん》5月《がつ》11日《にち》(月《げつ》)　○対《たい》　象《しょう》　八幡台小学校《はちまんだいしょうがっこう》の児童《じどう》

○審《しん》査《さ》員《いん》　五十嵐《いがらし》　譲介先生《じょうすけせんせい》（猫蓑会会員《ねこみのかいかいいん》・木更津高専元教授《きさらづこうせんもときょうじゅ》・八幡台在住《はちまんだいざいじゅう》）ほか

○賞《しょう》　品《ひん》　最優秀賞《さいゆうしゅうしょう》　図書《としょ》カード3,000円相当《えんそうとう》　・　優秀賞《ゆうしゅうしょう》　図書《としょ》カード1,000円相当《えんそうとう》

○応募方法《おうぼほうほう》　八幡台公民館《はちまんだいこうみんかん》に以下《いか》の方法《ほうほう》で提出《ていしゅつ》してください。

①メール　hachimandai-k@city.kisarazu.lg.jp

※タイトルに「俳句《はいく》コンテスト」と書《か》いて、
本文《ほんぶん》に俳句《はいく》と申込者《もうしこみしゃ》の氏名等《しめいなど》を入《い》れてください。

②FAX　0438－36－4013

③郵《ゆう》　便《びん》　木更津市八幡台《きさらづしはちまんだい》4－2－1

④直《ちょく》　接《せつ》　八幡台公民館《はちまんだいこうみんかん》のポストに入《い》れてください。

【問い合わせ先】
八幡台公民館
（℡0438－36－4010）

－－－－－－－－－－ きりとり －－－－－－－－－－

「俳句作ろうコンテスト」　申込書

○お　題《だい》（　　　　　　　）

氏名（学年）＿＿＿＿＿＿＿＿＿（　　年）　TEL＿＿＿＿＿＿＿＿

住所＿＿＿＿＿＿＿＿＿＿＿＿＿＿

対面ではないことのメリットは「参加のハードルがほんの少し下がること」かもしれない

「俳句作ろうコンテスト」では、実に二五名の小学生から三三もの俳句が集まったが、参加者の半数程度が今まであまり公民館のイベントに参加してこなかった顔ぶれに感じた。公民館事業の新規参加者が増えたのである。公民館はどこも魅力的な内容を展開しているので、一度参加してもらえればリピーターにはなってもらいやすいと思っている。しかし敷居が高いように感じられてしまい、結果新しい利用者がなかなか増えない状況でもある。そんな中、このような成果を上げられたのは、対面ではないことで、イベント参加への心理的なハードルがほんの少し下がった結果なのではないだろうか。

「俳句作ろうコンテスト」の受付方法は約半数が公民館のポスト投函で、残りがメールでの投稿だった。公民館内に職員がいて、誰でも中に入れる状況ではあったが、ほとんどの申込者とは会うことはなかった。興味のあるイベントがあっても実際の様子が分からなかったり、初めての場所に直接的にアプローチをすることはハードルが高いと考える方が一定数いる中、今回のイベントは「直接公民館に行ったり、電話で直接対話をしなくてもよい」というメリットはあったように思う。もちろん単純にコロナ禍で極力対面を控えた結果かもしれないし、今まで公民館が実施してきたイベントとは系統が異なっていたから新しい層の参加があっただけなのかもしれない。直接聞き取り等ができたわけではないので推測の域を出ないが、今回の企画はコロナ禍でイベントが軒並み中止期間の企画という特異性だけではなかった気がしている。

対面ではないことのメリットを活かしたオンライン事業の実施へ

木更津市では以前からタブレット端末が全一五公民館に配置されていたほか、Ｚｏｏｍの有料アカウントも保有していた。そしてコロナ禍を契機に、オンラインに適応した機材を更に導入することを決め、大型モニターと接続用のノートパソコン、Ｚｏｏｍ用の４Ｋカメラやマイクスピーカーが配置された。早速それらを活用した事業を実施するにあたり、「折角なのでコロナ禍限定ではなく、コロナ禍以降もメリットが活きるような事業運営を模索したい」と意識してみることにした。

まずは比較的手を付けやすい内容として、既存の事業において対面とオンラインを併用することとした。平日の夜間、仕事帰りでも参加できるようにと企画していた健康講座を、講師に相談してＺｏｏｍ配信させてもらうようにしたのである。それに伴う会場設営にも工夫が必要になったが、直接公民館に来ている参加者の邪魔にならないよう、オンラインがなかった頃の会場設営と同じ設営を先に行って、その後で隙間に機材を配置していった。その一方で、来館者にもリモートで講座に参加している人がいると分かるように、Ｚｏｏｍ参加者の画面も大型モニターに投影を行い、講座の最初で「同時に遠隔地で受講している人がいる」と伝えた。

その結果、その年の講座の感想・アンケートには「出かけにくい時間でもＺｏｏｍで参加できて本当に嬉しく思いました。」といったオンライン参加者の声だけではなく、会場参加者からも次の感想が寄せられた。

「今回の講習をリモートで行っている人がいる事にビックリしました。子供達は学校で教えてもらえるが、老人は機械に対し拒否感があり、今の時代についていけない。又、その様な機会がないので出来得れば、別に講習を設けていただきたいです。」

また、最初の年については、講師の知り合いで東京からＺｏｏｍ接続していた方がオンラインで体操の指導を行ってくださった。これも、オンラインならではのメリットでもあったし、公民館来館者の受講生達も興味深く感じてくれていたように思う。オンラインが謳われつつも、さほど自分には直結してこなかった層にも身近なものだと感じてもらえる一助となれたのではないかと思っている。

その後、「一度話を聞いただけでは覚えきれないので、もう一度聞きたい」といった要望を複数いただいたことから、たまたま撮っておいたＺｏｏｍの録画記録の活用を検討することにした。講師に相談すると了承が得られ

鎌足公民館健康講座

東洋医学から読み解く私たちの健康
～医者より養生　薬より手当て～

新型コロナに限らず、病気から身を守るためには自分の体の免疫力をあげるのが一番です。

東洋医学の観点から体の不調への対処法や予防について、考えてみませんか？

自分の身体と対話しながら整えたい方、ぜひご参加ください。

● **講義内容**　※時間はいずれも19時00分から20時30分

回	日時	内容
1	**12/ 7(水)**	**予防は治療に優る、養生は予防に勝る。／風邪・疲れ予防のツボ**
2	**12/21(水)**	**腸を整える。腸は第二の脳。／便秘・下痢のツボ**
3	**1/11(水)**	**睡眠を改善し免疫をあげる。／良質の睡眠のツボ**
4	**1/25(水)**	**生活習慣病を予防する食事、生活。／食欲・冷え性のツボ**
5	**2/ 8(水)**	**姿勢、歩行、筋力で健康を保つ。／歩行の仕方と膝痛ツボ**

※希望者にはツボ療法（お灸か鍼）を行います。膝まで上がる服装でご参加ください。

● **講　師：金井正博先生（院長）**

木更津杏林堂院長、（公社）全日本鍼灸学会参与、日本鍼灸神経科学会相談役。3代にわたる鍼灸家で、家庭画報全国鍼灸名人35名に選ばれる。木更津開業35年、述べ30万人の診療をしてきた。「がんと鍼灸」コーディネーター、パーキンソンや癌と鍼灸の臨床が専門。

● **参加方法と募集人数**

①鎌足公民館に来館して受講（定員20名。先着順）
対面で先生の講義を受けます。また、ツボ療法の実演が受けられます。

②Zoomを利用したリアルタイムのオンライン受講
自宅等から先生の講義が受けられるため、感染リスクを抑えることができるほか、気になったことなど、直接先生に質問できます。（ツボ療法は先生の実演を見て自分で研究する形になります。また、Zoom接続に必要な機材の準備や、通信料がかかります。）

③後日Youtubeの限定配信でオンライン受講
自分のタイミングで、何度でも先生の講義を視聴することが出来ます。（通信料がかかります。）（講座終了後1ヶ月後くらいから、1月程度の期間限定配信の予定です）

● **参加費：無料**　　● **開催場所：木更津市立鎌足公民館　1階　研修室**

● **申込み**
鎌足公民館まで、以下の方法で
住所・氏名・電話番号・参加方法をご連絡ください。
①窓口　②電話（0438-52-3111）
③メール（kamatari-k@city.kisarazu.lg.jp）

質問の事前受付も大募集します！聞きたいことがある方は申込みの際に併せてお伝えください！

たので、急遽「講座参加者限定・期間限定」を条件にＹｏｕＴｕｂｅへの配信を行った。最初の年は途中で実施を決めたのだが、次の年は最初から講座参加の方法の選択肢の一つに入れた。その結果、申し込み状況は次の通りだった。

・公民館に来館して受講　一六名
・Ｚｏｏｍによるオンライン受講　一九名
・後日ＹｏｕＴｕｂｅの限定配信で受講　一六名
※複数方法による受講希望あり。

重複があったとはいえ、約三〇名はオンラインでの受講方法がなかったら参加していなかった数なので、公民館事業への参加の間口が広がったとはいえると思う。

「次回は公民館に行きたい」と思ってもらえるような働きかけを

公民館に来なくても参加できるような事業が展開できることがオンラインのメリットの一つではあるが、オンライン事

令和４年度
木更津市立鎌足公民館主催事業
「東洋医学から
読み解く私たちの健康」
期日；令和４年12月21日(水)　時間；19時00分～20時30分
会場；木更津市立鎌足公民館　講師；金井正博先生（木更津杏林堂院長）
講座開始まで、
しばらくお待ちください。
鎌足地区は、藤原鎌足に由来のある
鎌足桜があります。
詳しくは以下をご覧ください！
令和3年度鎌足桜コンクール
写真の部入選作品

業のみになってしまったら「地域の庭」としての公民館の意義が失われてしまう。そうならないためにも、オンライン事業には公民館としての工夫が必要になってくると思われる。それは「公民館ならではの地域密着した事業にオンラインを限定する」ほかに、「次回は公民館に直接足を運んでみよう」と思わせるような働きかけを事業の中に組み込み、間口を広げる位置づけとするのも方法の一つだと感じた。

オンラインを併用した健康講座では、あえて少し公民館会場の様子を映したり、講座開始前の待ち受け画面に地域の紹介を掲載した。また、公民館に設置された体組成計やオンラインでは実施しない事業の紹介を通常よりも積極的に行った。効果があったかは今後検証をしていかなければならないが、今まで公民館に何となく足が向かなかった人々が公民館に来やすくする働きはあると考えている。

地域密着である公民館がオンラインを行うことは一見すると逆行してしまうかもしれないが、オンラインのメリットを活かせば、活動を止めなくて済むし、新しい公民館利用者も増えるかもしれない。コロナ禍が終息しつつある中で、徐々に活気を取り戻しつつあるが、それでもダメージがなかったとはいえない公民館活動を見ながら、そんなことを感じている。

（堀田　かおり）

四　浦安市公民館・オンライン講座「もしものときに我が子を守る防災の話」

二〇二〇年、新型コロナウイルスの流行により多くの公共施設で利用制限が行われた。私たち公民館職員が直面した課題は、公民館の持つ「集いの場」という特性が制限され、職員の研修および実践の機会が多く失われたことであった。人と人とが対面することにより被害が拡大する感染症は、地域住民が「つどい・まなび・つながる場」である公民館にとって大きな脅威となった。また、自治体・各組織での職員向け研修等の中止が相次いだことや施設への立ち入り制限により、公民館職員の資質向上の機会が多く失われた。

対外的な取り組みが制限される中、浦安市では、公民館職員による自主的な内部研修（管理職向けと初任者向けの二本）を開催した。特に初任者向けの研修は、本市公民館を取り巻く状況や課題をもとに計画した研修内容であり、新任職員の質問や疑問に対し、先輩職員や講師から具体的なアドバイス等を得られる環境があったため、貴重な研鑽の機会となった。研修を通じて、若手職員の持つスキルとベテラン職員の持つ知恵と経験が合わさり、意欲のある職員が学びを深め、コロナ禍を乗り越えるためのオンライン講座を開催し、市民の学びを創ることができたと考える。

1．開設までの経緯（初任者研修からの流れ）

講座「もしものときに我が子を守る防災の話」の開設にあたり、若手職員とベテラン職員がお互いを尊重し学びを深め、各々の特技・特性を組み合わせることで、市民の学びの種をつくり上げた経緯を述べる。

本市には七館の公民館が設置されており、一館あたりの職員数は平均四名となっている。これまで本市公民館では、公民館職員の資質向上を図るため、主に外部研修への参加を行ってきたが、二〇一八年度からの三年間で、二〇代～三〇代の若手職員が四名続けて配属されたことにより、一層新任職員の研修機会の必要性が高まった。

また、ベテラン公民館職員の間では、「これまでの経験や培ったスキル等を次世代へ継承する」「次代の公民館職員を育成する」といった思いが強く芽生えた。

二〇二〇年、新型コロナウイルス感染症が大流行し、緊急事態宣言やまん延防止等重点措置が相次ぎ発令されたことにより、多くの外部研修が中止となった。

そこで、後進育成の気持ちを持つベテラン公民館職員の提案により、若手職員向けの内部研修として「浦安市公民館職員研修」を実施した。

本研修の大テーマは「浦安市公民館職員の役割と主催事業のあり方を考える」とし、「公民館の仕事をする上で必要な知識を学ぶこと。公民館の目的や役割を知ることで、自分たちがどんな力をつけ、どんな仕事をすることで、地域の公民館になっていくかを考えること。」を研修の目的とし、全6回のプログラムを実施した。

研修の対象者は、新任職員四名で、そこに本市の経験豊富な公民館職員、他県でご活躍されている公民館長や学術的な視点を持つ大学講師の方々を講師としてお招きした。

講義と振り返りを交互に行い、公民館の仕事と役割、学習情報の提供、講座づくりのポイント（計画から評価）について、時間をかけ学習した。最終回では、「講座をつくろう」と題し、研修の中で学んできた公民館事業の目的や役割と本市の地域課題を組合せ、先輩職員のアドバイスを受けながら、若手職員が中心となり主催事業の計画を行った。

令和２年度　浦安市公民館職員研修　開催要項

○ 趣　旨　公民館の仕事をする上で必要な知識を学ぶことを目的とする。
公民館の目的や役割を知ることで、自分たちがどんな力をつけ
仕事をし、地域の公民館になっていくかを考えていく。

○ 対　象　公民館に配属されて１～２年目の職員

○ プログラム

	日　時	内　容	講　師
1	6月30日（火） １４～１６時	公民館のしごとと職員の役割（概要）	宮城 潤 氏 （沖縄県那覇市若狭公民館長）
2	7月８日（水） １４～１６時	公民館のしごとと職員の役割（振り返り・ディスカッション）	公民館職員
3	7月16日 １４～１６時	学習情報提供方法の企画 （公民館ＰＲ紙の発行にむけて）	宮城 潤 氏 （沖縄県那覇市若狭公民館長）
4	7月３１日（金） １０～１２時	「浦安市公民館基本計画」を知ろう！	高洲公民館長
5	8月5日 14～16時	主催事業の計画～評価	越村 康英 氏
6	9月30日 10～12時	講座をつくろう	長島 由美子 氏

＊宮城氏の講演についてはリモートによる配信を考えています。
・ZOOM
＊日時は、講師と参加職員と調整し決定します。

○ 会　場　日の出公民館　第２会議室

初任者研修開催要項

2. 開設の趣旨と対象

主催事業の計画に先立ち、自分たちが働く地域について、「どんな人が暮らしているのか、良いところ・強みはなにか、地域住民はどんなことを求めているか、地域住民に学んでほしいと思うことは何か、日ごろ感じる地域の課題はなにか」という題について考えることとした。

この整理により、市域の中でも細やかな地域の特色があり、その中でも共通する地域課題があることを見いだせた。

(1) マンションや自治会など、各コミュニティでのつながりが確立されている。他マンション同士や他自治会との横の繋がりはもう一歩!

(2) 地域での防災意識は重要であるが、風化しやすい。本市は一〇年前の東日本大震災において、液状化による大きな被害を受けている。土地柄、転出入者が多いまちであるため、定期的な防災教育を通じ、情報の更新を図ることが必要である。

こうした課題の解決に向け、本市公民館での講座開催を想定し、発展性を意識するために起承転結を含む複数回講座という条件を設け、事業計画を進めることとした。

「防災」を学習テーマとして選択し、そこから講座の目的とねらい、対象の選定を行った。若手職員から「幼いころ浦安で東日本大震災を体験し、液状化により水が使えなくなったことをおぼえている。地域の特性に合った防災の学びが重要と実感している。」との声があり、各々の思いや体験など

講座チラシ

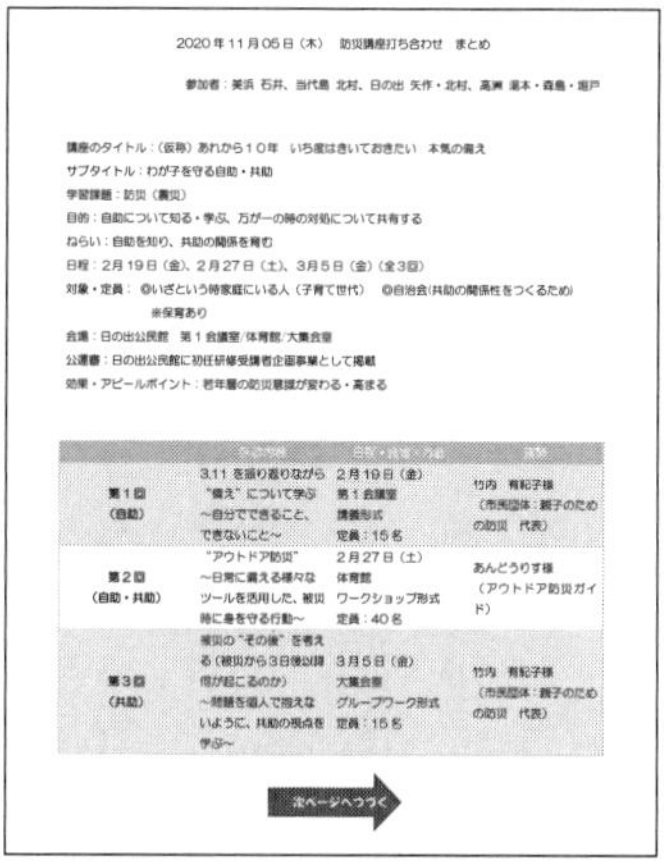

2020年11月05日（木）　防災講座打ち合わせ　まとめ

参加者：美浜 石井、当代島 北村、日の出 矢作・北村、高洲 浦本・森島・堀戸

講座のタイトル：（仮称）あれから１０年　いち度はきいておきたい　本気の備え
サブタイトル：わが子を守る自助・共助
学習課題：防災（震災）
目的：自助について知る・学ぶ、万が一の時の対処について共有する
ねらい：自助を知り、共助の関係を育む
日程：２月１９日（金）、２月２７日（土）、３月５日（金）（全３回）
対象・定員：◎いざという時家庭にいる人（子育て世代）　◎自治会（共助の関係性をつくるため）
※保育あり
会場：日の出公民館　第１会議室/体育館/大集会室
公運審：日の出公民館に初任研修受講者企画事業として掲載
効果・アピールポイント：若年層の防災意識が変わる・高まる

第１回（自助）	3.11 を振り返りながら“備え”について学ぶ～自分でできること、できないこと～	２月１９日（金）第１会議室 講義形式 定員：１５名	竹内　有紀子様（市民団体：親子のための防災　代表）
第２回（自助・共助）	“アウトドア防災”～日常に備える様々なツールを活用した、被災時に身を守る行動～	２月２７日（土）体育館 ワークショップ形式 定員：４０名	あんどうりす様（アウトドア防災ガイド）
第３回（共助）	被災の“その後”を考える（被災から３日後以降何が起こるのか）～問題を個人で抱えないように、共助の視点を学ぶ～	３月５日（金）大集会室 グループワーク形式 定員：１５名	竹内　有紀子様（市民団体：親子のための防災　代表）

次ページへつづく

2020年11月05日（木）
防災講座打ち合わせ　まとめ（表）

を話し合い事業計画に反映した。意見交換を重ね、講座の目的は「自助について学ぶ」、ねらいは「共助の関係を育む」とした。

研修の時間外でも、職員同士の細かな打ち合わせを重ね、講座内容のブラッシュアップを図った。若手職員で話し合いまとめた案をベテラン職員と共有し、アドバイスをもらう。三人寄れば文殊の知恵ではないが、同じ志を持った若手職員が語り合い、先輩から的確な指導を受けることを積み重ね、より良い事業計画を作ることができたと考えている。

事業計画を作り上げ、公民館職員研修の成果として、実際に年度内に開催する旨部内での承認を得ることができたため、講師への交渉等動き出した。

3．オンライン活用について

本事業のオンライン活用は打ち合わせ段階から始まる。外部講師との打ち合わせ、感染症の流行期における他館職員との打ち合わせについて、ＺＯＯＭを使用しリモート打ち合わせで行った。また、当初対面開催としていた本講座だが、開催一月前に緊急事態宣言が発出されたため、急きょオンライン開催へ変更となった。

本市公民館では、オンライン環境を整えるため、主催事業でスライドや映像資料の映写を行うパソコンに配信用ソフトとしてＺＯＯＭをダウンロードし、市の情報政策課が貸出しを行うモバイルルーターを借用しネット回線を用意した。

講座の実施に先立ち、担当職員同士の打ち合わせをＺＯＯＭで行った。オンライン講座を開催する際、当日のトラブルに対応するのは我々公民館職員である。講座の円滑な進行に向け、事前にウェブ会議システムの使用方法や特性について、実践を通じて学んだ。職員同士であれば何度でも失敗できるのでオススメである。

オンライン講座の経験が豊富な講師との打ち合わせの中で、感染症流行期における講座開催のポイントについて、次のとおり整理することができた。

感染症の動向については全く予想ができないため、感染症の急増が確認されている地域があれば、急速に全国へ広がる可能性がある。対面での講座は、より効果的だが中止の可能性が伴う。学びの機

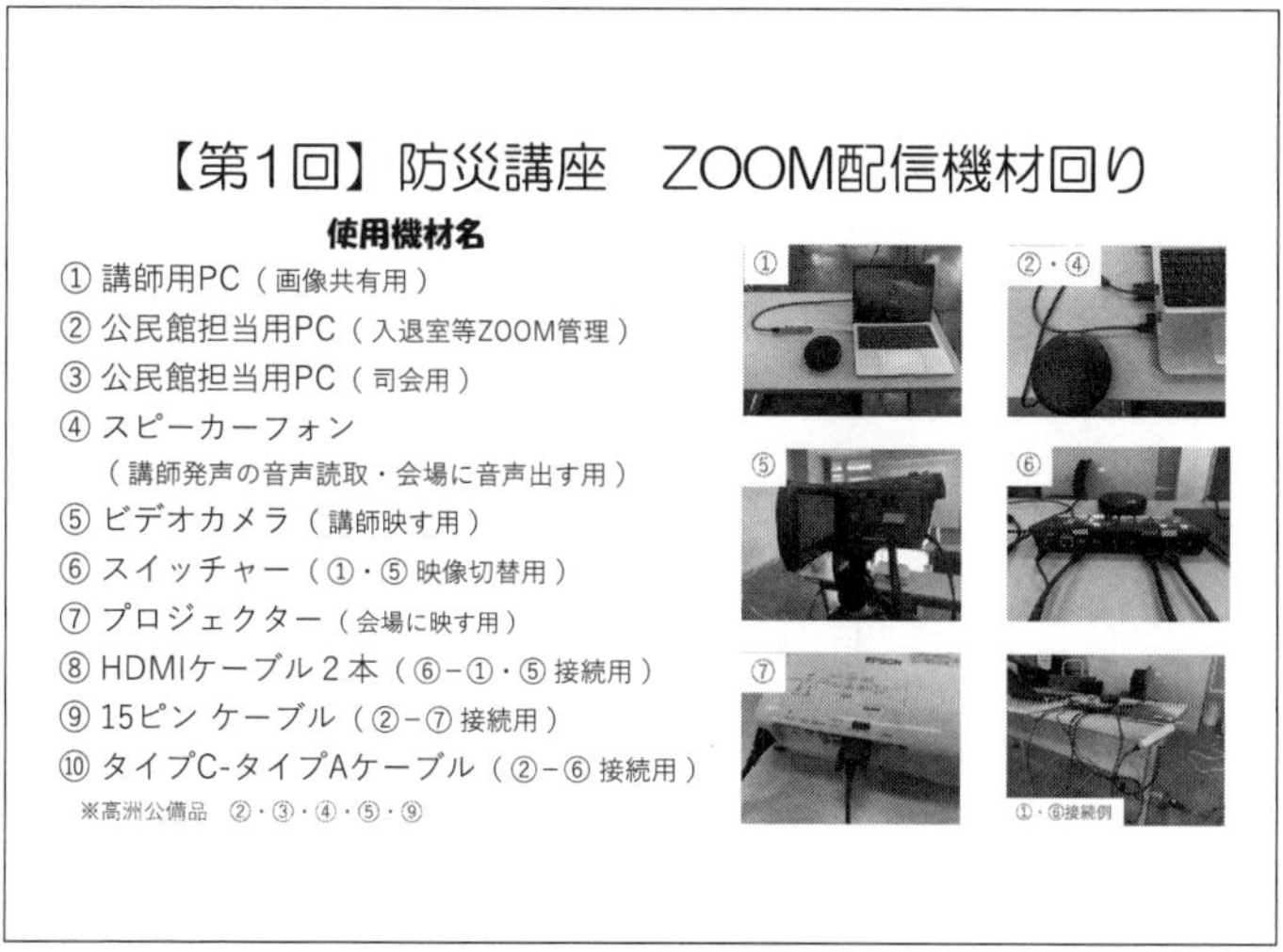
【第1回】防災講座　ZOOM配信機材回り
使用機材名
① 講師用PC（画像共有用）
② 公民館担当用PC（入退室等ZOOM管理）
③ 公民館担当用PC（司会用）
④ スピーカーフォン
（講師発声の音声読取・会場に音声出す用）
⑤ ビデオカメラ（講師映す用）
⑥ スイッチャー（①・⑤ 映像切替用）
⑦ プロジェクター（会場に映す用）
⑧ HDMIケーブル２本（⑥−①・⑤ 接続用）
⑨ 15ピン ケーブル（②−⑦ 接続用）
⑩ タイプC-タイプAケーブル（②−⑥ 接続用）
※高洲公備品　②・③・④・⑤・⑨
①
②・④
⑤
⑥
⑦
①・⑥接続例

ZOOM配信機材回り

会を確保する点では、計画時には「対面開催」と「オンライン開催」二つの視点を持つと良い。また、子育て中などの様々な理由により、自宅からなら参加したい！という方も多くいるため、新たな層へ公民館事業が届くことが期待できる。

　ここからは、講座におけるオンライン活用を紹介する。

　始めに、講座に使用した機材を紹介する。

　若手職員が中心となり、一台のパソコンで処理できる作業はどれほどか、会場の講師と各家にいる参加者の間での音声コミュニケーションがスムーズに行えるか、ストレスなく見ていられる映像を届けるにはどのようにしたら良いか、など多くの課題を想定し、幾度も予行練習を重ね、これらの機材を用意した。

今回の講座では、ＬＩＮＥのオープンチャット機能体験の提案が講師よりあった。オープンチャットの特徴は匿名・写真非公開で参加することができ、また、お互いの連絡先を交換せずにグループを作ることができる。講座中に疑問に思ったことや感想を随時書き込むチャットルームを作り運用した。匿名で書き込みができる特性により、講座中多くのコメントが入り、講師も参加者が疑問に思っていることに対し即座にフォローすることができるなど大変有意義であった。また、防災に関する資料やホームページのＵＲＬなどを気軽に共有することができ、この点も非常に効果的な機能であった。

第２回防災講座会場写真

今回の講座では、講師は公民館に来館、参加者は自宅で受講する形式と、講師・参加者ともに自宅で参加する完全オンライン形式の二通りを採用した。

講座開催にあたり、公民館職員が情報収集に務め、オンライン講座の注意点をまとめたルールを策定した。ルールの共有方法も工夫し、オンライン入室から講座開始までの待ち時間にスライドを流すことで呼びかけを行った。

4．講座中のできごと

今回、オンライン講座でありながら、参加者、講師、公民館職員が互いにつながりを感じることができる取り組みを行った。事前に参加者へ災害用トイレキットを送付し、画面越しに皆で使用する体験を行った。災害用トイレキットへ手元のマグカップに入った水やコーヒーを注ぎ、吸水力の実験をした。中には子どもと一緒に実験をする参加者もおり、公民館職員と講師が考えた工夫により、実践体験による学習ができた。

他の成果では、本講座が市民同士のネットワークづくりの一助になったことで、将来的な共助の関係を育むことにつながった。今回の講座に近隣で活動する子ども会の会長が参加しており、講師を担う市内で防災を広める活動を行う市民団体の活動を聞き、子ども会とのイベントを企画したいとの提案があった。

5．まとめ

本事業の成果は、研修を通じて職員の学びの場を創り、若手職員の持つＩＣＴ活用技術とベテラン職員の持つ公民館職員としての技術を組み合わせ、市民の学びの場を創れたことだと考える。公民館の持つ「つどい・まなび・むすぶ」力を皆で実感することができた講座であった。

私たちは、コロナ禍によりリアルのつながりが失われたことをきっかけに、改めて人と人とのつながりの大切さを感じることができた。熱い想いを持った公民館職員が集まり、意見交換を重ね、住民の学びの場を創りだす。この時に大切なことは、個々の想いを形にするには、お互いを尊重することであると考える。

（矢作　裕子・北村　弾）

五　オンラインによる千葉県公民館連絡協議会初任職員研修会の取り組み

はじめに

千葉県公民館連絡協議会では、新たに公民館の業務を担当する職員を対象として一九九九（平成一一）年度から初任職員研修会を開始し、二〇〇三（平成一五）年にその専門部会として研修委員会が組織された。毎年五月に第一回研修委員会を開催し、一〇月から翌年二月までに五回の初任職員研修会を開催する。私たち研修委員一〇人は、各単位公連から二年任期で千葉県公民館連絡協議会に派遣されており、二〇二〇（令和二）年度は二年目となる。派遣される委員は単位公連により自治体ごとに一年で交代するところもあれば異動によって変わることもあり、通常は半分程度が入れ替わるが、今回は七人が交替した。

新型コロナウイルス感染症が猛威を振るう二〇二〇（令和二）年四月、緊急事態宣言が発令され、県下の公共施設は六月まで休館した。自治体直営施設の職員は市民の生活を支えるための給付金窓口

令和　年　月　日

千葉県公民館連絡協議会
研修委員長　あて

氏　名
（本人署名の場合は、押印省略可）

電話番号　（　）

映像出演の同意書

令和２年度 千葉県公民館連絡協議会「初任職員研修会」での動画撮影について、下記の内容に基づく映像出演に同意いたします。

記

1. 動画配信媒体　全国公民館連絡協議会運営のYouTube「公民館チャンネル」
2. 公開方法　限定公開（後日、対象者にURLをお知らせします。）
3. 視聴対象者　令和２年度 千葉県公民館連絡協議会初任職員研修会に申し込み落選した初任職員、また申し込み時に動画のみ視聴を希望した初任職員および関係者（講師、研修委員会）
4. 公開期間　令和３年度９月まで（予定）

映像出演の同意書

業務などの応援に入り、また自治体によっては感染予防のため外地への出張を認めていないところもあった。そのような中での五月、休館中の千葉市宮崎公民館で第一回目の研修委員会に集まったのは一〇人中五人、そのうち前年度の経験者は二人だった。

開催に向けての準備

公共施設の再開も不透明な状況で、初任職員研修会についても「中止はいつでもできる。だから開催する方向で進もう」と話しあった。しかし、現状では市町村を離れられない職員が多く、動画を撮って後日配信するにしても職場にネット環境がないところも多かった。DVDを送ったとしてもセキュリティや送料の問題がある。当時はZOOMによるオンライン会議が注目され始めていたが、五月に集まった研修委員の中でアカウントを持っている自治体はなかった。

動画の配信については全国公民館連絡協議会に相談し【公式】月刊公民館ちゃんねるから限定配信してもらうことになった。撮影は研修委員会で購入したデジタルカメラを使い、撮影担当の委員は動画の編集について猛勉強した。

動画撮影について、講師の皆様に同意を得るため「映像出演の同意書」を作成。雛形などまったくないため、インターネットで検索しテレビ局などの同意書を参考に作成した。

六月、ようやく緊急事態宣言が解除されたが千葉市の公民館は各施設定員の半数での再開となった。会場となる稲毛公民館講堂の定員も通常の五〇人から二五人となり、初任職員研修会も応募者三四人から抽選で一六人とし、落選した職員には後日動画を配信する旨の連絡を入れた。研修委員も毎回の参加は委員長と副委員長のみで、他の委員は当番制とした。

オンラインでの初任職員研修会

一〇月、第一回初任職員研修会が始まった。委員の役割は、講師担当者（二人）、撮影担当、進行担当の四人体制で行うことにした。デジタルカメラでの撮影はバッテリーが一時間ぐらいしか持たないため、予備のバッテリーを用意して充電しながら、講師が休憩時間を取るまでヒヤヒヤしながらの撮影だった。

二〇二一（令和三）年一月、二回目の緊急事態宣言が発令され、第四回・第五回初任職員研修会はZOOM研修となった。のちに合流した委員の公民館が有料アカウントを持っていたためホストとなり、動画の撮影はレコーディング機能を使用した。会場となった千葉市宮崎公民館（第四回）、千葉市稲毛公民館（第五回）にＷｉＦｉ環境が整っていたことも幸いした。

研修生は再び外地への出張ができなくなり、またＺＯＯＭ研修になったことで職場のオンライン環境が整っていないことによりさらに参加が難しくなった。参加者は第四回（会場三人、ＺＯＯＭ参加五人）、第五回（会場一人、ＺＯＯＭ参加七人）ともに半減した。

ＺＯＯＭ研修でも参加者が多ければアウトブレイクルームを使ってグループ討議ができたが、参加者が少なくなってしまったためグループ討議はせず全員または個人で考え、発言するようにした。個人ワークの際にはＧｏｏｇｌｅのスプレッドシートを使った。

学習プログラムについて、どのプログラムも初任職員にとって必要不可欠な内容ではあるが、特に新型コロナウイルス感染症に関連した内容を以下に紹介する。

公民館職員のためのレクリエーション

田端知恵子 氏　（公財）日本レクリエーション協会公認　レクリエーションコーディネーター

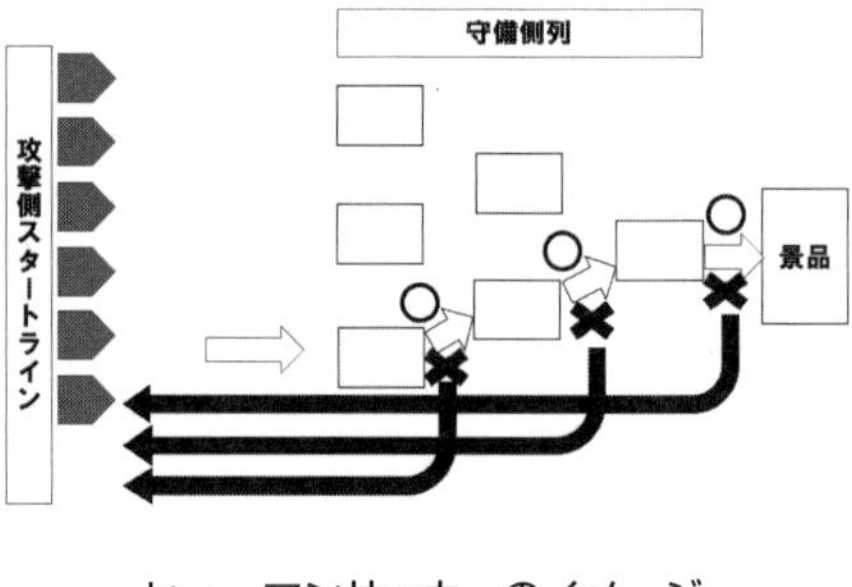

ヒューマンサッカーのイメージ

コロナ禍でのレクリエーションであったため、研修生同士が直接触れ合わなくても行うことができる種目を学んだ。

①ヒューマンサッカー

攻撃と守備最前列の人とじゃんけんをし、勝ったら次の列の人とのじゃんけんに進む（負けたらスタートラインに戻りまた最前列の人と対戦する）。最後の守備列の人に勝った人は景品をもらい、スタートラインに戻る。これを制限時間内でくりかえし、攻守交替して、景品を多く獲得したチームの勝ちとする。

②言葉づくり

五十音と小文字、濁点などを書いた一覧から、制限時間内で自由に文字や記号を選んで言葉を作り、紙に書き出す。ルールは次のとおり。

- 一文字につき使えるのは一回。ひとつの単語で同じ文字を複数回使うのは不可。濁点や記号、小文字などは何度使っても可。
- 一人がひとつ言葉を作ったら、次の人と交代する。チーム内で相談しても可。

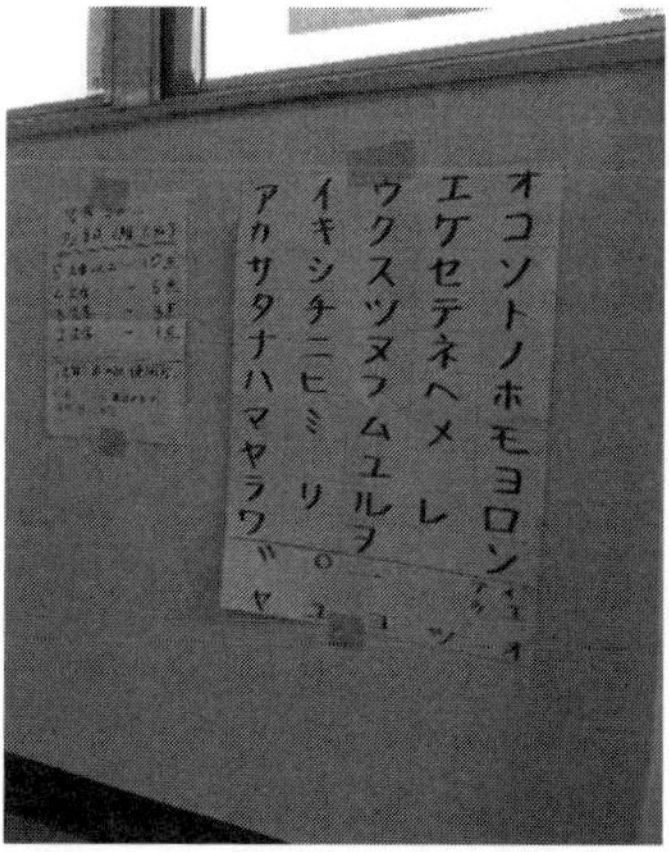

言葉づくりに使用した文字の一覧

●五文字以上一〇点、四文字六点、三文字三点、二文字一点。言葉の得点を合計しもっとも高得点だったチームが優勝。

公民館を語ろう　～初任職員研修会に参加された職員からのメッセージ～

飯島隆弘氏　成田市中央公民館
伊藤知美氏　千葉市椿森公民館

昨年度の初任職員研修で何を学んだのか、それを公民館活動にどのように活かしているのかそれぞれ発表後、参加者への事前アンケートについて回答した。

【質問】新型コロナウイルス対策中で、事業が行われていない状況があるが、今後の公民館事業のあり方について

【回答】オンラインで、録画しておいて後で見てもらうなど、いわゆるＩＣＴの活用が非常に有効と思われる。現在、公民館には機材も通信環境もないが、検討していきたい。

飯島氏（左）と伊藤氏（右）

公民館運営PartⅠ～公民館におけるサークル・団体との関わり方～

高瀬義彰 氏　野田市生涯学習センター・カウンセラー

新型コロナウイルス感染症拡大防止のため、文化祭等の中止や縮小など、発表の場が失われている。利用者とのコミュニケーションを活発化させ、公民館をみんなが活動しやすい場所にすることが大切。活動を見学に行くだけで様子が変わる。

いまは、コロナ禍で難しいが、あいさつや会話を通して交流を深めることにより、地域の皆さんの力を借りてよりよい公民館にすることができる。利用者にも楽しく、居心地のよいところにできる。

公民館をとりまく今日的状況

長澤成次氏　放送大学千葉学習センター

二〇一九（令和元）年房総半島台風（台風一五号・一九号・大雨災害）：死者一〇人（含関連死）住宅損壊八万戸超、ピーク時県内六四万戸の停電。県内公民館は全力で対応した。

コロナ危機：あぶりだされた格差と貧困。公衆衛生・医療危機など。

あらためて災害時と危機の時代の「公民館」のあり方が問われている。「人が直接つながること」から「はなれてもつながる公民館」（岡

感染症予防のため机を使わず
距離を取って受講

山市公民館）をめざす取り組みが生まれはじめている。そのような経験の共有と励ましあいからコロナの時代の新たな「つながり」を回復していくことが求められている。

公民館運営　ＰａｒｔⅢ〜学級講座を考える〜

髙井正 氏　立教大学学校・社会教育講座特任准教授

公民館ではさまざまな取り組みが展開されている。そうした取り組みの交流・交換の機会が大切である。「三密」だからできたこと、できないこと、オンラインだからできること、できないことの確認。授業の体験から、オンラインでもかなりのことができると感じている。組織が活力を持って活動を展開するためには、「ビジョン」が不可欠。公民館という皆さんの職場のビジョンを大きく描いてほしい。そして、そのビジョンの実現の道筋であるコンセプトを、丁寧に考えることを期待する。

ＺＯＯＭ研修の画面
講師の髙井氏も自宅から講義

学級講座を考える 実践編

長島由美子 氏　浦安市 社会教育主事

今回はＺＯＯＭ配信となり参加者が少なかったためグループ分けをしなかった。講師といっしょに話しながらのワークとなったためその場で講評や助言が行われた。ZOOMを使った研修で初のワークだったが、講師が積極的にリモートの方にも声掛けし、意見を聞いてくださり、会場とリモートとの差がないワークの実施ができた。

避難所としての公民館

小林洋孝 氏　千葉市防災対策課 啓発・訓練担当課長

新型コロナウイルス感染症の感染拡大を契機に、「分散避難」化が進んでいる。千葉市では、感染症が流行している状況でも、感染症予防や感染拡大防止を図りながら避難所を開設・運営できるように、「新型コロナウイルス等感染症を踏まえた避難所開設運営方針」を策定している。

【質問】 いわゆるアフターコロナとなっても同じような対策が取られていくのでしょうか？

【回答】 確実ではありませんが、これが新たなスタンダードになっていくと思います。

ZOOM配信の様子

【資料】学習プログラム

期日 会場	時間	テーマ・講師（所属は当時のもの）
第1回 10／14 （水） 稲毛 公民館	10:00～ 12:00	開講式・オリエンテーション 「公民館職員のためのレクリエーション」 田端　知恵子　氏 （公財）日本レクリエーション協会公認　レクコーディネーター
	13:15～ 15:00	「公民館を語ろう」～初任職員研修会に参加された職員からのメッセージ～ 研修で学んだこと　感じたこと　そしてその後の私 飯島　隆弘　氏　成田市中央公民館 伊藤　知美　氏　千葉市椿森公民館
	15:10～ 16:30	「グループ学習　～公民館の現状を話し合う～」 班ごとに発表
第2回 11／20 （水） 稲毛 公民館	10:00～ 12：00	「公民館の理念と目的」 千藤　尚志　氏　元君津市公民館職員
	13:15～ 15:10	「公民館運営　Part Ⅰ　－公民館におけるサークル・団体との関わり方－」 高瀬　義彰　氏　野田市生涯学習センター・カウンセラー
	15:20～ 16:30	「グループ学習　～どうあるべきかを考える～」 班ごとに発表
第3回 12／11 （水） 稲毛 公民館	10:00～ 12:00	「公民館をとりまく今日的状況と第9次地方分権一括法による社会教育法改正」 長澤　成次　氏　放送大学千葉学習センター所長
	13:15～ 14:45	「公民館運営　Part Ⅱ　―公民館職員の役割―」 佐々木　昌子　氏　元船橋市公民館職員（生涯学習アドバイザー）
	14:55～ 16:30	「グループ学習　～あなたはどんな公民館職員でありたいか～」 班ごとに発表
第4回 1／25 （月） 宮崎 公民館	10:00～ 12：00	「公民館運営　Part Ⅲ　－学級講座を考える－」 髙井　正　氏　立教大学学校・社会教育講座特任准教授
	13:15～ 16:30	「学習講座を考える　－実践編－」 長島　由美子　氏　浦安市社会教育主事 「全体学習　～講座を企画してみよう～」
第5回 2／12 （水） 稲毛 公民館	10:00～ 12：00	「災害対策と避難所運営」 小林　洋孝　氏　千葉市総務局防災対策課　啓発・訓練担当課長
	13:15～ 15:00	「公民館初任職員研修記念講演会」 福留　強　氏　聖徳大学　名誉教授
	15:15～ 16:30	「個人ワーク　～公民館職員としての今後の自分～」 閉講式・写真撮影

おわりに

二〇二〇（令和二）年度の初任職員研修会は自分たち研修委員も勉強しながら動画を配信したが、視聴後のフォローについて課題が残った。また編集作業が担当者の大きな負担となった。

前年までは第五回の研修会が終わった後に懇親会で「お疲れさまでした！お互いの職場で頑張ろうね！」と肩をたたきあったものだったが、今回はそれもできず心残りとなった。

「使命・誇りを感じた。公民館の役割および公民館職員として、これから学ぶべきこと・実践していくべきことを学んだ。」

「公民館職員としての役割であったり、町民との接し方だったりがすごくわかった。講座の企画の仕方など仕事の進め方についても学べて良かった。」

人的にも環境的にも大変な状況だったが、研修後のアンケートからオンラインの研修も有効だったと思えた。そしてオンライン研修を担当した研修委員自身にも、経験と自信といったお土産を持ってそれぞれの自治体に戻ることができたと考えている。

（髙橋　延代）

千葉県公民館連絡協議会の再出発に向けて

令和5年3月30日付で「令和4年度千葉県公民館連絡協議会臨時総会の書面開催について（通知）」が県公連会長から発出された。議案は、「千葉県公民館連絡協議会の運営等に関する改定案について」で、役員の選出区分を地区公連からより広域化した教育事務所単位のブロック単位に変更すること。公民館研究大会は、県の事業の活用など県との連携を検討すること。これまでの2部会（館長部会、主事部会）、3委員会（研究委員会、広報委員会、研修委員会）の構成を2委員会（調査委員会、研修委員会）にスリム化すること。そのための会則及び事務取扱規程の見直しを行うというものである。

この臨時総会に至った要因は、令和元年度から2年度にかけて15自治体が県公連を退会したためである。退会理由は、現行の職員体制では県公連に役員を出せないことが主な理由だが、県公連活動の意義が見出せないという理由もあった。

県公連では、これまで持続可能な組織運営を行うため協議を続け、公民館研究大会の運営主体の広域化、役員の輪番制の導入などを行ってきたが、令和2年度の関東甲信越静公民館研究大会千葉大会に一丸となって取り組むため、組織・運営体制の見直し作業をいったん休止することとした。

ところが、令和元年11月の役員会議において、印旛地区公連から、県公連事業の見直しに関する協議の再開について要望があがった。その背景には、公民館長を生涯学習課長が兼務する自治体が多く、課長の職務として、事業のスクラップと職員の負担軽減へ取り組む必要から、県公連に関する業務も改善が期待できなければ退会もやむなしとする強い意思が示された。

役員会議では、これを受け入れ、協議を再開することとした。そして、今まで進めてきた見直し内容を役員が共有することからスタートした矢先、新型コロナウイルス感染症の感染拡大により協議は滞り、令和2年度末に、東葛飾公連のすべての自治体（6自治体）と印旛地区公連の成田市を除く8自治体から退会届が提出された。

このような経緯のもと開催された臨時総会であったが、決議書に付された意見書には、県公連の存続を前提とした見直しのあり方に異を唱える意見があった。協議の再開を切り出した印旛地区公連からは、組織・体制の見直しを求める声とともに、情報交換や研修の必要性は感じているとの発言もある。また、退会した自治体も地区公連活動には参加していると聞く。ことの発端は、職員の負担軽減、参加しやすい環境づくりのための見直しであり、県公連の必要性を問うものではない。対面であれば意見をぶつけあい、理解を図ることもできたであろうが、書面がために記された内容以外に知るすべがないのは残念である。

県公連会長として、総会の遅延により部会・委員会の運営に支障を生じさせてしまったこと、任期中に組織・運営体制の見直しを継続できなかったことは非常に残念でならない。また、短期間で提案をまとめられた検討委員と事務局に対しては感謝以外にはない。今後、この提案を具体化するため、今まで以上に多くの議論を要するであろう。大事な議論であるため「人任せ」にはせず、自分事として考え発言を期待したい。

県公連の良さは、公民館職員が必要とする学びを公民館職員が作り上げていくことである。また、公民館職員のネットワークが広がり、日常業務へ生かすことができることである。職員の負担となる組織ではなく、職員の不安を解消する組織、それが県公連である。

（濱崎　雅仁）

六　「つなぐ〜公民館の限りない可能性〜」を求めて

―はじめての関ブロオンライン開催

２０２０年（令和2年）に、十年に一度開催県担当を務める「関ブロ」大会が千葉県に回ってくる。正式名称は、第42回全国公民館研究大会・第60回関東甲信越静公民館研究大会千葉大会（兼第72回千葉県公民館研究大会）。なかなか正しく大会名称を言えないほど長い名前の大会である。この大会を、千葉県公民館連絡協議会（略して県公連）が担当し開催するのである。

「県公連」は、千葉県内10地区の公民館連絡協議会の連絡調整、情報交換、職員研修、調査研究、千葉県公民館研究大会、さらに全国公民館連合会、関東甲信越静公民館連絡協議会（略して関ブロ理事会）に所属し県の窓口を担う。これを現役公民館職員自らが通常業務を担いながら行っている。年々各地区の公民館体制が脆弱になる中、組織体制を輪番制にして組織を継続しているものの、県公連事務局は来る大会に備え数年前から緊張感があった。

2018年度（平成30年度）

県公連事務局は、2018年（平成30年）に入ると、企画準備委員会を設け、各地区公連と県公連各部会委員会から選出された職員と共に、事業班と予算班に分かれて準備を開始し、平行して会場、大会組織の検討を行った。

5回の会合とメールでの議論を重ね、テーマ・事業・予算など大会の骨組みを立案した。大会会場はこの年の千葉県公民館研究大会開催会場であった船橋市が実績と葛南地区公民館連絡協議会組織・職員体制・交通の利便性等により候補に挙げられたが、幸い地区のご理解と県公連役員会の承認を得ることができた。事務局は、開催年の県公連会長担当が君津地方公民館連絡協議会であることと、今の体制で開催可能な方法という視点から、大会事務局（関ブロ理事会事務局兼務）と県公連事務局を分けることになった。さらに企画準備委員会から関わっている各地区の委員が加わり、「オール千葉」体制で関ブロ大会実行委員会を組織し、5部会で運営することになった。

また、大会テーマを「つなぐ～公民館の限りない可能性～」とし、全体会は、式典・オープニングアトラクション・リレートークで構成する。分科会は、14の分科会を都県公連・県内地区公連に担っていただき、運営担当者、司会者、助言者を選出し分科会を運営することとした。これは、分科会での議論が活発になるよう各分科会の人数を減らすため、分科会数を増やしたこともその理由であったが、各組織が「その分科会を運営する」という意識で大会運営に参画いただき、各々当事者意識を持

第60回関東甲信越静公民館研究大会千葉大会実行委員会組織図

実行委員長
濱﨑雅仁（袖ケ浦）
千葉県公連会長（君公連）
実行委員会を代表、関ブロ理事会への出席

副実行委員長
鶴岡勝夫（いすみ）
千葉県公連副会長（夷隅公連）
松本浩史（習志野）
千葉県公連副会長（葛南公連）
実行委員長の補佐

大会役員
千葉県公連役員
県公連会長・副会長・事務局長
単位公連選出理事10名
専門部委員会選出理事7名
大会運営部会長　各1名
その他実行委員長が認める者
実行委員会としての意思決定、各種懸案事項の検討

相談役
千葉県教委生涯学習課

監事
R1望月　忠（鎌ケ谷）R2倉持　淳二（流山）
千葉県公連監事（東葛公連）
八木幹夫（旭）
千葉県公連監事（香海公連）

大会事務局
事務局長　**松本明子**（木更津）
次長・書記　**中村亮彦**（君津）
事務局員　**矢作裕子**（浦安）
江澤一樹（一宮）
忍足　篤（勝浦）
会　計　**渡辺徳人**（袖ケ浦）
德重由華（君津）
大会運営全般業務進行管理

大会運営部会

部会名	総務部会	会場対応部会	全体会部会	分科会運営部会	広報資料部会
担当業務	大会運営全般に関わること	全体会・分科会・懇親会会場の調整と設営	全体会、特別分科会の企画運営	分科会の企画・調整・運営	資料集と記録集の作成・配布、広報・PR
構成員	大会役員 大会事務局	葛南地区公連	館長部会 研修委員会	主事部会 研究委員会	広報委員会
部会長		鈴木雅人（船橋市）	水越　学（館長部）	會澤直也（主事部）	R1杉山敦彦（広報委） R2望月　忠（広報委）
副部会長		伊東尚志（習志野市）	R1板橋弘明（研修委） R2高橋延代（研修委）	柴田　学（研究委）	R1鈴木弥保（広報委） R2金澤　茜（広報委）
担当事務局員	◎松本明子 ○中村亮彦 ・渡辺、徳重	◎矢作裕子 ○渡辺徳人	◎忍足　篤 ○江澤一樹	◎中村亮彦 ○矢作裕子	◎江澤一樹 ○忍足　篤
		総括 井戸山克正（船橋市）			

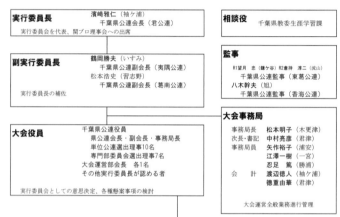

ち実り多い大会・次につながる大会にしていただきたいという願いもあった。

なお、大会開催日は、東京オリンピックを避け、２０２０年11月19・20日に開催することとした。

２０１９年度（平成31・令和元年度）

総会で大会内容の承認を得ると、早速関ブロ大会実行委員会は大会運営準備を開始した。前年度に、大会の骨子となるテーマ、大会趣旨、分科会テーマ、予算、大会運営部会等がすでに決定していたことは、運営の準備に直ちに着手し、円滑に進めることが出来たと思う。

事務局会議を月1回開催し、各大会運営部会の進捗状況を確認して調整し進めると同時に、準備経過を紹介するための大会特設ホームページの開設、大会当日の会場設営計画として、県内地区公連・県公連紹介展示・特産物販売、一日目夜の交流会の準備を進めた。進捗状況は県公連・関ブロ理事会で報告し、協議後承認をいただく形で進行した。

さらに、この年の栃木県大会を事務局・各部会が視察し、大変ながらもワクワクする面持ちで各々翌年の大会を思い描いた。

それにしても、当年度は県公連にとって災難が続いた。総会後最初の県公連役員会が大雨による中止、台風15・19号・大雨により県内公民館が避難所になり、臨時休館、職員の災害対応により活動が一時停滞した。続いて、予定されていた千葉県公民館研究大会がわずか10日前に会場の消防施設不具合により開催が中止となった。

そのような中でも、関ブロ大会準備は粛々と進め、「新型コロナウィルス感染症」の流行が始まった年度末には今後の対応について検討しつつ、県内・関東甲信越静各地区に依頼した14分科会の実践発表が集まり、全体会の基調講演、オープニングアトラクション、6つのリレートーク内容も決まり、開催要項案が完成し原稿を入稿することが出来た。

2020年度（令和2年度）

ここまで順調に進捗していたが、コロナの影響のため、公民館は制限付き開館もしくは臨時休館、職員の保健所応援・分散勤務等の状況になった。総務部会は、4月8日「緊急事態宣言」の二日前、今後の進め方やスケジュールについて検討した。まもなく緊急事態宣言が発令され、公民館は臨時休館となり、人の往来が難しい時期に入った。対面式の事務局会議は開催できず、電話やメールのやりとりのみとなった。会議は書面になり、議案に承認をする形になった。全国の各ブロック大会事務局からは大会開催の有無について問い合わせが複数あり、前例のない事態の中、どこの地区も判断に迷っている様子であった。私自身は、木更津市立中央公民館に所属していたが分散勤務のため別の公民館に場所を移し、市内公民館のガイドライン案を作成していた。ちょうどその頃（5月）、文部科学省主催の青少年事業のシンポジウムがオンラインで開催されると書かれたリーフレットを目にした。それまで、社会教育は人と人とが直接会って交流することが大事であると思っていた。しかしながら、「オンライン開催」は交流しづらいけれども、全く交流がなくなるよりは、今はやれる形があればいい。何らかの形でも「つながる」ことが大事。大会事務局は、各地区から集めた実践を旬のうちに報告する機会を作り、各方面へ届けることが任務である。大会開催要項を配布する時期を一ヶ月ほど遅らせ、「今出来ること」にわずかな望みをつなげるため、状況把握に努めた。Ｚｏｏｍを活用した当日双方向のやりとりやグループで話し合いができる開催、ＹｏｕＴｕｂｅを活用した限定生配信、資料集発行の実施等、いくつかの開催方法を検討しながら判断の時期を見極めていた。

6月に入り、会場市の船橋市から市内の大きなイベントが中止となるという連絡を受け、県外参加者を多数迎える関ブロ大会を、船橋市を会場に予定通り開催することが実質難しくなった。少し先の感染状況を見極めることは非常に難しく、感染対策を講じた開催方法を検討し、関ブロ理事会・県公連役員会書面会議に代替開催案を示し承認を得た頃には7月に入っていた。

今回の代替開催は、全体会を事前収録して全公連ＹｏｕＴｕｂｅチャンネルから配信、ＤＶＤ作成、分科会は詳細な実践報告と助言者のコメントを大会報告書として発行するというものである。

その後のスケジュールを記すと、7月17日付けで各地区へ開催募集要項・大会報告書申込書を送付し、7月27日から8月31日の間を申込期間とした。

全体会の収録に向けて、8月26日に基調講演の講師である長澤成次千葉大学名誉教授と、6つのリレートークの発表者と事務局職員が事前会議を開催した。収録は、9月17日に船橋市西部公民館を会場に実施した。一つの会場で基調講演と、実践発表をしていただいたことは、臨場感のある場を作ることが出来たと思う。コロナ感染状況が落ち着いていたことは本当に幸いであった。録画編集し、大会開催日の11月19日に、全体会を全公連ＹｏｕＴｕｂｅチャンネルから配信を開始した。

ところで、代替開催の検討の際、当日オンライン開催を検討したのだが、大会会場と参加者の安定的な通信を実現することが課題であった。通信が途中で途切れないよう、業者に委託して開催することも考えたが、万全に整えるには予算内では収まらなかった。

さらに、当日オンライン開催するためには、ＺｏｏｍやＹｏｕＴｕｂｅ配信に必要なＷｉＦｉ設備・機材が揃っていることが必要であるが、公民館をはじめとする公共施設にその条件に合う施設が少なかった。そもそも高齢者の参加が難しい等、課題は多かった。予算にも参加者にも優しい開催方法を検討した結果、基調講演とリレートークを収録し、後日ＹｏｕＴｕｂｅ配信、ＤＶＤ作成という今回の方法となった。残念ながら、依頼していたオープニングアトラクションは、コロナ対応のため集まれず練習ができないとのことで出演が叶わなかったので、資料集に紹介した。

また、分科会は、14分科会であったが、各地から集められた実践報告、助言者からコメントをいただき、資料集と記録集を一緒にした冊子「大会報告書」を発行し、ＤＶＤを添付し、事前申し込み制で配布することにした。

大会報告書は、報告者の熱い思い、助言者からの応援メッセージ等にあふれており、会場に集まり公民館実践を深めていくことは叶わなかったが、紙面を通し公民館実践を深められる紙面となった。

なんとか年度内に大会報告書を各地へ届け、令和3年3月15日に第20回事務局会議を実施、第3回大会実行委員会書面会議を通知し、大会実行委員会は解散した。

振り返ると、企画準備委員会で大会の骨子を作り、関わった職員が引続き大会実行委員会へ移行することができたことは、その後何度も降りかかる災害に揺るがずぶれずに進めることができた理由ではないだろうか。

いつもとは違う開催方法に舵を切る結果となったが、全国でもこのような大会形式をとった地区は関ブロ大会だけとのこと。今回の方法がベストとは思ってはいないが、「今出来ること」を限られた時間の中で事務局員と話し合いを重ね、さらに事務局員一人ひとりが担当した任務を全うした結果、今回のような成果となった。大会事務局のチーム力は右肩上がりに上がり、最終段階で最高潮を迎えることができたと思う。新型コロナウィルス感染症の流行がこの大会実行委員会が解散した令和3年3月からさらに2年間も続くとは思いも及ばなかったが、この代替開催は、その後の各地区の大会・研修会や公民館事業に少なからず影響を与えることになったと思う。

最後に、大会運営にあたり、各団体、講師、助言者、報告者、職員等、各関係者の皆様のご理解とご協力をいただいたことについて感謝申し上げたい。なお全公連、県公連のホームページに、全体会のＹｏｕＴｕｂｅ配信先がリンクされ、大会報告書のＰＤＦファイルを掲載しているので、ご覧いただけたら幸いである。

（松本　明子）

視聴検索方法

①下記ＱＲコードを読み取り大会特設ホームページへ。ホームページに記載しているＵＲＬより全国公民館連合会
　ＹｏｕＴｕｂｅチャンネル「大会全体会へ」

②直接　全国公民館連合会ＹｏｕＴｕｂｅチャンネルへ

七　コロナ禍を綴る

―千葉県公連調査を通じて考えるウイズコロナの学び

はじめに

わたしは千葉県内公民館で組織する千葉県公民館連絡協議会において、平成二九年度から令和二年度まで公民館研究委員を務め、任期中はそれぞれ副委員長、委員長として関わらせていただいた。千葉県内一〇地区公民館連絡協議会から推薦された公民館職員で組織している公民館研究委員会は、「社会教育・公民館のあり方に関する調査、研究を行い、その成果を公民館に還元し、公民館の振興・発展を図る」ことを目的に、昭和六〇年に設立された専門委員会の一つである。令和五年四月現在、これまでに発行してきた調査研究報告冊子は二七号にのぼり、公民館職員の専門性とは何か、千葉県内公民館の運営状況の調査、先輩職員から学ぶなどのさまざまなテーマで発行してきている。

わたしは職員として日々社会教育活動に携わるなかで、全国各地の社会教育実践や記録集、報告冊子などに触れる機会も多く、記録することの大切さとそこから得る学びの豊かさを肌身で感じていた。

その経験が、今回報告させていただく「千葉県公民館職員交流・学習ハンドブック　千葉県公民館研究委員会報告書ＶＯＬ．26『新型コロナウイルスと自然災害への千葉県内公民館の対応』（令和三年三月三一日発行、千葉県公民館連絡協議会）にもつながっている。

1．新しい生活様式に沿った社会教育活動

二〇一九年一二月に新型コロナウイルスの最初の症例が中国で確認され、その後、瞬く間に世界へ感染が広がり、多くの国で感染の抑制を目的とした渡航制限や外出制限などが実施され、人や物の交流が制限された。

国内の感染症対策は、「新しい生活様式」や「三密」、「ソーシャル・ディスタンス（フィジカル・ディスタンス）」などをキーワードに進められ、多くの人が集まる場所での感染の危険性を減らすことが重要との観点から、労働、教育などあらゆる分野でのデジタル化の促進が図られてきた。

千葉県内の公民館では、緊急事態宣言発出（二〇二〇年四月七日）に伴い、一カ月以上の臨時休館を体験した。このようななかで、「公民館における新型コロナウイルス感染拡大予防ガイドライン」（公益社団法人全国公民館連合会、令和二年五月一四日）をはじめとする国、県の要請を参酌しながら、千葉県内各自治体の社会教育施設における感染症拡大防止対策が練られ、施設再開後は、利用制限（使用条件）が設けられた。

このように、社会教育分野においても、「新しい生活様式」に沿った社会生活を前提とした変革が求められ、これまで各地で積み重ねられてきた人と人との交流やつながりを軸にする社会教育活動のあり方が大きく揺らぐことになった。

この千葉県内公民館における未曽有のパンデミックの体験と手探りの対応状況をつぶさに綴ることが、今後、同様の事態が起きたときの指針の一つとなり、困難を乗り越えていく力の一助になると考え、公民館研究委員会の活動として、千葉県内公民館の対応状況と新しい生活様式に沿った公民館事業のあり方について調査・研究を行った。

2. 新型コロナウイルスと自然災害への千葉県内公民館の対応

(1) 公民館研究委員会の調査概要

公民館研究委員会で実施した「千葉県内公民館の新型コロナウイルス感染症拡大防止に伴う公民館運営についての調査」は、千葉県公民館連絡協議会に加盟している五二市町村の公民館(分館を除く)を対象に実施した。令和二年一〇月一三日から一一月一三日までを調査期間とし、千葉県内一〇地区公民館連絡協議会を通じて各自治体へ調査票を配付、各公民館で回答を行う形で実施し、回答数は千葉県内公民館数二八三館中一六九件、回収率は五九・七パーセントである。

調査票の質問項目は、大別すると次のとおりである。

1. 新型コロナウイルス感染症拡大防止に伴う休館状況
2. 施設の状況
3. 施設の消毒
4. 施設再開後の講演会・講習会・実習会、学級・講座等の実施状況
5. コロナ禍の公民館運営について工夫して実施したこと（自由記述）
6. コロナ禍の公民館運営についての課題（自由記述）

調査項目のうち、一部を抜粋して紹介したい。

(2) 千葉県内公民館の新型コロナウイルスへの対応

①休館状況

（ア）休館開始日

休館開始日について、同自治体内でも公民館ごとに回答のばらつきがあったことから、回答実数を元に割合を算出している。二月下旬、三月上旬と回答した公民館が最も多く、両方とも三七・三パーセントだった。続いて、四月上旬（一六・六パーセント）、三月中旬（四・七パーセント）、三月下旬（一・二パーセント）となっている。四月に一定数見られるのは、緊急事態宣言発出前後に休館を決めている自治体が一定数あったためである。

（イ）施設再開日

施設再開日は、五月下旬（三八・五パーセント）、六月上旬（五三・三パーセント）、六月中旬（三・六パーセント）、七月上旬（二・四パーセント）、八月上旬（一・二パーセント）、未記入（一・二パーセント）だった。

千葉県を対象とする緊急事態解除宣言（五月二五日）から、一、二週間後に施設貸出をしている館が最も多く、宣言に合わせて迅速に施設貸出再開をしている館が一定数あった。

②施設の利用制限

ほとんどの公民館で、利用者同士のソーシャル・ディスタンス（フィジカル・ディスタンス）を十分にとるために、施設収容人数の制限が設けられていた。使用可能時間については、多くの公民館で制限が設けられていないが、なかには、「一時間以内」とする公民館もあった。

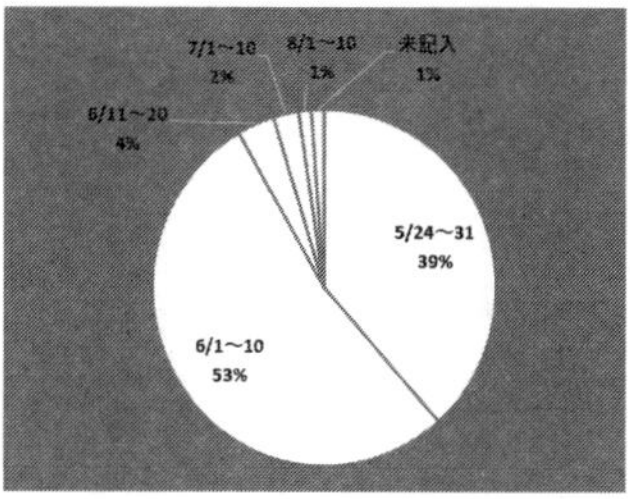

図１

また、「調理、会食を伴う活動」や「大きな声を出す、歌う活動」などの飛沫による感染リスクの高い活動については、制限をかけながら慎重に判断している公民館が多く、ひと月の使用可能回数及び市外団体の利用については、ほとんどの公民館で制限をかけていないことがわかった。そして、ロビーなどの共用部については使用できないか、長期滞在はできないとしている館が多く、利用制限の緩和については、各地の感染状況等に合わせてそれぞれ判断している様子がうかがえた。

③施設再開後の主催事業

（ア）主催事業の再開月

本調査での主催事業とは、定期講座の実施、討論会、講習会、講演会、実習会、展示会等の開催、体育レクリエーション等に関する集会を指している。実施再開月は七月が最も多く、次いで九月、一〇月、六月、八月であった。

地区公民館連絡協議会ごとに分析すると、六月と回答したのが香取・海匝、山武、長生、夷隅地区公民館連絡協議会で、七月と回答したのが千葉市、安房地区公民館連絡協議会、八月も千葉市、安房地区公民館連絡協議会と回答があった。九月と回答しているのは君津・市原地区公民館連絡協議会、一〇月と回答しているのは葛南、印旛地区公民館連絡協議会、そして東葛飾地区については全体的に回答にばらつきがあった。

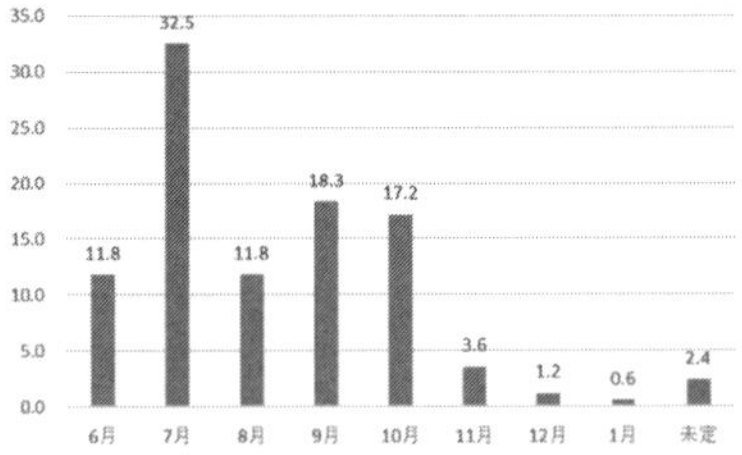

図2

（イ）施設再開後の主催事業の実施状況

学級・講座及び講演会、講習会、実習会については多くの公民館で取り組まれていることがわかった。特に香取・海匝、君津・市原地区公民館連絡協議会では、すべての公民館で実施されているという回答が得られた。ただし、例年どおりではなく実施回数などを減らしながら実施されている様子がうかがえた。

文化祭やコンサートなどの文化事業を実施している館は三割にも満たないが、千葉市、葛南、東葛飾地区公民館連絡協議会では盛んに実施されているという結果が見られた。

④コロナ禍の公民館事業について工夫して実施したこと

対面による主催事業の実施に制限があるなかで、Ｚｏｏｍ・ＹｏｕＴｕｂｅなどのオンライン活用をしていると回答した公民館は一九館あり、情報発信の工夫をしていると回答した公民館は五館あった。施設管理上の工夫として、マイク利用時のカバーの導入や飛沫防止パーテーションの設置、換気のための網戸の増設などがあげられている。

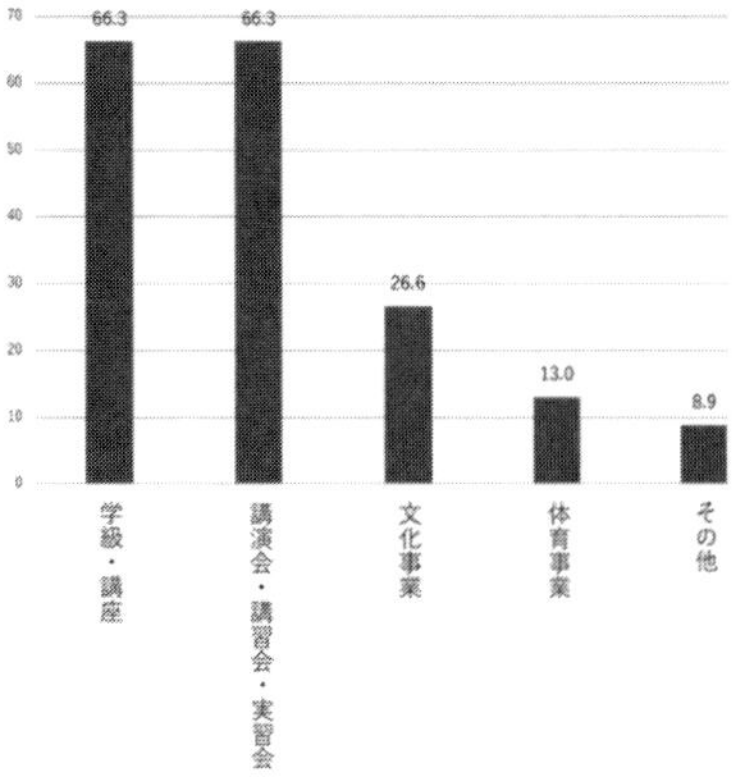

図３

⑤コロナ禍の公民館事業についての課題、危機意識

多くの公民館で、施設管理上の課題や主催事業を実施するうえでの課題などが挙げられており、「感染リスクを考慮し、講師依頼を取りやめたことがあった。また、依頼しても講師の方から断られることがあった。」（白井市西白井公民館）など、コロナ禍での主催事業実施の難しさを実感する声も聞こえてきている。

【表】コロナ禍の公民館事業について運営上、工夫した点についての回答一例

分類	実施公民館	実施内容
Zoom・YouTube等のオンライン活用の工夫	千葉市花見川公民館	Zoomの活用講座を開催し、コロナ禍の過ごし方の一助とした。
	浦安市高洲公民館	体操教室において、先生の体操レクチャーを撮影して編集し、YouTubeでの動画配信を行った。
	佐倉市中央公民館	公民館内の修繕・館内に本棚を作る様子などを動画配信した。
	君津市清和公民館	LINEのビデオ通話を活用したオンラインによる打ち合わせを実施した。
情報発信など届ける活動の工夫	習志野市菊田公民館	高齢者学級でおたよりを受講生に郵送し、絵手紙の作品作成を書面で依頼し、郵送で提出してもらった。
	柏市中央公民館	「グループ学習　～どうあるべきかを考える～」 班ごとに発表
	木更津市富来田公民館	事業休止中の学級通信の発行と郵送を実施した。
その他の工夫	千葉市土気公民館	駐車場を活用してオーケストラの野外コンサートを実施した。
	旭市海上公民館	各種団体と協議し独自にガイドラインを作成した。
	市原市市津公民館	中止となったバス研修を座学に変え、「行ったつもり」になる映像を提供するなど工夫して実施した。
	木更津市中央公民館	情報格差への対応としてデジタル学習（スマホ講座）を実施した。

また、危機意識として、「制限や自粛により思うように活動ができなかったり、活動が遠のいたりしている団体の中には、存続継続の意識が低下していることが多く、団体維持の助言、支援が必要と感じている。」（千葉市末広公民館）という意見や、「経済活動や人と人との交流等が制限されているため、社会全体の体力が落ちているように感じる。感染症を防御しつつ事業の実施をとおして活力ある地域の復活を目指す必要があると考える。そのためには、公民館事業を最大限の注意を払いながら安全にかつ、継続的に実施していくことが必要であり、決して後ろ向きの意識になってはいけないものと感じる。」（佐倉市和田公民館）という意見も見られた。

⑥調査における考察

調査を通じて、コロナ禍にあっても、「集う」、「学ぶ」、「結ぶ（つながる）」といった公民館の役割を果たしている公民館の姿も見られた。また、「新しい生活様式」を契機とした急激な社会のデジタル化に公民館の情報通信環境整備が追いつかない現実のなかでも、ＩＣＴを活用した取り組みを進めるなど、千葉県内の各公民館が試行錯誤を重ねながら、困難を乗り越えようと様々な方法の模索、実践が続けられていたことが明らかになった。

地域の変化に目を向けると、「新しい生活様式」を契機とした本格的なデジタル社会の到来に伴い、今後は、公民館の情報通信環境整備が進むと共に、新しい人とのつながり方、学び方による公民館の主催事業が展開されることが予想できる。新しいつながり方は、既存の地域の枠組みを超えていくものだが、同時に、対象区域を持つ公民館の地域に根ざした諸活動のあり方をどのように考えていくのかが課題になるのではないかと考えている。

本調査を通じて明らかになったこれまでの千葉県内公民館の対応から学び合い、それぞれの公民館が住民の暮らしと学びにどのように寄り添うことができるのか、その機会をどのように保障していくことができるのかについて考えるための一助となることを願っている。

3．結びに－調査を振り返り、いま、考えること

二〇二〇年四月の緊急事態宣言発出以降、三年間にわたるコロナ禍は、令和五年五月八日に新型コロナウイルスが「五類感染症」へと位置づけが変わったことを受け、一応の収束を迎えることになった。調査から早二年の月日が経ち、この間、社会のあらゆる場所でデジタル活用が進み、社会教育分野においてもオンラインを活用した事業などが充実してきている。

さて、コロナ禍を振り返ると、オンラインで世界中とつながれるようになった一方で、足元の地域でつながりを育んでこられたのかという課題が浮かび上がってきた。改めて、地域に公民館が置かれている意味を捉え直し、一人ひとりの住民の暮らしと生活課題を丁寧にみつめ、人と人との交流やつながりを軸とする社会教育活動に取り組んでいく必要があるのではないだろうか。

（柴田　学）

八　見えないコロナが見せたもの

はじめに

新型コロナウイルス（以下「コロナ」）収束の兆しが見えてきたような二〇二二年十一月。筆者の勤務する君津中央公民館で、ロングランによる日程分散化などいつもと異なるスタイルではあったが、集合型としては三年ぶりの文化祭を開催した。

特別企画「超ご近所検定　半径数キロウルトラクイズ王決定戦」には多くの人が参加した。会場だけでなくオンライン参加も可能とし、県外に出かけていた人や海外に長期赴任している地元出身者のエントリーもあった。

数年ぶりに多くの人が集い、笑顔が溢れるクイズに、文化祭実行委員、参加者みんなが喜んでいる表情がマスク越しにはっきりとわかった。

繰り返したくないコロナ禍ではあるが、このクイズ大会はある意味コロナ禍があったからこその取り組みともいえる。一方、コロナ禍を振り返ると公民館のいろいろな課題も垣間見えてくる気がする。

半径数キロ
ウルトラクイズ王決定戦チラシ

コロナ禍を通じて見えた公民館の課題と可能性を振り返る。

超ご近所検定　半径数キロウルトラクイズ王決定戦

「超ご近所検定　半径数キロウルトラクイズ王決定戦」は君津中央公民館の地区にこだわった子どもから大人まで誰でも参加できるクイズ大会だ。

筆者は二〇二二年春の異動で、君津中央公民館に一五年ぶり二回目の着任となった。

君津中央公民館は、以前は地区公民館単館施設だったが、建て替えにより二〇〇九年に君津市生涯学習交流センターと君津中央公民館との複合施設となった。二〇二二年春には生涯学習文化課が統合となり、筆者は生涯学習文化課と生涯学習交流センター、君津中央公民館の職を兼務している。複雑ではあるが、久しぶりの公民館で、社会教育専門職員のほか、各分野で経験を積んだ行政職員や「公民館が好き」といってくれる会計年度職員などの仲間と毎日賑やかに業務に携わっている。

文化祭は参加団体から構成される実行委員会で進められる。クイズは実行委員会の中心メンバーによる特別企画グループと職員メンバーがいっしょに取り組んだ。

この年の文化祭の全体テーマは、一歩外に出られる、誰かとつながれる機会の再生を目指そうという思いを込めた「これからにつながる第一歩」に決まった。このテーマを具体的な形にしようと、クイズ大会では「一歩外のご近所を徹底的に楽しもう」がコンセプトとなった。

クイズの回答場面

準備では、まず特別企画メンバーと職員が手分けして過去に公民館で作成した資料集や自治会の資料、市史などを紐解き、一五〇問ほどの問題素案を持ち寄った。そこから大人向け、子ども向け、登場地域などで問題を絞り、取材に出かけ、解説動画などを仕上げていった。
クイズ本番のシナリオは、みんなで地域を一周散歩しながらルート上にある問題を解く設定だ。出題内容は地域の歴史や自然などのオーソドックスなものから、毎日通る踏切の名称を問うもの、普段は裏方でお目にかかる機会がないスーパーや地元直売所の店長を顔写真から選ぶもの、コミュニティバスのバス停の順番を問うものなど、いつもの街で「当たり前すぎて見過ごしてきたこと」に関する難問奇問まで、バラエティに富んだものであった。

司会は公民館の女性スタッフと地元保育園の女性保育士が務めた。これも「ご近所」の人選だ。司会がテンポ良くかつ容赦なく難問奇問を浴びせるたびに、会場から「え〜っ、何この問題」と笑いが溢れた。解答動画にはスーパーの店長やお寺のご住職などが登場。バス停も実際のルートの映像が上映され、正解者は手をあげて喜んだ。

準備はかなり大変だったが、みんな力を合わせて頑張り、その甲斐あって参加者からは大好評で、何よりスタッフがとても楽しそうだった。

クイズに喜ぶ参加者を見ながら、特別企画メンバーの一人が「やっと公民館が戻ってきたねえ」と嬉しそうにつぶやいていたことが印象深い。

コロナがあぶり出した公民館の原点

この企画は、オンライン・動画の活用など、典型的なコロナ禍の新たな取り組みと見ることもできる。もちろんその意識も一部ある。だが、新たな方法を意識するというよりは、むしろ公民館本来の姿を取り戻そうとした企画であった。

そのきっかけは文化祭の準備にあった。文化祭は例年初夏に始まる実行委員会で準備が進められる。久しぶりにみんなで集まれる文化祭に、実行委員会に集まる人たちの大きな期待が感じられた。

だが、まだ予断を許さない中で感染症防止策は必須であり、直前の中止などでも影響を最小限にすることを考えなければならなかった。長期にわたる施設の貸出し停止も影響してか、サークル数はここ数年で三分の二に減少し、継続しているサークルでも人が減って準備に関われないなどの状況もあった。

先の見えない不安と「コロナ疲れ」が続く中、「密の回避」は疫学的な観点を超えたところにまで浸透してしまったのか、「活動は発表したいが会議はないほうがよい」「みんなで作ることは無理ではないか」といった声もあり、「集まり」そのものを望まない雰囲気も一部生じていた。

文化祭の準備には、大きな期待とこのような現実とが入り交じり、話し合いには困難も伴った。それでも、準備に携わる人たちの「また仲間と活動したい」「日常のささやかな楽しみを取り戻したい」という思いと、公民館でそれが実現できることへの期待はひしひしと伝わってきた。その分、公民館の責任もあらためて感じるものであった。

この状況は、人、地域、公民館のつながりにコロナ禍が想像以上に深刻な影響を及ぼしていることを垣間見るものであり、それは、実行委員会の中心メンバーにとっても同じようであった。

実行委員会の中心メンバーは、長年公民館に携わってきた人たちだ。筆者が以前勤務していたころから公民館に関わっている人もいる。かれらは「せっかくの久しぶりの文化祭を盛り上げたい」「人のつながりを取り戻したい」という思いを他のメンバーとも共有できるよう、毎回の話し合いで出される難点の検討に向き合ってくれたのである。

話し合いが行き詰ると、かれらは「そもそも文化祭とは何だろうか」など、目の前の具体的な点からあえて視野を広げる声などを出し、そこから解決の糸口が見出されることもあった。刺激を受けた職員たちも過去の取り組みを調べたり、参加者に話を聞いたりと考えを深め合っていった。

このような話し合いを経て、ポストコロナへの第一歩として、密を避けるため日程を分散すること、いまは公民館サークルの元気を取り戻すことから始めるため、広く地域からの参加募集はやむを得ず次回以降に見送ることなど一部課題は抱えながらも、集合型の文化祭が開催されたのである。

この中で、クイズ大会は、ご近所を題材に地域の人の楽しさを集まれる仲間でいっしょに作り、そこにこの文化祭でカバーしきれなかった地域とのつながりを動画やオンラインで補うという、公民館にとってはごく当たり前のことを取り戻す取り組みに位置づいたのである。

こう考えると、紆余曲折がありながら、ここまでいろいろな検討や工夫を重ねた文化祭は珍しく、通常時よりもじっくりと話し合いがもたれたこと、また、話し合いを重ねるごとに課題を越えられたことが実感できるものでもあった。

大きな事業はとかくルーティーンになりがちの側面もある。だが、困難の中だからこそ話し合い、考えあい、それにより新たなアイデアを見出していくという、公民館が大切にする素朴な原点を、皮肉にも見えないコロナがあぶり出したのである。

公民館にあった潜在的な課題

ところで、コロナが公民館にあぶりだしたものは他にもある。コロナ禍をきっかけに急激に広がったオンラインの場面にも、それは象徴的に表れている。

筆者の公民館でもオンライン事業を手掛け、新たなツールとしての有効性と可能性を実感している。一方で課題も浮かぶ。例えば、「事業への参加の仕方」という点だ。

オンラインにより地域の「外」からの参加も簡単になった。ビデオミュートで本人が映らない参加もあり、参加者が途中でいつの間にか画面から退室していることもある。このように、これまでとは異なる公民館事業への参加の仕方も一般化しつつある。

また、動画サイトの「コンテンツ」を選ぶように、公民館事業がひとつの「コンテンツ」として視聴者感覚的に捉えられ、瞬間的な「面白い・面白くない」「役立つ・立たない」といった視点で選別されることも想像できる。

さらに、事業の「フレーム化」の強まりという点もある。あくまでも現時点のことだが、オンラインで扱える事業は、講義や会議、動画配信など、ディスプレイという「フレーム」に収まるものに限られる。オンラインではなくても、もともと公民館事業自体が人々の多様な学びの要素の一部にすぎないという事実があるが、それがさらに限られたフレームで行われることになる。

いずれも、身近な地域での人と人との関係づくりや学びあい、参加者といっしょに作る事業、幅広い学びなどの点から考えると、少々複雑な思いを抱く場面である。

だが、これらは、厳しく見れば、オンライン以前のだいぶ前から公民館に潜在的にあった課題でもある。「フレーム化」は、どの事業でも、どの題材や方法が効果的かを追求する意志がどこまであるかという問題でありオンラインだけの課題ではない。

「参加の仕方」については「新型コロナが広がる以前からひきこもり状況にある人たちの間では、オンライン会議アプリなどで近況を語り合う「オンライン当事者会」が各地で開催されていました」（NHK NEWS WEB「新型コロナでひきこもりは、いま」（二〇二〇年五月二〇日）という記事から考えられるように、むしろ、地域に暮らしながらさまざまな背景で周囲・社会と距離を置かざるを得ない人を公民館はどう考えていたのか、といった課題として跳ね返ってくる。「参加の仕方」は参加者側に問題があるのではなく、誰が参加しようと、どの地のどのような人に役立てたいかという意志がどこまであるかという公民館側の問題だ。

オンラインで浮上した課題はこれまでも潜在的にあったものであり、これらを今まで公民館はどのように自覚してきたかという課題を、コロナはあぶり出したのである。

そして、最も大きな課題がある。コロナ禍に公民館はどこまで本当に必要な対応に迫れたかという点である。

筆者の勤務する公民館もそうだが、コロナ禍で長期間施設貸出を停止し、その間オンライン事業などの代替策を行った公民館は多いはずだ。

だが、文化祭に見た人々の疲労やサークルの減少などだけを見ても、それらの対応がどこまで地域の人々が必要としていたものに迫れたかという点で、反省はある。

もちろん、疫学上、人の流れの制限が必要な中、施設貸出停止もある程度はやむを得ず、代替策も最善を尽くそうとした努力であることは間違いない。

しかし、戦後、公民館が、困難の中から未来を拓くという使命をもって生まれたことを考えると、貸出停止が「人の集い」に少なからず影響を与えたという点や、代替策の内容や方法などは、今回のコロナ禍という困難を乗り越えるためにどうだったのかという冷静な視点は必要であると思うのだ。

かくいう筆者は、当時の社会の空気の中で公民館の貸出停止に正面から疑問を挟めなかった一人だ。ある意味、筆者自身の思考も停止していたのかもしれない。

文化祭は成功した。だが、本来の公民館の使命から振り返ると、公民館、そして何より筆者自身が向き合うべきことは、たくさんありそうである。

コロナ禍を本当に乗り越えるのは

世界とつながれるツールが急速に広がったいま、社会や人々の「地域」への概念も大きく変わりつつあるかのようだ。だが、人々の日常生活が地域の中にある事実は変わらず、そこにはさまざまな暮らしの課題がある。

変化する地域の中で公民館がどう機能するかは公民館の永遠のテーマだ。「世界に簡単につながれる時代の中にある地域」に役立つ学びをどう具現化するかが、ポストコロナ社会となりつつあるいまの公民館の役割だ。その一方で公民館の抱える課題も浮上している。

だが、コロナが浮上させたのは反省課題ばかりではない。先のクイズ大会ではないが、コロナは日常の中で人と人とがつながること、ふれあうこと、語り合うことといった、「当たり前すぎて見過ごしてきたもの」がいかに大切だったかということを大きくあぶり出した。そのつながりや語り合いを生み出すことは、公民館がもっとも得意とするところだ。あらためてこれらの大切さが浮かび上がったということは、公民館の重要性も浮かびあがったということである。

世の中がコロナ禍になる直前の二〇一九年秋、房総半島は台風に襲われ、筆者の勤務地も甚大な被害を受けた。避難所となった公民館で支援活動が展開され、その活動にいち早く駆け付けたのが、日頃から公民館に関わっていた人たちだ。

世界中と簡単につながれる世の中になったが、いざというときに必要なのは身近なところで直接的につながることができる人の力だ。全国の公民館が、日頃の素朴な営みの中で地域の人のつながりと学び合いを生み、その地で暮らしていくために必要な力と動きを作る実践を重ねてきた。

文化祭では、さまざまな課題が浮上したからこそ、解決への動きが生まれた。そして、実行委員会メンバーのように、いっしょに考え、動く人々が全国の地域にいる。これらの人たちとともに公民館と地域の課題を正面から見つめれば、解決への動きが生まれるはずだ。ポストコロナへの転換期であるいまは、公民館が力を発揮するチャンスでもある。この時機に公民館の課題が浮上したことは、良かったことなのかもしれない。

コロナ過はウイルスに向き合う社会だったが、ポストコロナ社会はコロナ禍に出てきた課題に向き合う社会である。

コロナ禍での経験を今後に活かすため、あぶり出された課題を深く見据え、新たな技術を上手に使い、視野を拡げながら足元の地域に公民館をしっかりと役立てていく。

見えないコロナが私たちにさまざまなものを見せた。公民館がコロナ禍を本当に乗り越えるのはこれからだ。

（布施　利之）

くつろぎながら「好き」を見つけられる図書館に！

リラックススペースで楽しく読書を

司書五年目となり、千葉県松戸市内の公立中学七校で仕事をしており、現在は二校を担当している。各校の司書教諭の先生のご提案のもと、二、三年目で担当二校にリラックススペースを設置した。使っていない畳を活用しスペースを作り、学校の図書館内にソファーや畳の上で生徒達が寛いで本が読めるリラックススペースがある。二校共に、テーマ性のあるマンガも数多く入れ生徒が楽しめて癒され、更に読書へ繋がる図書室を目指して運営・活動をしている。

著者のサイン入り本の展示

担当した二校の活動で、著者のサイン本の展示も行った。なかなか著者のサイン入りの本を、間近で見る機会はないと思うので生徒に是非見てもらいたい、これをきっかけに本も手に取ってほしいという思いからである。私が読んで気に入った本の著者の方にメールで感想文を送るなどして、直接コンタクトを取った。年度初めに著書を図書館で購入し、サイン本を展示した。この取り組みは、展示した担当校の本好きの生徒達の反応が良く、サイン本やリラックススペースを楽しみに来てくれる生徒もいる。

図書館や本との出会いから「好き」を見つけてほしい

サイン本から更に広がった取り組みがある。作家で公認会計士の田中靖浩さんからは、児童文学の翻訳本「おかねをかせぐ！」とビジネス書「名画で学ぶ経済の世界史」、児童書「お金にふりまわされず生きよう！」にサインをいただいた。「お金にふりまわされず生きようぜ！」の著者の、田中靖浩さんと共著者のウサミさんから、著書の内容を元に卒業間近の中学三年生に仕事や働くうえで一番大切な事のお話を、約一時間の講演会を中学校でしていただけた。生徒達が本の著者と直接会えるという、とても貴重な経験だった。

また「世界遺産のひみつ」「すべてがわかる世界遺産大辞典〈下〉」の二冊は世界遺産アカデミー主任研究員の宮澤光さんからサインをいただいて展示し、生徒に世界遺産検定を知ってもらう取り組みを行った。

きっかけは、二〇一八年に世界遺産検定二級と一級を取得し、世界遺産検定事務局から取材を受けた事だった。検定で得た知識と、司書の実務経験の両方を活かし図書室から発信できたらと考えている。そのために、蔵書として世界遺産検定一級~四級の公式テキストと過去問を入れてもらった。

著者二人による中学校での講演会

国語や英語が好きな生徒が、漢字検定や英語検定に取り組むように社会科が好きな生徒に世界遺産検定があることを知ってもらい、世界の国々に目を向けてほしいと思っている。本や本の著者との出会いをきっかけに「図書室が好きな事を見つける場」になり得意な事を増やし、自己肯定感を高めてほしいという思いもある。一気にデジタル化・オンライン化が進んだ世の中で、図書室は今でも紙の文化が主流だが、少しでも生徒が本や読書に触れる機会を持ってもらいたい。そして、その出会いをきっかけに自分の好きな事を見つけられる生徒が一人でも増えることを心から願っている。

昨年、野田市の生涯学習センターでのカルチャーコンシェルジュの講座に参加した。大変参考になる内容で、公民館の役割について考えさせられ今後は司書として、何か公共の活動に関わることができたらと思っている。

（亀田　麗）

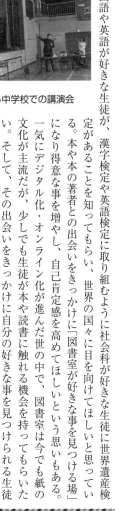

第四章　私の公民館実践史

一　市民の学びによりそって

「公民館が好きである」

長い公務員生活の中で、はからずもその大半を公民館、社会教育の現場の身を置いて仕事をさせてもらえたことは光栄であった。

しかし、私は社会教育専門職でも教育者でもない。初めは「学ぶ」ことへの興味・関心が高かっただけにすぎない。公民館の理念も学習権保障も事業実践や人との出会いを重ねていく過程で培われ、市民の学びによりそいたいという思いになっていったように思う。

私は一九九〇年から二〇一七年の間の約二十四年間を浦安市の公民館職員として四つの公民館（中央、堀江、日の出、高洲）に勤務した。

はたして市民の学びに役に立てたのだろうか。遮二無二に凡庸に取り組んできた歩みを振り返ってみたい。

若い親たちの学びとともに

埋立て事業により現在の姿となった浦安市は、働き世代が流入し、高齢化率の低い若い街であった。地縁のない孤立しがちな子育て世代が多い実情をふまえ、家庭教育学級等、学習や交流の機会作りに取り組んだ。特に乳幼児親子事業は「絵本」を中心に読み聞かせや手遊び、わらべ歌を楽しみ、参加者が毎回交代で保育役となる同室保育で意見交換やおやつづくりなどをしながらひとときを楽しむ。絵本を介した子どもとの暮らしの豊かさを知ってもらい、友だちづくりのきっかけになるような場づくりをした。（「おひさまくらぶ」堀江公民館、「すくすくクラブ」日の出公民館）この運営には読み聞かせグループの熱心な協力によるところが大きい。

母親たちにとっては、身近な場所で楽しみつつ悩みや思いを共感しあい、子どもとともに心がゆったりとくつろげる場となっていった。きっと家では懸命に子どもと対しているのだろう、そんな様子が想像された。子どものための催しや他分野の講座にも足を運ぶようになり、公民館が暮らしの一部になっていく様子が見られた。

そんな親たちの様子から、子どもの発達段階に応じた子育て・家庭教育支援講座を展開。（「パパ・ママ応援講座」堀江公民館二〇〇四年度〜、「ゆったり子育てのツボを知ろう」日の出公民館二〇一一年度〜 他）親子事業協力者の読み聞かせグループや元保育園長の助力を得て、内容を練り上げた。前者はステレオタイプになりがちな子どもとの関係の中で親としての軸足をどこにおくのかを考えてみる機会を提供した。後者では、あふれる情報の中で孤軍奮闘している若い親の子育ての知恵とスキルの習得をねらいに食、健康、あそび、災害への備え等具体性を持たせ開講した。希望を受けて後に育児休業者を対象に日程や内容に工夫を加え引き継がれた。

公民館保育室の取り組み

公民館初任時代、上司から「保育」と「託児」の違いは何かと問われたことがある。私は「?」。やがて国立市の公民館保育実践を知り、学ぶことになる。公民館保育の目的は若い親たちの学習権保障だが、同時に子どもが他者と関わりを通して社会的成長の一助となる場でもある。(大人たちにとって便利な手段にしてはならない)。保育者と親子の信頼関係を育むこと。そのために親と保育者との連絡ノート等に工夫を加え、一連の講座には同じ保育者たちを配置、講座の初回には保護者向けの保育オリエンテーションを行い、親も子も安心感をもって通える環境づくりに心を砕いた。

保育付き事業への参加の動機は様々である。しかし、親は学びを通して自分と向き合い、子どもにとっても新たな人(社会)との出会いをもたらす。親子ともに育ちあえる時間でもあるのである。

〜参加者の言葉から〜

専業主婦の自分と母親の自分「完璧にやらなきゃ」に追いつめられてきて子どもと一緒にいるのが辛くなり、少しでも今の現状から抜け出したくて講座に参加した。子どものためによかれと思ってしていたことが本当に良かったのか考え直すきっかけになるテーマや話し合いの場があってよかった。様々な保育の場に預けてきたが「ずっと泣いていました」という子だった。今回も初めは泣いていたが途中から楽しめるようになり、自分から保育室に行きたいからはがき（講座申し込み）を書いてというようになった。帰ってきてからもなにをして遊んだのかたくさん話してくれて親子共に本当にお世話になりました。

平和学習事業との出会い

市長部局から再び公民館へ異動する契機、そして公民館の意義を深く考え、市民の学びに向き合う視点と姿勢を学ぶ転機となった事業である。

市の非核平和都市宣言（一九八五年）を機に、一九九〇年、市民参加による企画運営委員方式で「平和を考える講座」が開講した。しかし、時を経るにつれ、企画運営委員会と公民館との関係性に齟齬が生じ始めた。問題意識をもって意欲的に取り組む委員と人事異動により替わる職員。講座の作り方、双方の役割の認識のずれが状況を複雑にしていた。そのような時期に配属になったのである。公民館の役割は何か、公民館事業とは？職員の職務とは？企画委員の役割とは何か？事業や運営を巡る課題が突き付けられた。こうした中で双方が議論を重ね開催した講義が小林文人氏（当時和光大学教授）を講師に招き、テーマ「公民館とは何か？公民館で学ぶことの意味」であった。

市民と職員の関係、双方が議論を尽くした企画の作成等々公民館事業の原点を学ばされた。以降数年間はこの方式で事業を展開。折しもアメリカ同時多発テロ事件（二〇〇一年）等不安定な世界情勢をも背景に「有事法制とは何か」等時局を捉えた講義もあった。「有事法制」は世論が分かれるリアルでナーバスなテーマだったが、賛否それぞれの見解を持つ研究者によるパネルディスカッションを行った。是非の結論づけではなく、参加者各々がこの問題をどう捉えるかを考える場とした。

企画会は年間二十回にも及ぶこともあり精神的にも厳しい面が多かったが、市民参加型の企画運営委員方式とは委員各々のやりたいことをプログラム化するのでなく、市民へより良い学習の機会の提供を念頭に議論を尽くして企画すること（熱いハートとクールな頭脳）、このプロセスもまた市民の学びであること、職員はコーディネイト役として自らも学習課題を学ぶ努力が欠かせないことを体験的に学び、その後の仕事の姿勢につながった。

この出来事を契機に、平和学習や人権学習は人間の根源的な学びとして、全公民館で取り組む学習課題と主催事業体系に位置付けられた。

その後、戦争体験を「聞く」、映像や戦跡などを「見る」（追体験）を通して心で感じ、考えることを学習の視点をおいて企画にあたった。『浦安市民の戦争体験を聞く』では、この地で生まれ育った市民の話を聞く場を持った。東京大空襲で被災し着の身着のまま江戸川を渡り避難してくる人々におにぎりを配った女学生、軍用船の造船に動員され、生木の材料に戦果の疑問を感じた船大工の話は聞く者の想像力に働きかけ、説得力のあるものだった。また、「東京大空襲戦災資料センター（東京都江東区）」、「館山海軍航空隊赤山地下壕」（館山市）等の館外研修では、展示資料や現地を見、語り部の方の話を伺った。

二〇〇五年、戦後六〇年を迎えた社会は「平和」「いのち」「戦争」についてメディアでさかんに取り上げられた年であった。暮らしに引き寄せた学びが作れないか模索していた中、木更津市の「自分史」講座の実践事例に出会った。自らの生きざまを記すことで郷土の戦争の歴史を学ぶ平和学習の要素があるものであった。浦安は新しい住民が多くを占める街だが他にふるさとをもつ人の数だけ生きざまがある。そこから学べることがあるはず。長澤成次氏（現千葉大学名誉教授）の指導を得て「生活史・自分史講座～生活を綴る」を開催した（二〇〇五年度～二〇〇七年度）。戦中世代から若者まで幅広い世代が集まり、自身の生い立ちや家族の歴史を綴り、発表し、傾聴、感想を述べ合う。受容して聞く、語り合う行為は各々が自分の来し方、未来を考えるきっかけになったのではないか。

〜二〇〇六年度文集のあとがきに担当者としてこう書いている（抜粋）〜

それぞれが綴り語る作業は、これからの人生への新たな思い、子どもたちへ平和な時代を引き継ぎたいという思いなどを確認する、まさにこれからの生き方を展望する過程であったように思います。

障がいをもつ人たちとの学びとともに

働く知的障がい者のための「きぼう青年学級」は一九八七年に始まり現在に至っている。余暇支援、保護者のレスパイト支援を目的に毎月レク活動や調理、ものづくり等を楽しむ。私は二番目の着任館の堀江公民館でこの事業に出会った。障がい者の場づくりに熱意をもつ職員を中心に全職員が一丸となって取り組む事業だった。特別支援学校教諭や市民ボランティアとともに準備を進め当日を迎える。郵送する「お知らせ」にいち早く返ってくる「出席します！」の電話のやりとり。初めは不慣れで緊張の職員を受容してくれる寛容さに逆に支えられ、学級生もスタッフもともに楽しむひととき。支える側も人間の尊厳性を学びとる相互学習であり、地域に理解と共生の輪を広げていく。「公民館」という土壌が活きた事業である。

〜きぼう青年学級周年記念誌から〜
○青年学級を楽しみにしごとをがんばっています。（学級生のことばより）
○色々な出会いがあるよと声をかけてもらったのをきっかけに、不安がありながらのスタートでした。・・・どんなことにも積極的に挑戦する姿は勇気をもらいます・人とのふれあい方、感情の読み取り方など難しいと思う反面ここでしか学べないものがたくさんあると感じています。
（スタッフのことばから抜粋）

シニア世代の交流の場づくり

若い街といえども超高齢時代は着々と到来する。

市の福祉政策では地域福祉ネットワーク事業が展開され、支部社会福祉協議会が始動していた。引きこもりがち、あるいは「呼び寄せ」等で地縁の薄いシニアの場づくりの必要性を感じていた双方の課題がマッチし、共同事業として「サロン」を二つの公民館で立ち上げた。入念な準備会を重ね、月一回のペースでものづくりやミニコンサート、おやつ作りなどを行った。（「ほりえいきいきサロン」二〇〇四年度〜、「ひのでカフェ」二〇一五年度〜）

「ちょっと難しいことにチャレンジするのが楽しい」の声を受け、シリーズを重ねるごとに参加者が増えていった。ティータイムは和やかなおしゃべりの時間が流れた。スタッフが参加者の輪に入り人とのつなぎ役を果たしてくれたことがよかったのだろう。ここへの参加をきっかけに他の公民館事業や地域活動に意欲的に参加する人もおり、こうした場づくりがフレイル予防の一助になるとともに高齢者の学びに豊かな広がりをもたらすと実感させてくれるものであった。

サークルとの関係づくり

公民館活動は、主催事業とサークルの自主活動の両輪で活きている。利用者はどんな職員がいるのかよく見ているものである。管理主義か活動の理解者か。できること、できないこと、どうしたらできるか気持ちによりそいつつ対応する姿勢を職員たちと心がけてきた。こうした職員の姿勢はサークルの人たちの気持ちを柔らかくする。年に一度の文化祭も喧々諤々と賑やかなやり取りの実行委員会を経て、盛り上げてくれた。

「公民館機能や活動の意義」を伝える努力も私たち職員には必要である。好きな活動を通して自己の発見、人や地域と出会いつながることで暮らしも地域も豊かになること、その営みが保障されている場であることを伝える続ける努力である。浦安では全公民館合同の「利用者研修会」を長年つないできた。時には、サークル活動実践者をパネラーにミニシンポジウム形式で、仲間の報告から利用者も職員も活動のあり方や支える姿勢をとらえ返す時間をもった。ただ、サークルの横のつながりを作る連絡会を立ち上げることができなかったのは力不足であった。

東日本大震災から学ぶ

二〇一一年三月十一日、東日本大震災が発生した。浦安市は液状化被害により市民の生活と財産に甚大な損失と影響を受けた。

当時、被害の大きかった地区の日の出公民館に勤務。市の災害対策本部の指揮のもと復旧活動にあたった。顧みれば反省点は多い。改めて日頃からの危機管理の重要性を痛感させられた。この経験は福祉避難所機能だけでなく、情報提供、復旧活動・支援活動の拠点として公民館の有用性を実感するものであった。

一方で公民館職員として他に何をすべきか葛藤もあった。本格事業再開に先立ち高齢者の体操教室や絵本の読み聞かせ等は始められるところから開始。乳幼児親子事業は例年以上の申し込みで二部制に、乳幼児家庭教育講座にやってきた若い母親は幼子を抱えた当時の心情、地震警報の携帯音におびえる子どもの様子を語る。若い核家族世代のその時の不安が見えてくる。

災害時の拠点機能とともに、同時に人々が非日常から日常を取り戻し心の安定や安心や温もりを感じられる事業の迅速な取り組みもまた欠かせない。公民館だからこそだとの思うのである。

出会った人たち

長い公民館勤務において様々な学習課題に取り組んできた。職員企画型も多かったが、市民やグループの存在、協力が大きかった。熱い情熱のある読み聞かせグループ、環境活動等に取り組む市民活動グループ、支部社会福祉協議会、人権擁護委員、教員経験者等々。

ひとりでは近視眼的になりがちであるが、漠とした思いをこうした人たちとの話し合いを経てテーマや手法がより明らかになってくる。時に熱い思いとエネルギーに圧倒されることもしばしば。だが新たな視点や視野、人との出会いを広げてくれた。

事業の参加者には「ひとこと感想帳」を必ず書いてもらう。内容への共感や疑問など参加者の心情や信条を背景に実に豊かに書かれているものが多い。時には「喝！」となるような厳しい言葉をもらい、背筋が伸びる思いもした。こうした市民の協力や声が公民館職員として未熟な私を育ててくれた。

おわりに

平成の時代は人の生きづらさを抱えた混迷の時代であった。少子高齢化、いじめ、経済格差、そして災害・・。公民館の多種多様にわたる事業は、そんな社会を自ずと映していた。人はそれぞれ何かを求めて公民館に足を運んでくる。楽しみ、生きがい、つながり、課題解決。初めの一歩をふみ出すのは勇気がいるもの。私たちは足を踏み入れやすい環境ときっかけを作っていかねばならない。

長い公民館勤務の中で、時に企画や人集めに悩み、そして参加者や利用者の声に力を得、時に落ちこんだり。「市民の育てられた」である。そんな未熟な私の取り組みが市民の学びの小さな足掛かりになれていたのなら幸いである。

そして令和へ。コロナ禍は普通に集い、学びあうあたりまえの貴重さを教えてくれた。これからが公民館の活き時である。

（髙梨　晶子）

二　市民も職員も共に学び合い生きている

館報「ひろば」第三八号が繋いだ縁

周南公民館在職時代（一九八一～一九八九）の公民館事業「館報ひろば」編集委員のYさんから昨年（二〇二二年）『ひろばの第三八号の記事が役に立った』と電話をいただいた。第三八号は一九八二年八月一〇日発行、一頁は「周南の戦記と慟哭をたずねて」と題し、戦後三七年目の終戦記念日を前に戦争を知らない世代に、戦争の恐ろしさや悲しみと共に今の生活をあらためて見直す機会をと特別企画を組んでいた。

Yさんは、二頁の「君津作業隊の思い出」当時の隊長佐藤敬治さんの依頼原稿を担当していた。

記事内容は一九四四年、敗戦の色がいよいよ濃くなったその年の暮れ、君津作業隊の隊長として周南地区の馬登（マノボリ）というところで自動車の燃料としての木炭と薪を生産して、原隊（東部第一九部隊、自動車部隊）に運ぶ仕事に着任し、その様子が書かれていた。その当時の記事が四〇年もたった現在につながるなんて思いもかけない事だった。

佐藤敬治さんはYさんの叔母様の夫にあたる方で横浜にお住まいだった。電話は、そのご子息（Yさんの従姉妹）から、それは、ご両親の足跡をたどる中、どうしてもわからなかった空白をこの第三八号の掲載記事で埋めることができたという話だった。そして一冊の手作り感のある『佐藤敬治と高橋綾子のファミリー・ヒストリー』がYさんの手元に送られ、私もその喜びを分けていただいたことになる。

この話をいただいて改めて第三八号を懐かしく読み直してみた。編集委員と一緒に旧県道小山野隧道周辺に存在していた戦時中の地下工場跡を小山野自治会長（当時小学六年生だった）の案内で見学した。そして後日、編集委員はその小山野で当時の様子が分かる方を探し尋ね記事にしている。

以下、インタビュー記事を原文のまま紹介したい。

「三七年を経た事ですが昨日の事のようです。一九四七（昭和一七）年と記憶していますが、岩根（木更津市）の航空廠の疎開用地としてトンネル周辺の山林が強制買い上げられました。小山野から木更津まで三里と聞いていますが、隧道の中程の出入口の中は人の肋骨のような形に掘られており、延長はやはり三里と聞きました。昼夜を分かたぬ突貫工事で、ひっきりなしに聞こえる発破の音に容易でないと思っていました。

労働者は殆ど朝鮮人で軍事でもあり、地元民と関係者との接触は全くありませんでした。一九四四（昭和一九）年には工場に電燈がつき、作業している様子で、朝夕作業のために動員された学生さんや工員が県道を歩いて通っていました。

一九四五（昭和二〇）年春に地下工場が完成し機械も揃い、これから作業を始める旨部落に正式通達があったそうです。そして五月八日の正午近く、空襲警報の鐘が鳴ると間もなくのことでした。雷が落ちたような物凄い音に驚き外を見ると人家すれすれの低空を艦載機がバリバリという大音響と共に南に飛び去りました。まもなく非常を知らせる鐘の音と共に部落の釼持さんのご家族四人が牛車で帰宅途中銃撃にあわれたという悲報が伝わりました。こんな急襲は初めての事で本当に驚きました。

また、竹のはねる音、降ってくる灰にその方角を見ると、南側の佐貫と周南の境の山頂に火が見えるのです。聖徳院岩富寺といって大変立派な本堂があり、そこでは地下工場の完成祝賀会が行われていたそうです。曳光弾を受けた茅葺屋根の本堂はたちまち燃え落ちてしまったのですが、周南からの参列者当時の村長を始め同席の人々に害の及ばなかった事が何よりでした。飛行機はお寺の上を旋回して飛び去ったと後日聞いたのですが偶然だったのでしょうか』と今でも解せないという面持ちでした。「戦争を知らない世代の多くなった昨今、戦争の悲惨さむなしさを、体験した私達が若い人たちに語り継いでおくべきだと思いますね。」と結んでくださいま

周南公民館報「ひろば」

した。以上この記事も、応えてくださったふたりはすでに他界され、貴重な証言である。（地元では現在も自治会の事を部落と表現する）

一頁には「戦争犠牲の思い出」と題した、上記に語られた釵持さんの記事も掲載され、二頁には佐藤さんの記事に繋がる「炭焼き部隊の思い出」「雑兵夢譚」「学徒動員の思い出」という読み応えのある特別企画に編集委員の活動の凄さを感じると共に、今更ながら一緒に仕事ができて良かった、地域の力を学ぶ、公民館職員冥利に尽きるいい出会いをいただいたと思う。

この第三八号は、手弁当で笠懸タイムスに視察研修に出かけたその年で、『事実を書く、誰の立場も平等に、そして書いた事には責任を持つ』という編集長のタイムスに向き合う姿勢に編集委員一人一人が納得した研修会だった。

その収穫を受けて、第三八号の編集会議は熱がはいった。郷土の歴史を明らかにし伝える作業が行われた。戦地に出かけた人、家に残された人その事実を知る中で歴史の重さに心痛めたことも事実であり、身近な地域でどんな人間が住み、生きているのか、動いているのか自分の足で歩き、地域から学び、自分自身の生活を見つめる機会にもなり、編集の協力者も編集委員が生み出していった。

編集委員との学び合いで生まれた館報「ひろば」

さて、この「館報ひろば」は、一九七六年五月に創刊され、編集委員会体制は一九八〇年二月に発足した。一九七三年開館した周南公民館は五〇周年を迎えている。

地域の館として、初代館長の名言が残っている「一つは心のよりどころ、新しい時代の鎮守の森として、もう一つは、学習や研修の場としての文化の森として、更にもう一つは広場として、地域住民の交流の場としての三つの顔を持ちたい」と。館報の「ひろば」もそこから名付けられた。

編集方針は、一、公民館のねらい、住民自らの地方自治をみつめ、これを理解し、発展させる。二、課題の提供、資料情報の伝達の他、住民の批判究明の機会を提供する。三、報道は公正な資料を住民に提供する。四、経済、文化の啓蒙を図る。館報は教育的活動である。五、地域、街づくりに寄与する。公民館のPR紙ではない。六、誰でも投稿できる。とまとめられていた。

私が異動になったのは、その編集委員会体制がスタートした翌年の四月だった。編集委員は、公民館を利用する成人男子、農業生産者、婦人会、学級講座生、青年サークル、教員、公民館運営審議委員、写真愛好家、学識経験者など一〇人ほどで構成されていた。前任の担当職員は、人選に半年ほどかけたと話していたことを思い出す。

編集会議は、当然夜間となり閉館時間を過ぎることもあったが、日々の暮らしの話や子育てや農業の話など暇のない情報交換で紙面の内容を決めていく。語ること聴くこと、まさに教育的活動であった。

スタートしたばかりの中で、どんな紙面を作り上げていくのか、編集委員と模索した。先進地視察もその一つで、当時全国的に有名だった公民館報「笠懸タイムス」や茅ケ崎の公民館だより編集委員との交流会、千葉県公民館研究大会の分科会の報告者、埼玉県富士見市で行われた社会教育全国研究集会の分科会報告者として登壇する機会も得た。旅費などの研修予算もなく、手弁当である。当時は君津市の教育センターに八人乗りのワゴン車があり、借用手続きをし、私の運転でさぞかし編集委員は大変不安だったと思うが、目的地までよく我慢して乗ってくれたと思う。

周南公民館での編集会議

一九九二年、東京の「下町タイムス」の代表今泉清氏をお招きし、当時隣地区となる清和公民館でも編集委員会体制で館報「清和」を発行していたので合同で研修会を行った。その時も、夜間の学習会なので、君津から東京へ戻る最終電車に今泉氏を乗せることもひと仕事だったことを思い出す。当時の公民館職員も、住み込みの用務員からも理解と協力を得て存分に動くことができた。

また、全国で発刊されている「公民館だより」を取り寄せることも学習になった。記憶が薄れてしまっているのだが社会教育推進全国協議会が発行している「月刊社会教育」の編集部から依頼があり、寄せられた館報の特徴や感想を掲載記事にする手伝いを依頼され、暫くの間原稿担当をすることになった。編集委員に取ってはこれもすごい刺激となったことを覚えているが、さて何年ぐらい続いたのか忘れてしまった。

館報「ひろば」の、地域の広場としての存在は大きい。周南公民館開館40周年記念誌「周」に公民館事業の変遷第4節館報「ひろば」をまとめた担当者は『これからの「ひろば」』と題して、館報「ひろば」の特徴は、公民館事業の紹介ではなく、地域の今を伝えることに重点が置かれている』と。そしてまた、館報がとらえた地域の情報は、今では貴重な歴史資料になっている。その時どのような人がどのような活動をし、地域では何が起きているのか、その息遣いを振り返ることができる。他の機関では残りにくい地域記録の定期的、継続的な蓄積の価値は大きい。と分析している。

編集委員会発足当時の基本方針にけっしてずれていない、地域としっかり向き合った成果がこうして評価されることは、歴代の編集委員の皆さんにも大きな励みでありYさんたちや、私も含めて大切な財産になったと思う。

公民館の〝茶の間〟から紡ぐいい話

「星野富弘さんの作品に、心のこもった朗読に、柔らかな音色のハープに幾度となく涙がこぼれそうになりました。教員時代に幾度も富弘さんの話を子どもたちにさせていただきました。とてつもなく大きな困難の中で、周りの優しさ、温かさに囲まれて、強く優しく生きてこられた。その人生から生まれた多くの作品に大変勇気づけられました。今日は大きな感動を本当にありがとうございました。」これは、今年（二〇二三年）四月一日～九日の九日間、星野富弘「花の詩画展」を開催した、その感想の一つである。

会場は旧亀山中学校という廃校になった中学校の多目的ホール。木造で二階まで吹き抜けの地元の木材を使った建物で、飴色になった木の温もりを感じながら、私はその事務局として関わった。音響効果も素晴らしくこのまま朽ちてしまうのは惜しい建物である。

「花の詩画展」の様子

詩画展の他に、閉校になった三つの小学校と一中学校の「思い出の部屋」には、地元亀山への熱い思いが展示された。担当者は苦労して関係書類を収集し、来場者からはこのまま常設展示をして欲しいという声までいただいた。延べ二二〇〇人の来場者、これに関わったボランティアは、七〇代から八〇代の延べ三一八人で、富弘美術館を囲む会千葉県支部「菜の花」の会員である。この「菜の花」を牽引しているのはWさんである。

Wさんとの出会いは、小櫃公民館在職時代（二〇〇七～二〇一〇）でのこと。

その小櫃公民館は、当時の人口六〇九五人（二〇〇六年四月末）、保育園、小学校、中学校が一つずつ、そして診療所があり、農協があり、郵便局があり、公民館があり、高校があるという大変豊かな農村地帯で「小櫃村誌」には、将来に向けて「教育は村是である」という文言があるほど教育に熱心な歴史を持つところでもある。

Wさんも、その思いは確かであり、退職後の時間を地元の子どもたちのために何ができるか思いを巡らせていた一人で、公民館職員もその仲間入りをしてよく話し合った。

当時、全市的な取り組みの中に、中学校学区の青少年健全育成に関する団体育成が課題だった。小櫃地域では、「小櫃の元気なこどもを育てる会」（二〇〇五（平成一七）年二月二七日設立）という組織があった。参加団体は、小中学校評議員・青少年相談員連絡協議会・地区自治会連絡協議会・社会福祉協議会・老人クラブ・婦人会・体育協会・交通安全協会・消防団・小櫃振興会・防犯指導員・人権擁護委員会・退職校長会・学童指導員・海外交流推進協議会・体育文化後援会・こども一一〇番の家・ボーイスカウト・少年少女スポーツ団体（野球・剣道・ミニバス・かけっこ・少林寺拳法・サッカー・学校ボランティア）民生児童委員・小櫃の森整備委員会・少年警察ボランティア・保護司・小櫃診療所・小櫃保育園・小櫃小学校・小櫃中学校・小櫃小中ＰＴＡ・君津青葉高校・教育委員会・小櫃公民館・小櫃行政センター・郵便局・駐在所という小櫃地域のすべてといっていいほどの団体が参加する大きな組織だった。

連携・環境整備・広報啓発という三つの部会に分かれ、Wさんは、この連携部会に属し、その活動の一つ、保育園、小中学校、高校との共同事業「花いっぱい運動」を提案した。高校は総合高校であるが前身は農業高校だったので専門の施設や機材が充実し、専門の教員もいて「地域の大学」のようでもあり、草花の苗を育てるには条件が整っていた。公民館としてはつなぎ役で、協力依頼に動き校長との理解も得て同高校を会場に「草花教室」を公民館主催事業として実施した。今でも継続して活動が続いていると聞く。小櫃駅前に小櫃中学校生徒と一緒に育てた花の苗を移植したことを覚えている。

色々と動き始めると、公民館事務室に良く寄って「お茶のみ」をしていく方が増え、公民館が地域からどんなことを求められているのかも、その話の中で気づかされることが沢山あった。その一つに「公民館利用に関する学習はもう十分だから、芸術など本物を鑑賞する機会を作って欲しい」「小櫃は外に出ていくにも交通の便が良くないし・・・」とヒントをいただいた。

そこで、みどり市にある富弘美術館見学を計画した。Wさんは、実は詩画作家星野富弘さんと大学時代からの友人でもあって、バスの中で、星野富弘さんについての事前学習をしていただき、感動と一緒にファンも増えた。

偶然にも二〇一二年君津市制施行四〇周年記念事業に「星野富弘花の詩画展」が取り組まれ、Wさんは実行委員長であった。その行事が終了すると同時に関わった実行委員の方々から自然発生的に「富弘美術館を囲む会千葉県支部菜の花」が誕生した。バス見学に行った小櫃の方も含め小櫃公民館時代のご縁で、私もその手伝いをすることになり今に至っている。

公民館の〝茶の間〟が、人と人との出会いや思いを紡ぎ、一緒に活動をする仲間を増やし豊かな暮らしを繋いでいる。「小櫃の元気な子どもを育てる会」広報「きづな」第三三号には、連携部会「花いっぱい運動の新たな展開」と題して、従来の教師主導から高校生たちで会が運営され、地域づくりの担い手の育成の意図を感じるとWさんの報告がある。地域の学校の統廃合が進み、人口は四五六九人(二〇二三年五月末現在)と減少している。疎外と分断が進む世の中で、地域づくりの担い手を組織していく公民館の存在は大きいと思う。

(鈴木　恵子)

三　地域に根ざしともに歩んで四〇年

はじめに

「地域に根ざしともに歩んで四〇年」は、東清公民館開館四〇周年記念誌のサブタイトルである。一九八三年四月に木更津市役所に就職して以後、今年三月まで市内七カ所の公民館をはじめ主に社会教育の仕事に従事し、退職後の非常勤館長も含めちょうど四〇年が経過した。最後の職場となった東清公民館で公民館と地域の足跡を辿る作業は、自分自身の公民館職員としての歩みを振り返るよい機会ともなった。

思い返せば社会教育の道をめざすきっかけは、学生の時に行った住民へのアンケート調査だった。当時、東京中野区における教育委員の準公選制が大きな話題となっており、児童館でのボランティアサークルの先輩が卒業論文で住民の意識調査を取り上げるというので、その調査の手伝いを頼まれた。そして翌年、自分自身も「教育への住民参加」というテーマでその継続調査を行ったのだが、突然訪ねてきた学生に対して、教育委員を自分たちで選ぶことの大切さやその活動について熱く語ってくれる方々との出会いは大きな衝撃だった。大学の授業で「社会教育」という分野があることを初めて知り、そして、公民館をはじめさまざまな社会教育実践や地域の教育・文化活動に取り組んでいる人たちの活動に触れる中で、地域の中で大人の学びにかかわる仕事に携わってみたいと思った。

幸い「社会教育主事」有資格者を別枠で専門職採用していた木更津市に就職することができ、最初の勤務地は海苔養殖を中心とした漁業と農業を生業とする地域にある金田公民館だった。

住民とともに創る公民館の学び〜私の公民館実践〜

木更津市では現在一二中学校区に一五の公民館と「地域交流センター」が一館設置されている。同じ中学校区といっても、地域の成り立ちやそこに住む人たちの構成、生活実態などによってその雰囲気は変わってくる。公民館で行われる事業も同様である。学級・講座や公民館だより、地域団体との連携や組織化の取り組みなど、微妙にその地域や公民館の特色がにじみ出てくるからおもしろい。公民館の学びは、地域の人たちが共同で自分たちの暮らしを見つめ、その課題について学ぶという意味で「地域の学び」に他ならない。

（一）地域課題に取り組む大人の学び

金田地区では東京湾横断道路（当時）の建設が地域の大きな問題となっており、地域課題を学習する場として「成人講座」を引き継ぐことになった。しかし、一年目の職員にそんな難しい課題を担えるわけがない。最初は地域の人たちと一緒に学ぶだけで精一杯だった。折しも計画が実現へ向け一歩踏み出された時期でもあり、講座では大きな不安と期待が錯綜する中で住民から矢継ぎ早に質問が出され、その迫力に圧倒されるとともに生活と生産にかかわる問題の根の深さを身にしみて実感させられた。その後、回を重ねるごとに講師の選定やそれに伴うマンネリ化、また計画が具体化されるにつれて行政からの情報提供や調査、交渉が行われるようになり、住民からは「いつも同じ話で本当のことが聞けない」といった声も聞かれるようになってくる。

一九八七年七月、東京湾横断道路の事業許可がされ本格的な地元との交渉が開始される中で、三〇歳代後半の若者を中心に「これからの金田を考える会」が発足。東京湾で生活している生活者の視点でもう一度とらえなおしてみようと、八年目の講座はこの会と共催で講座を企画することになった。「再考!東京湾〜東京湾の漁業　過去・現在・未来〜」をテーマに、海洋民族学者の立場から見た東京湾、海洋生物学者による東京湾の生物の現状と青潮のメカニズムなど四回の日程で開催した。そして講座を通じて、埋め立てのためにギザギザにされ、大規模な浚渫によって青潮の恐怖が生じている東京湾の実態と、金田地先に広がる広大な自然干潟が東京湾再生と漁業の行方の鍵を握っていることを再認識させられる。

私も五年目となり、文化祭での小櫃川河口干潟の特別展示や少年科学教室等を通じて何度となく干潟に足を運ぶ中で、また、郷土史学習や古老の話に耳を傾け、健康教室で漁業者の健康を考える中で、

公民館だより「かねだ」No.72（1面）

さらに、青年教室での八ミリ映画づくりを通じて海苔養殖の現場を訪ね、金田の自然のすばらしさや自然と共存してきた人々の生活の有様を少しずつ実感することができた。時には酒を酌み交わし、母なる海への思いを何度となく聞くことができた。公民館職員としてこうした経験を積み重ねる中で、初めて住民と職員で「地域の学び」を創っていくことの重要さを肌で感じることができたような気がする。その後異動した公民館においても、水やごみ問題を考える「環境講座」、高齢化社会を考える「市民文化講座～安心して老いるために」などのさまざまな講座を取り組んできたが、原点はこの金田公民館での成人講座だった。

（二）地域に学び、地域を再発見する学習活動

自分たちが住む地域を知るきっかけづくりの事業として、ほとんどの公民館で「郷土史講座」を開設してきた。しかし、入門的な内容だけだとマンネリ化に陥りやすく、逆に専門的になりすぎると参加者が減ってしまう。そうした壁に突き当たりながらも学習を継続する中で、新しい人を巻き込んでそこからまた新しい学びが生み出されてくる。二〇〇七年度から勤務した岩根西公民館では、長年開設されてきた郷土史講座から古文書講座が生まれ、さらにサークルとして地元の古文書を使った学習が続けられる中で石造物調査が再開されるなど、主体的な取り組みによって地域の学びが深まっていった。また、石造物を求めて地域を歩いていると、水路や田んぼ、畑の野菜などさまざまな発見や出会いがある。いつの間にか課題は郷土史にとどまらず、自分たちが暮らす地域を見つめ、考える学習につながっていった。そこでは、教室で講師の講義を受講するだけでなく、地域の古老からの聞き取りや石造物調査など自分たちで「調査・記録」し、文化祭でのパネル展示などによって「発表」し、学習成果をまとめ、地域に広げていく努力もされた。さらに、テーマに沿って学習プログラムを作成し課題を深めていく体系的な学習も試みられた。

特に石造物調査については、一九九九年度に初めて現地調査によるカードの作成、写真撮影、金石文の解読、文化祭での石造物マップの作成と発表等が行われ、二〇〇三年度からは、隣接する岩根公民館で活動している郷土史講座生と一緒に準備会が組織され、石造物調査のまとめの発刊に向け合同

2008.9.19　岩根西公民館だより　No.138 (4)

まちの話題

「岩根地区石造文化財調査報告書」の発刊に向け、作業が再開！

写真は郷土史講座での地区内探訪の様子

▶“地域の歴史を再発見！”をメインテーマに、公民館では「郷土史講座」が開催されていますが、平成１１年から、地域にある庚申塔や地蔵菩薩などの石造文化財の現地調査とまとめの作業が地道に行われてきました。

平成１５年からは岩根東地区（岩根公民館エリア）と合同で「岩根地区」の調査報告書を発刊しようということで話が進められてきましたが、諸般の事情でしばらく作業が中断していました。

「せっかくみんなで調べたのだから、なんとか刊行しよう！」ということで、今年度に入ってから準備が進められ、7月３０日（水）、東西両地区の約１０名で編集委員会が組織され、刊行へ向けて再スタートがきられました。何分、最初の調査から既に１０年近く経過しているため、今後、確認作業をしながら進めていくことになっています。

（岩根西地区の代表は曽根英範さんです。）

岩根西公民館だよりNo.138（抜粋）

で作業が進められることになる。諸般の事情により活動が一時中断を余儀なくされたが、二〇〇八年に新たに編集委員会が設けられ作業が再スタートする。調査を開始してから多くの年月が経過してしまったため、再調査や原稿の手直し等のためにさらに時間を要することとなるが、延べ一二回の合同編集委員会を重ね二〇一〇年五月、約一〇年越しで念願の「岩根の石造物」を刊行した。

なお、これまでも市内の多くの地区で公民館活動の成果として石造物調査報告書がまとめられており、東清公民館の「石造物調査隊」の活動も現在四年目を迎えている。

(三) 地域の子育てを支える学び

二〇一二年度から勤務した生涯学習課では、文部科学省が実施した「公民館等を中心とした社会教育活性化支援プログラム」に応募する機会があった。これは地域社会におけるさまざまな現代的課題に対して課題解決のための取り組みを支援するもので、生涯学習課が窓口となって子育て支援の関係機関等と連携し、桜井公民館を中心に「〝気になる〟子どもと親を地域で支える家庭教育支援プログラム」事業を計画。三三年ぶりに新たな小学校が開校するなど若い子育て夫婦世帯の流入等により子どもの数が増加する一方、人間関係の希薄化が課題となっている地域において、「子どもを怒鳴らない・叩かない子育ての練習」「〝気になる〟（困難を抱える）子どもを持つ親のための講座」「子育て広場」「子育て応援隊養成講座」などを開催した。また、自治会等への加入率が低く、新聞等も購読していない層への働きかけを行うために、事業内容の紹介と相談窓口や関係機関等の一覧を掲載したリーフレットを作成し地区内に約一万部のポスティングを行った。そして、保育園長を会長に、関係行政機関等の職員（児童家庭課保育士、学校教育課教員、地域子育てセンター保育士、健康推進課保健師、公民館主事）と保育グループスタッフ、主任児童委員の八名のメンバーからなる「家庭教育推進協議会」で、事業の企画・運営、評価を行った。

「子どもを怒鳴らない・叩かない子育ての練習」とは、CSP（コモンセンス・ペアレンティング）による子どもの理解と子育ての技法の学習を目的としたワークショップで、乳幼児や小学校低学年の子どもを持つ保護者各一〇人を対象に二コース設けた。親子関係のダメージを日常的に抱え込んでいる若い母親の参加が多く、ロールプレイング等の実習を通じてしだいに本音で語れるようになるなど、自分自身の子育てをみつめ直す場となっていった。

「〝気になる〟子どもを持つ親のための講座」は、発達障がいに関する学習と交流、ネットワークづくりの場とすることを目的とした講座で、年間五回の学習会を開催し、毎回五〇人を超える多くの参加があった。そして二年目以降、受講生による運営委員会やランチミーティングなどを開催し、受講

ポスティングしたリーフレット（1面）

生の意見を取り入れながらプログラムの作成と講座の運営を行うとともに、さらに定期的な情報交換の場として新たに「桜井公民館コミュニティカフェ～〝気になる〟子の親と仲間のしゃべり場～」を月一回開催した。

三年間という限られた期間であったが、発達障がいや児童虐待など深刻な子育ての不安や困難を抱え、孤立しがちな家庭を支えていくために、公民館で何ができるのか考えるよい機会となった。

また、これまでも地区公民館において、地域の実態に即してボランティア等と連携して家庭教育学級や子育て支援事業を実施してきたが、公民館を拠点に、地域のネットワークを活用してより幅広い関係機関等と連携・協力しながら家庭教育支援を進めることが効果的であることを検証し、アピールすることができたのではないかと思っている。

まとめにかえて～地域に根ざし住民とともに歩む公民館と職員は、いま～

一九八〇年に提出された東清公民館の「公民館建設促進期成同盟」の要望書には、大規模な宅地造成や道路整備等が急ピッチに進められ、人口が急激に増加する中で、「住みよい暮らし豊かな街づくりとは、都市基盤の整備もさることながら、そこに居住する住民同士が相互に話し合い共通点を見つけあい、心のコミュニケーションを深めあうところから生まれる」ものであり、「そのために社会教育施設（公民館）の建設を強く希望する」と綴られている。公民館建設から四〇年が経過し、時代の変遷の中で求められる学習内容や課題等は少しずつ変化している面もあるが、公民館が地域のふれあいと地域づくりの場である点は少しも変わっていない～はずである。

しかし、生涯学習課で新たな金田公民館の建設を担当していた二〇一四年度、用地取得等を終えいよいよ基本設計の準備に入ろうという段階で、突如市の方針転換が図られる。これまで教育委員会が行ってきた施設整備等の事務が市民部に移管されることになり、その理由は、「社会教育法の枠にとらわれず、様々な地域課題解決へ向けての地域住民の取り組みを広範に支援することができ、また、活力ある地域コミュニティーの形成に寄与し、住みよい地域づくりに貢献することが期待でき」るからというものだった。そして二〇一九年四月、市民部所管の指定管理者による「金田地域交流センター」が開館した。また二〇一二年以降、「『市民力』『地域力』をもっと発揮できる環境を整えることにより、地域コミュニティーを活性化し、地域自治の実現をめざす」ため、「市民活動支援課」によって公民館単位に地区まちづくり協議会の設置が進められてきた。が、実質的にその組織化は公民館に委ねられており、公民館職員としてこれまで地域づくりを進めてきたという自負はあるものの、〝新たな〟

まちづくりの組織化とその進め方に違和感を覚えるとともにその先に何が待っているのか不安は拭いきれない。

本市では、一九七三年に策定された基本構想に基づき原則として一中学校区に一公民館を設置し、併せて専門職員を配置してきた。そこでは否応なく地域やその住民と正面から向き合うことが求められ、公民館職員は「やりがい」を感じるとともに大きなプレッシャーの中で住民とともに地域に根ざした実践を積み重ねてきた。また、木更津市立公民館連絡会（市公連）を中心に「公民館のつどい」などのさまざまな取り組みの中で、励まし合い高め合いながらその専門的力量を培ってきた。残念ながら、一九九三年度を最後に専門職採用は途絶えており、専門職が次々と定年退職する中で、一般職や会計年度任用職員等の非正規職員が増加している実態がある。さらに、市の方針として〝新たな〟まちづくりが進められる中で、いま公民館は大きな曲がり角にきているのかも知れない。しかし、こうした時だからこそ、これまでの歴史と蓄積のもと、公民館を拠点に地域の学びを通して住民主体のまちづくりが展開されることを願ってやまない。

（佐々木　英之）

四　公民館三八年の思い出

はじめに

船橋市の公民館で定年までの三八年間仕事をしていた。思えば高校三年の時、校長と担任教師との進路面接ですべてが始まったことを思い出す。興味のある分野、就いてみたい仕事について考えざるを得なくなったのだ。高校二年の時の生徒会宿泊研修会は仙台市の宮城県中央児童館（宿泊型）で行われたが、児童館職員の溌溂とした姿に憧れさえ感じていた。また、子どもの時からしばしば通っていた故郷の公民館図書室にある『原爆写真集』は恐ろしい本で大きなショックを受けた。公民館に行けば必ずその写真集に吸い寄せられていた。婦人会や民生委員として活動する母や町の職員として公民館に当直することもある父の姿から公民館職員の仕事にも興味を持った。

担任教師が大学のパンフレットに「藤田助教授が意欲的に社会教育職員を養成している」との文言を見つけたのが契機となって立正大学社会学科に進むことになった。入学してみると藤田秀雄ゼミは大学で一番厳しいゼミとの評判で、それにもかかわらず全学から受講希望者が集まっていた。藤田先

藤田秀雄ゼミ奥多摩十里木合宿から
1970年10月

生の社会教育概論の講義は教員志望者を社会教育志望に変えてしまうほどの魅力を持っていたのだ。学生に深い学習を求め、討議させ、鼓舞し、叱咤激励し、時に「男は親を棄てろ、女は結婚するな」などと毒を吐く強烈な大学教師であった。

定年で退職して一〇年以上となり、遠い記憶を探りながら公民館職員としての三八年を辿ってみたい。以下は自分の足跡を回想するものとして記したものである。

①中央公民館　一九七二年七月～一九七六年六月（四年）

船橋の東西南北に四つの公民館と二つの分館がある時代である。当時、中央公民館は仮設のプレハブであった。大学を卒業してからの就職活動だったが、臨時職員を一カ月経験した後、七月に職員として採用された。この時期に新人職員として様々な経験をすることができた。職場には職員を育てる余裕があった時代であり、幸せなスタートであった。

主に青少年分野を担当した。「青年学級通教コース」は高校通信教育を受けている勤労青年のための学習会である。千葉大学教育学部の学生が講師で主要五科目の個別学習に対応していた。数学に取り組む学級生が多かったようだ。誕生会などの親睦行事、スケートなどのスポーツも学級生の企画運営で多彩に行われた。また「夏休み野外映画会」を各地で行った。地元子ども会、町会自治会、公民館の共催で行われることが多かった。「子ども会ジュニアリーダー研修会」も春休みの合宿研修会、夏のキャンプ研修会、季節行事のもち方など、子ども会育成会と公民館との共催で開催された。

就職時にお世話になり、その後の指導を受けた佐久間章さんを忘れることはできない。学生の時から参加していた社会教育研究全国集会では「千葉の佐久間さん」で知られ、船橋では船橋民主教育と子どもを守る協議会（船民協）などで一緒に活動をしていた。

青年学級商工コースキャンプ　奥多摩
1972年8月

②北部公民館　一九七六年七月～一九八五年三月（八年九カ月）

前年に新築された北部公民館へ。農村地区であり、船橋市に合併する前の村のまとまりを色濃く残していた。都市近郊農業の利点も、悩みも同居する畑作と果樹園芸の地域である。地域青年団が活動を続けており、青年たちとの濃密な付き合いの日々が始まった。

農業青年と「農業講座」、酪農青年とは「酪農講座」に取り組んだ。講座の打ち合わせには農家としての悩みや、疑問が山ほど出される。話し合いで整理しながら講師の目処もつけてゆく。

青年団のメンバーは「青年キャンプ」と「夏祭り盆踊り大会」で毎年の夏を忙しく過ごす。同時期に公民館は地元連合町会と共催する秋の「体育レクレーション大会」と「文化祭」の準備にもあたっていた。

「家庭教育学級」の運営委員会に二〇回近くも出かけていく先輩職員の細間則夫さんから多くを学んだ。この時期は細間さんと山田慎二さん、新井徹さんの三人の後ろ姿を追いかける日々だったと思う。生きる姿勢も仕事への情熱もこの先輩たちに学んだ。

③習志野台公民館　一九八五年四月～一九九〇年三月（五年）

住宅団地と戸建住宅が並ぶ都市化された地域の習志野台公民館へ。子ども会育成の機運が高く「ジュニアリーダー育成」は高校生スタッフが中心的な役割を果たしていた。「講座宮沢賢治」を二年にわたって継続して開催した。地域に居住する宮沢賢治研究家との出会いがあり実現したものだ。また当時の館長を講師として「ジョギング教室」を開催した。館長の長年のランナー経験を活かすことができた。この関連イベントとして参加者が中心となって「成田からのナイトウオーク」にも取り組んだ。

高根台地区では「高根台婦人学級」を担当した。当時すでに団地住民の高齢化が意識されるようになっており、高齢化しても支えあうことができる地域づくりを中心に学びを重ねていった。

④海老が作公民館　一九九〇年四月～一九九六年三月（六年）

第三回オーバーナイトハイク
1992年9月

高根台団地という巨大団地の隣接の地域にある海老が作公民館へ。畑も山林もあちこちに残る住宅地域である。子どもを対象とする事業を充実させていた。「子どもスキー」と「夏休み自然体験教室・高遠の夏」はいくつかの公民館の連携で実施され、「オーバーナイトハイク」「子どもまつり」は地域の多くの団体の支援と協力で支えられていた。

様々な取り組みの中心には海老が作公民館社会教育関係団体連絡協議会（社連協）があり、活動のキャッチフレーズは【小さな地域に大きな人の輪】というもので、視線は地域に向けられ、姿勢は互いに助け合う連携づくりであった。海老が作公民館社連協は公民館利用団体活動の一つの典型であろう。時間をかけて一つ一つ積み上げて理想の活動スタイルに近づいてきたのである。

一九九三年、松が丘公民館の設置でこの地区を分離したのを契機に、館報編集委員会による「館報えびがさく」をスタートさせた。これは現在では市内唯一の編集委員会による公民館報である。創刊号は千葉県公民館連絡協議会（県公連）の奨励賞を受賞した。

⑤小室公民館　一九九六年四月～二〇〇〇年三月（四年）

千葉ニュータウンの一角で船橋市の北端の住宅地域である。北総鉄道線を利用しての通勤通学に便利な地域である。施設は児童ホーム、市民課の連絡所、公民館の複合施設で小室センターと呼ばれていた。「小室センターだより」は月刊で発行され、毎号の作成、印刷作業、町会自治会への届けなど手作り感満載であった。児童ホームとの連携で夏に開催する「お化け屋敷」は強く印象に残っている。

高齢者学級の「小室寿大学」は毎月一回運営委員会を行っており、この寿大学運営委員会から公民館運営審議会委員を一名送り出していた。「北総線の小さな旅」は鉄道沿線地域の自然観察と史跡めぐりを兼ねた事業であった。講師は海老が作公民館で出会った平栗瑞枝さん。俳人で、自然観察指導員、館報えびがさくの編集委員でもある。地域の中を調べて歩くのが得意で、豊富な知識と的確な指導で人気の講師の一人である。

⑥北部公民館　二〇〇〇年四月〜二〇〇四年三月（四年）

基幹公民館制に移行するタイミングで、ふたたび北部公民館へ。基幹公民館の新たな機能の一つとして「地域事業担当」となった。ブロック内の公民館の連携協力を図り、共同で事業に取り組み、事業担当者会議をリードする仕事である。またこの時期から、県公連の「初任職員研修会」の委員となった。他市の公民館職員との交流は刺激的で学ぶ点が多かった。わたしの定年退職まで、残りの一〇年間を継続していくことになった。

防災講座　本所防災館見学会
2005年1月

⑦高根台公民館　二〇〇四年四月〜二〇〇五年三月（一年）

基幹公民館の一つである高根台公民館へ。高根台団地の中心街の再開発に伴い一九九六年に設置された公民館である。以前、わたしは高根台婦人学級を担当しており、当時のメンバーは「高根台助け合いの会」を結成し活動を続けていた。地域事業担当として合同事業の「防災講座」に取り組んだほかは補助的な仕事が多かった。高根台地区社会福祉協議会や高根台団地自治会、高根台児童ホームの皆さんと親交を重ねていたが、一年間で異動となった。

⑧東部公民館　二〇〇五年四月〜二〇〇五年九月　（六カ月）

総武線津田沼駅周辺の市街地にある東部公民館へ。基幹公民館での仕事を前任者から引き継いで職場にも慣れてきたころ、わずか半年で次の職場へと異動した。

⑨飯山満公民館　二〇〇五年一〇月〜二〇〇八年三月　（二年六カ月）

飯山満公民館は一九八四年の設置である。一九九六年の東葉高速鉄道開業で住宅地の整備が一層進んだ地域である。当時は飯山満駅周辺の再開発事業が行われていた。

ここに年度途中の一〇月、飯山満公民館長として着任した。意欲的な生涯学習コーディネーターである笹川、中村、木塚の三氏とここで出会った。三氏とは月例会で情報交換を行っていた。わたしが担当する高齢者学級「飯山満寿大学」のほか「郷土ゆかりの人物講座」の企画運営や他の事業の現場を支えてくれていた。

二〇〇六年に、「公民館使用料の改正」が実施され、社会教育関係団体の会場使用料が免除から半額減免（半額負担）となった。二〇〇七年には「インターネットによる会場予約」が開始された。大きな制度改正が続き公民館利用団体等への説明に追われることになった。また狭小な公民館の駐車場問題への対応に苦慮していた時期でもあった。

⑩海老が作公民館　二〇〇八年四月〜二〇一〇年三月（二年）

定年まで二年を残して、ふたたび海老が作公民館へ異動となった。前任の館長は細間則夫さんで「大穴地区老人クラブ連絡協議会（大穴老協）」「海老が作寿大学」「社連協」などの引き継ぎを受けた。どの地区公民館も厳しい職員体制であるが、ここでは各関係団体との連携を保ち、「館報えびがさく」も編集委員会を維持していた。

講座「緑のカーテン」は親子でゴーヤを植え付け、水やり等の管理をし、ゴーヤを料理して食べるという内容であった。蔓をからませるネットは漁業協同組合から古い海苔網を提供いただいた。また知り合いの農家からは十数本の竹の提供と土づくりの指導を仰いだ。この事業は船橋市のコンテストで次席となり表彰された。

公民館施設の管理面では、洋式トイレを増やすことが課題であったが在職中にはできなかった。予算編成時に復活要求まで粘った玄関の自動ドア化は実現することができた。

おわりに

「社会教育で咲かせる花があるとすれば、それは市民が咲かせる花である」という言葉を胸に刻んできた。恩師の藤田先生から聞いた言葉なのかどうか今ではわからない。この言葉は「利他」とともにわたしの支えとなってきた。

多くの友人、先輩職員、同僚たちの頑張る姿からは大きな励ましを受けてきた。お陰様で三八年間歩き続けることができた。心からの感謝をささげたい。

（千葉　明）

船橋市法典公民館で12年間！

私は、船橋市法典公民館に8年間係員で、4年間館長で勤務させていただいた。同じ公民館に12年間係わらせていただいたのはありがたいことだと思っている。

この地域には、市が指定する体育指導員と、その他に各町会が指定する体育指導委員（以下体指と言う）合わせて60数名の皆さんが組織し年間を通して活動されている。主な行事は、法典地区老人クラブ連合会（以下法老協と言う）運動会、耐寒マラソン大会がある。入所してまもなく6月に法老協運動会がやって来た。早朝会場の法田中に行ったところ会場作りが体指の皆さんにより手際よく進められていた。動きがとても良い！毎年行われていることもあり一人一人の動きに無駄がない。運営もスムーズに行われ、法老協の老人クラブの皆さんも楽しまれた大会となった。私は2年目の運動会から得意の放送係となり音楽を流して大会を盛り上げ役となり、12年間係わり楽しく過ごしてきた。

この地域の文化祭は、連合町会と公民館（法典・丸山）共催で行われる地域の文化祭である。連合町会で文化祭を担当するのは文化委員の皆さんで、体指の皆さんと同様各町会から選出される文化委員の皆さんと公民館職員と一緒に準備し運営される。主な催しとしては、朝市、地域の小中学校の吹奏楽部の皆さんの発表、地域の民謡民舞サークルの発表、各町会対抗カラオケ大会など文化委員の皆さんと工夫を凝らした事業が展開される。

今回は、体指・文化委員を紹介したが、ほかにも地域活動をされる方（ご夫婦で）が多いと感じている。そして公民館にもご協力をいただいた方がたくさんおられ、12年間皆さんとともに楽しく仕事をさせていただいたことは幸せであった。

（小川　雅年）

資料

資料

1947年教育基本法

（昭和二十二年三月三十一日法律第二十五号）

われらは、さきに、日本国憲法を確定し、民主的で文化的な国家を建設して、世界の平和と人類の福祉に貢献しようとする決意を示した。この理想の実現は、根本において教育の力にまつべきものである。

われらは、個人の尊厳を重んじ、真理と平和を希求する人間の育成を期するとともに、普遍的にしてしかも個性ゆたかな文化の創造をめざす教育を普及徹底しなければならない。

ここに、日本国憲法の精神に則り、教育の目的を明示して、新しい日本の教育の基本を確立するため、この法律を制定する。

第一条（教育の目的）教育は、人格の完成をめざし、平和的な国家及び社会の形成者として、真理と正義を愛し、個人の価値をたつとび、勤労と責任を重んじ、自主的精神に充ちた心身ともに健康な国民の育成を期して行われなければならない。

第二条（教育の方針）教育の目的は、あらゆる機会に、あらゆる場所において実現されなければならない。この目的を達成するためには、学問の自由を尊重し、実際生活に即し、自発的精神を養い、自他の敬愛と協力によつて、文化の創造と発展に貢献するように努めなければならない。

第三条（教育の機会均等）すべて国民は、ひとしく、その能力に応ずる教育を受ける機会を与えられなければならないものであつて、人種、信条、性別、社会的身分、経済的地位又は門地によつて、教育上差別されない。

2　国及び地方公共団体は、能力があるにもかかわらず、経済的理由によつて修学困難な者に対して、奨学の方法を講じなければならない。

第四条（義務教育）国民は、その保護する子女に、九年の普通教育を受けさせる義務を負う。

2　国又は地方公共団体の設置する学校における義務教育については、授業料は、これを徴収しない。

第五条（男女共学）男女は、互に敬重し、協力し合わなければならないものであつて、教育上男女の共学は、認められれなければならない。

第六条（学校教育）法律に定める学校は、公の性質をもつものであつて、国又は地方公共団体の外、法律に定める法人のみが、これを設置することができる。

2 法律に定める学校の教員は、全体の奉仕者であつて、自己の使命を自覚し、その職責の遂行に努めなければならない。このためには、教員の身分は、尊重され、その待遇の適正が、期せられなければならない。

第七条（社会教育）家庭教育及び勤労の場所その他社会において行われる教育は、国及び地方公共団体によつて奨励されなければならない。

2 国及び地方公共団体は、図書館、博物館、公民館等の施設の設置、学校の施設の利用その他適当な方法によつて教育の目的の実現に努めなければならない。

第八条（政治教育）識ある公民たるに必要な政治的教養は、教育上これを尊重しなければならない。

2 法律に定める学校は、特定の政党を支持し、又はこれに反対するための政治教育その他政治的活動をしてはならない。

第九条（宗教教育）宗教に関する寛容の態度及び宗教の社会生活における地位は、教育上これを尊重しなければならない。

2 国及び地方公共団体が設置する学校は、特定の宗教のための宗教教育その他宗教的活動をしてはならない。

第十条（教育行政）教育は、不当な支配に服することなく、国民全体に対し直接に責任を負つて行われるべきものである。

2 教育行政は、この自覚のもとに、教育の目的を遂行するに必要な諸条件の整備確立を目標として行われなければならない。

第十一条（補則）この法律に掲げる諸条項を実施するために必要がある場合には、適当な法令が制定されなければならない。

附則

この法律は、公布の日から、これを施行する。

２００６年教育基本法
（平成十八年十二月二十二日法律第百二十号）

教育基本法（昭和二十二年法律第二十五号）の全部を改正する。

我々日本国民は、たゆまぬ努力によって築いてきた民主的で文化的な国家を更に発展させるとともに、世界の平和と人類の福祉の向上に貢献することを願うものである。

我々は、この理想を実現するため、個人の尊厳を重んじ、真理と正義を希求し、公共の精神を尊び、豊かな人間性と創造性を備えた人間の育成を期するとともに、伝統を継承し、新しい文化の創造を目指す教育を推進する。

ここに、我々は、日本国憲法の精神にのっとり、我が国の未来を切り拓く教育の基本を確立し、その振興を図るため、この法律を制定する。

第一章　教育の目的及び理念

（教育の目的）

第一条　教育は、人格の完成を目指し、平和で民主的な国家及び社会の形成者として必要な資質を備えた心身ともに健康な国民の育成を期して行われなければならない。

（教育の目標）

第二条　教育は、その目的を実現するため、学問の自由を尊重しつつ、次に掲げる目標を達成するよう行われるものとする。

一　幅広い知識と教養を身に付け、真理を求める態度を養い、豊かな情操と道徳心を培うとともに、健やかな身体を養うこと。

二　個人の価値を尊重して、その能力を伸ばし、創造性を培い、自主及び自律の精神を養うとともに、職業及び生活との関連を重視し、勤労を重んずる態度を養うこと。

三　正義と責任、男女の平等、自他の敬愛と協力を重んずるとともに、公共の精神に基づき、主体的に社会の形成に参画し、その発展に寄与する態度を養うこと。

四　生命を尊び、自然を大切にし、環境の保全に寄与する態度を養うこと。

五　伝統と文化を尊重し、それらをはぐくんできた我が国と郷土を愛するとともに、他国を尊重し、国際社会の平和と発展に寄与する態度を養うこと。

（生涯学習の理念）

第三条　国民一人一人が、自己の人格を磨き、豊かな人生を送ることができるよう、その生涯にわたって、あらゆる機会に、あらゆる場所において学習することができ、その成果を適切に生かすことのできる社会の実現が図られなければならない。

（教育の機会均等）

第四条 すべて国民は、ひとしく、その能力に応じた教育を受ける機会を与えられなければならず、人種、信条、性別、社会的身分、経済的地位又は門地によって、教育上差別されない。

2 国及び地方公共団体は、障害のある者が、その障害の状態に応じ、十分な教育を受けられるよう、教育上必要な支援を講じなければならない。

3 国及び地方公共団体は、能力があるにもかかわらず、経済的理由によって修学が困難な者に対して、奨学の措置を講じなければならない。

第二章　教育の実施に関する基本

（義務教育）

第五条 国民は、その保護する子に、別に法律で定めるところにより、普通教育を受けさせる義務を負う。

2 義務教育として行われる普通教育は、各個人の有する能力を伸ばしつつ社会において自立的に生きる基礎を培い、また、国家及び社会の形成者として必要とされる基本的な資質を養うことを目的として行われるものとする。

3 国及び地方公共団体は、義務教育の機会を保障し、その水準を確保するため、適切な役割分担及び相互の協力の下、その実施に責任を負う。

4 国又は地方公共団体の設置する学校における義務教育については、授業料を徴収しない。

（学校教育）

第六条 法律に定める学校は、公の性質を有するものであって、国、地方公共団体及び法律に定める法人のみが、これを設置することができる。

2 前項の学校においては、教育の目標が達成されるよう、教育を受ける者の心身の発達に応じて、体系的な教育が組織的に行われなければならない。この場合において、教育を受ける者が、学校生活を営む上で必要な規律を重んずるとともに、自ら進んで学習に取り組む意欲を高めることを重視して行われなければならない。

（大学）

第七条 大学は、学術の中心として、高い教養と専門的能力を培うとともに、深く真理を探究して新たな知見を創造し、これらの成果を広く社会に提供することにより、社会の発展に寄与するものとする。

2　大学については、自主性、自律性その他の大学における教育及び研究の特性が尊重されなければならない。

（私立学校）

第八条　私立学校の有する公の性質及び学校教育において果たす重要な役割にかんがみ、国及び地方公共団体は、その自主性を尊重しつつ、助成その他の適当な方法によって私立学校教育の振興に努めなければならない。

（教員）

第九条　法律に定める学校の教員は、自己の崇高な使命を深く自覚し、絶えず研究と修養に励み、その職責の遂行に努めなければならない。

2　前項の教員については、その使命と職責の重要性にかんがみ、その身分は尊重され、待遇の適正が期せられるとともに、養成と研修の充実が図られなければならない。

（家庭教育）

第十条　父母その他の保護者は、子の教育について第一義的責任を有するものであって、生活のために必要な習慣を身に付けさせるとともに、自立心を育成し、心身の調和のとれた発達を図るよう努めるものとする。

2　国及び地方公共団体は、家庭教育の自主性を尊重しつつ、保護者に対する学習の機会及び情報の提供その他の家庭教育を支援するために必要な施策を講ずるよう努めなければならない。

（幼児期の教育）

第十一条　幼児期の教育は、生涯にわたる人格形成の基礎を培う重要なものであることにかんがみ、国及び地方公共団体は、幼児の健やかな成長に資する良好な環境の整備その他適当な方法によって、その振興に努めなければならない。

（社会教育）

第十二条　個人の要望や社会の要請にこたえ、社会において行われる教育は、国及び地方公共団体によって奨励されなければならない。

2　国及び地方公共団体は、図書館、博物館、公民館その他の社会教育施設の設置、学校の施設の利用、学習の機会及び情報の提供その他の適当な方法によって社会教育の振興に努めなければならない。

（学校、家庭及び地域住民等の相互の連携協力）

第十三条 学校、家庭及び地域住民その他の関係者は、教育におけるそれぞれの役割と責任を自覚するとともに、相互の連携及び協力に努めるものとする。

（政治教育）

第十四条 良識ある公民として必要な政治的教養は、教育上尊重されなければならない。

2 法律に定める学校は、特定の政党を支持し、又はこれに反対するための政治教育その他政治的活動をしてはならない。

（宗教教育）

第十五条 宗教に関する寛容の態度、宗教に関する一般的な教養及び宗教の社会生活における地位は、教育上尊重されなければならない。

2 国及び地方公共団体が設置する学校は、特定の宗教のための宗教教育その他宗教的活動をしてはならない。

第三章 教育行政

（教育行政）

第十六条 教育は、不当な支配に服することなく、この法律及び他の法律の定めるところにより行われるべきものであり、教育行政は、国と地方公共団体との適切な役割分担及び相互の協力の下、公正かつ適正に行われなければならない。

2 国は、全国的な教育の機会均等と教育水準の維持向上を図るため、教育に関する施策を総合的に策定し、実施しなければならない。

3 地方公共団体は、その地域における教育の振興を図るため、その実情に応じた教育に関する施策を策定し、実施しなければならない。

4 国及び地方公共団体は、教育が円滑かつ継続的に実施されるよう、必要な財政上の措置を講じなければならない。

（教育振興基本計画）

第十七条 政府は、教育の振興に関する施策の総合的かつ計画的な推進を図るため、教育の振興に関する施策についての基本的な方針及び講ずべき施策その他必要な事項について、基本的な計画を定め、これを国会に報告するとともに、公表しなければならない。

2 地方公共団体は、前項の計画を参酌し、その地域の実情に応じ、当該地方公共団体における教育の振興のための施策に関する基本的な計画を定めるよう努めなければならない。

第四章　法令の制定

第十八条　この法律に規定する諸条項を実施するため、必要な法令が制定されなければならない。

附　則（抄）

（施行期日）

1　この法律は、公布の日から施行する。

社会教育法（昭和二十四年法律第二百七号）

最終改正：令和元年六月七日法律第二十六号

第一章　総則

（この法律の目的）

第一条　この法律は、教育基本法（平成十八年法律第百二十号）の精神に則り、社会教育に関する国及び地方公共団体の任務を明らかにすることを目的とする。

（社会教育の定義）

第二条　この法律において「社会教育」とは、学校教育法（昭和二十二年法律第二十六号）又は就学前の子どもに関する教育、保育等の総合的な提供の推進に関する法律（平成十八年法律第七十七号）に基づき、学校の教育課程として行われる教育活動を除き、主として青少年及び成人に対して行われる組織的な教育活動（体育及びレクリエーションの活動を含む。）をいう。

（国及び地方公共団体の任務）

第三条　国及び地方公共団体は、この法律及び他の法令の定めるところにより、社会教育の奨励に必要な施設の設置及び運営、集会の開催、資料の作製、頒布その他の方法により、すべての国民があらゆる機会、あらゆる場所を利用して、自ら実際生活に即する文化的教養を高め得るような環境を醸成するように努めなければならない。

2　国及び地方公共団体は、前項の任務を行うに当たつては、国民の学習に対する多様な需要を踏まえ、これに適切に対応するために必要な学習の機会の提供及びその奨励を行うことにより、生涯学習の振興に寄与することとなるよう努めるものとする。

3　国及び地方公共団体は、第一項の任務を行うに当たつては、社会教育が学校教育及び家庭教育との密接な関連性を有することにかんがみ、学校教育との連携の確保に努め、及び家庭教育の向上に資することとなるよう必要な配慮をするとともに、学校、家庭及び地域住民その他の関係者相互間の連携及び協力の促進に資することとなるよう努めるものとする。

（国の地方公共団体に対する援助）

第四条　前条第一項の任務を達成するために、国は、この法律及び他の法令の定めるところにより、地方公共団体に対し、予算の範囲内において、財政的援助並びに物資の提供及びそのあつせんを行う。

（市町村の教育委員会の事務）

第五条　市（特別区を含む。以下同じ。）町村の教育委員会は、社会教育に関し、当該地方の必要に応じ、予算の範囲内において、次の事務を行う。

一　社会教育に必要な援助を行うこと。

二　社会教育委員の委嘱に関すること。

三　公民館の設置及び管理に関すること。

四　所管に属する図書館、博物館、青年の家その他の社会教育施設の設置及び管理に関すること。

五　所管に属する学校の行う社会教育のための講座の開設及びその奨励に関すること。

六　講座の開設及び討論会、講習会、講演会、展示会その他の集会の開催並びにこれらの奨励に関すること。

七　家庭教育に関する学習の機会を提供するための講座の開設及び集会の開催並びに家庭教育に関する情報の提供並びにこれらの奨励に関すること。

八　職業教育及び産業に関する科学技術指導のための集会の開催並びにその奨励に関すること。

九　生活の科学化の指導のための集会の開催及びその奨励に関すること。

十　情報化の進展に対応して情報の収集及び利用を円滑かつ適正に行うために必要な知識又は技能に関する学習の機会を提供するための講座の開設及び集会の開催並びにこれらの奨励に関すること。

十一　運動会、競技会その他体育指導のための集会の開催及びその奨励に関すること。

十二　音楽、演劇、美術その他芸術の発表会等の開催及びその奨励に関すること。

十三　主として学齢児童及び学齢生徒（それぞれ学校教育法第十八条に規定する学齢児童及び学齢生徒をいう。）に対し、学校の授業の終了後又は休業日において学校、社会教育施設その他適切な施設を利用して行う学習その他の活動の機会を提供する事業の実施並びにその奨励に関すること。

十四　青少年に対しボランティア活動など社会奉仕体験活動、自然体験活動その他の体験活動の機会を提供する事業の実施及びその奨励に関すること。

十五　社会教育における学習の機会を利用して行つた学習の成果を活用して学校、社会教育施設その他地域において行う教育活動その他の活動の機会を提供する事業の実施及びその奨励に関すること。

十六　社会教育に関する情報の収集、整理及び提供に関すること。

十七　視聴覚教育、体育及びレクリエーションに必要な設備、器材及び資料の提供に関すること。

十八　情報の交換及び調査研究に関すること。

十九　その他第三条第一項の任務を達成するために必要な事務

２　市町村の教育委員会は、前項第十三号から第十五号までに規定する活動であつて地域住民その他の関係者（以下この項及び第九条の七第二項において「地域住民等」という。）が学校と協働して行うもの（以下「地域学校協働活動」という。）の機会を提供する事業を実施するに当たつては、地域住民等の積極的な参加を得て当該地域学校協働活動が学校との適切な連携の下に円滑かつ効果的に実施されるよう、地域住民等と学校との連携協力体制の整備、地域学校協働活動に関する普及啓発その他の必要な措置を講ずるものとする。

３　地方教育行政の組織及び運営に関する法律（昭和三十一年法律第百六十二号）第二十三条第一項の条例の定めるところによりその長が同項第一号に掲げる事務（以下「特定事務」という。）を管理し、及び執行することとされた地方公共団体（以下「特定地方公共団体」という。）である市町村にあつては、第一項の規定にかかわらず、同項第三号及び第四号の事務のうち特定事務に関するものは、その長が行うものとする。

（都道府県の教育委員会の事務）

第六条　都道府県の教育委員会は、社会教育に関し、当該地方の必要に応じ、予算の範囲内において、前条第一項各号の事務（同項第三号の事務を除く。）を行うほか、次の事務を行う。

一　公民館及び図書館の設置及び管理に関し、必要な指導及び調査を行うこと。

二　社会教育を行う者の研修に必要な施設の設置及び運営、講習会の開催、資料の配布等に関すること。

三　社会教育施設の設置及び運営に必要な物資の提供及びそのあつせんに関すること。

四　市町村の教育委員会との連絡に関すること。

五　その他法令によりその職務権限に属する事項

２　前条第二項の規定は、都道府県の教育委員会が地域学校協働活動の機会を提供する事業を実施する場合に準用する。

3　特定地方公共団体である都道府県にあつては、第一項の規定にかかわらず、前条第一項第四号の事務のうち特定事務に関するものは、その長が行うものとする。

（教育委員会と地方公共団体の長との関係）

第七条　地方公共団体の長は、その所掌に関する必要な広報宣伝で視聴覚教育の手段を利用することその他教育の施設及び手段によることを適当とするものにつき、教育委員会に対し、その実施を依頼し、又は実施の協力を求めることができる。

2　前項の規定は、他の行政庁がその所掌に関する必要な広報宣伝につき、教育委員会（特定地方公共団体にあつては、その長又は教育委員会）に対し、その実施を依頼し、又は実施の協力を求める場合に準用する。

第八条　教育委員会は、社会教育に関する事務を行うために必要があるときは、当該地方公共団体の長及び関係行政庁に対し、必要な資料の提供その他の協力を求めることができる。

第八条の二　特定地方公共団体の長は、特定事務のうち当該特定地方公共団体の教育委員会の所管に属する学校、社会教育施設その他の施設における教育活動と密接な関連を有するものとして当該特定地方公共団体の規則で定めるものを管理し、及び執行するに当たつては、当該教育委員会の意見を聴かなければならない。

2　特定地方公共団体の長は、前項の規則を制定し、又は改廃しようとするときは、あらかじめ、当該特定地方公共団体の教育委員会の意見を聴かなければならない。

第八条の三　特定地方公共団体の教育委員会は、特定事務の管理及び執行について、その職務に関して必要と認めるときは、当該特定地方公共団体の長に対し、意見を述べることができる。

（図書館及び博物館）

第九条　図書館及び博物館は、社会教育のための機関とする。

2　図書館及び博物館に関し必要な事項は、別に法律をもつて定める。

第二章　社会教育主事等

（社会教育主事及び社会教育主事補の設置）

第九条の二　都道府県及び市町村の教育委員会の事務局に、社会教育主事を置く。
2　都道府県及び市町村の教育委員会の事務局に、社会教育主事補を置くことができる。
（社会教育主事及び社会教育主事補の職務）
第九条の三　社会教育主事は、社会教育を行う者に専門的技術的な助言と指導を与える。ただし、命令及び監督をしてはならない。
2　社会教育主事は、学校が社会教育関係団体、地域住民その他の関係者の協力を得て教育活動を行う場合には、その求めに応じて、必要な助言を行うことができる。
3　社会教育主事補は、社会教育主事の職務を助ける。
（社会教育主事の資格）
第九条の四　次の各号のいずれかに該当する者は、社会教育主事となる資格を有する。
一　大学に二年以上在学して六十二単位以上を修得し、又は高等専門学校を卒業し、かつ、次に掲げる期間を通算した期間が三年以上になる者で、次条の規定による社会教育主事の講習を修了したもの
イ　社会教育主事補の職にあつた期間
ロ　官公署、学校、社会教育施設又は社会教育関係団体における職で司書、学芸員その他の社会教育主事補の職と同等以上の職として文部科学大臣の指定するものにあつた期間
ハ　官公署、学校、社会教育施設又は社会教育関係団体が実施する社会教育に関係のある事業における業務であつて、社会教育主事として必要な知識又は技能の習得に資するものとして文部科学大臣が指定するものに従事した期間（イ又はロに掲げる期間に該当する期間を除く。）
二　教育職員の普通免許状を有し、かつ、五年以上文部科学大臣の指定する教育に関する職にあつた者で、次条の規定による社会教育主事の講習を修了したもの
三　大学に二年以上在学して、六十二単位以上を修得し、かつ、大学において文部科学省令で定める社会教育に関する科目の単位を修得した者で、第一号イからハまでに掲げる期間を通算した期間が一年以上になるもの
四　次条の規定による社会教育主事の講習を修了した者（第一号及び第二号に掲げる者を除く。）で、社会教育に関する専門的事項について前三号に掲げる者に相当する教養と経験があると都道府県の教育委員会が認定したもの

（社会教育主事の講習）

第九条の五　社会教育主事の講習は、文部科学大臣の委嘱を受けた大学その他の教育機関が行う。

２　受講資格その他社会教育主事の講習に関し必要な事項は、文部科学省令で定める。

（社会教育主事及び社会教育主事補の研修）

第九条の六　社会教育主事及び社会教育主事補の研修は、任命権者が行うもののほか、文部科学大臣及び都道府県が行う。

（地域学校協働活動推進員）

第九条の七　教育委員会は、地域学校協働活動の円滑かつ効果的な実施を図るため、社会的信望があり、かつ、地域学校協働活動の推進に熱意と識見を有する者のうちから、地域学校協働活動推進員を委嘱することができる。

２　地域学校協働活動推進員は、地域学校協働活動に関する事項につき、教育委員会の施策に協力して、地域住民等と学校との間の情報の共有を図るとともに、地域学校協働活動を行う地域住民等に対する助言その他の援助を行う。

第三章　社会教育関係団体

（社会教育関係団体の定義）

第十条　この法律で「社会教育関係団体」とは、法人であると否とを問わず、公の支配に属しない団体で社会教育に関する事業を行うことを主たる目的とするものをいう。

（文部科学大臣及び教育委員会との関係）

第十一条　文部科学大臣及び教育委員会は、社会教育関係団体の求めに応じ、これに対し、専門的技術的指導又は助言を与えることができる。

２　文部科学大臣及び教育委員会は、社会教育関係団体の求めに応じ、これに対し、社会教育に関する事業に必要な物資の確保につき援助を行う。

（国及び地方公共団体との関係）

第十二条　国及び地方公共団体は、社会教育関係団体に対し、いかなる方法によつても、不当に統制的支配を及ぼし、又はその事業に干渉を加えてはならない。

（審議会等への諮問）

第十三条　国又は地方公共団体が社会教育関係団体に対し補助金を交付しようとする場合には、あらかじめ、国にあつては文部科学大臣が審議会等（国家行政組織法（昭和二十三年法律第百二十号）第八条に規定する機関をいう。第五十一条第三項において同じ。）で政令で定めるものの、地方公共団体にあつては教育委員会が社会教育委員の会議（社会教育委員が置かれていない場合には、条例で定めるところにより社会教育に係る補助金の交付に関する事項を調査審議する審議会その他の合議制の機関）の意見を聴いて行わなければならない。

（報告）

第十四条　文部科学大臣及び教育委員会は、社会教育関係団体に対し、指導資料の作製及び調査研究のために必要な報告を求めることができる。

第四章　社会教育委員

（社会教育委員の設置）

第十五条　都道府県及び市町村に社会教育委員を置くことができる。

2　社会教育委員は、教育委員会が委嘱する。

第十六条　削除

（社会教育委員の職務）

第十七条　社会教育委員は、社会教育に関し教育委員会に助言するため、次の職務を行う。

一　社会教育に関する諸計画を立案すること。

二　定時又は臨時に会議を開き、教育委員会の諮問に応じ、これに対して、意見を述べること。

三　前二号の職務を行うために必要な研究調査を行うこと。

2　社会教育委員は、教育委員会の会議に出席して社会教育に関し意見を述べることができる。

3　市町村の社会教育委員は、当該市町村の教育委員会から委嘱を受けた青少年教育に関する特定の事項について、社会教育関係団体、社会教育指導者その他関係者に対し、助言と指導を与えることができる。

（社会教育委員の委嘱の基準等）

第十八条　社会教育委員の委嘱の基準、定数及び任期その他社会教育委員に関し必要な事項は、当該地方公共団体の条例で定める。この場合において、社会教育委員の委嘱の基準については、文部科学省令で定める基準を参酌するものとする。

第十九条　削除

第五章　公民館

（目的）

第二十条　公民館は、市町村その他一定区域内の住民のために、実際生活に即する教育、学術及び文化に関する各種の事業を行い、もつて住民の教養の向上、健康の増進、情操の純化を図り、生活文化の振興、社会福祉の増進に寄与することを目的とする。

（公民館の設置者）

第二十一条　公民館は、市町村が設置する。

2　前項の場合を除くほか、公民館は、公民館の設置を目的とする一般社団法人又は一般財団法人（以下この章において「法人」という。）でなければ設置することができない。

3　公民館の事業の運営上必要があるときは、公民館に分館を設けることができる。

（公民館の事業）

第二十二条　公民館は、第二十条の目的達成のために、おおむね、左の事業を行う。但し、この法律及び他の法令によつて禁じられたものは、この限りでない。

一　定期講座を開設すること。

二　討論会、講習会、講演会、実習会、展示会等を開催すること。

三　図書、記録、模型、資料等を備え、その利用を図ること。

四　体育、レクリエーション等に関する集会を開催すること。

五　各種の団体、機関等の連絡を図ること。

六　その施設を住民の集会その他の公共的利用に供すること。

（公民館の運営方針）

第二十三条　公民館は、次の行為を行つてはならない。

一　もつぱら営利を目的として事業を行い、特定の営利事業に公民館の名称を利用させその他営利事業を援助すること。

二　特定の政党の利害に関する事業を行い、又は公私の選挙に関し、特定の候補者を支持すること。

2　市町村の設置する公民館は、特定の宗教を支持し、又は特定の教派、宗派若しくは教団を支援してはならない。

（公民館の基準）

第二十三条の二　文部科学大臣は、公民館の健全な発達を図るために、公民館の設置及び運営上必要な基準を定めるものとする。
2　文部科学大臣及び都道府県の教育委員会は、市町村の設置する公民館が前項の基準に従つて設置され及び運営されるように、当該市町村に対し、指導、助言その他の援助に努めるものとする。
（公民館の設置）
第二十四条　市町村が公民館を設置しようとするときは、条例で、公民館の設置及び管理に関する事項を定めなければならない。
第二十五条及び**第二十六条**　削除
（公民館の職員）
第二十七条　公民館に館長を置き、主事その他必要な職員を置くことができる。
2　館長は、公民館の行う各種の事業の企画実施その他必要な事務を行い、所属職員を監督する。
3　主事は、館長の命を受け、公民館の事業の実施にあたる。
第二十八条　市町村の設置する公民館の館長、主事その他必要な職員は、当該市町村の教育委員会（特定地方公共団体である市町村の長がその設置、管理及び廃止に関する事務を管理し、及び執行することとされた公民館（第三十条第一項及び第四十条第一項において「特定公民館」という。）の館長、主事その他必要な職員にあつては、当該市町村の長）が任命する。
（公民館の職員の研修）
第二十八条の二　第九条の六の規定は、公民館の職員の研修について準用する。
（公民館運営審議会）
第二十九条　公民館に公民館運営審議会を置くことができる。
2　公民館運営審議会は、館長の諮問に応じ、公民館における各種の事業の企画実施につき調査審議するものとする。
第三十条　市町村の設置する公民館にあつては、公民館運営審議会の委員は、当該市町村の教育委員会（特定公民館に置く公民館運営審議会の委員にあつては、当該市町村の長）が委嘱する。
2　前項の公民館運営審議会の委員の委嘱の基準、定数及び任期その他当該公民館運営審議会に関し必要な事項は、当該市町村の条例で定める。この場合において、委員の委嘱の基準については、文部科学省令で定める基準を参酌するものとする。

第三十一条　法人の設置する公民館に公民館運営審議会を置く場合にあつては、その委員は、当該法人の役員をもつて充てるものとする。

（運営の状況に関する評価等）

第三十二条　公民館は、当該公民館の運営の状況について評価を行うとともに、その結果に基づき公民館の運営の改善を図るため必要な措置を講ずるよう努めなければならない。

（運営の状況に関する情報の提供）

第三十二条の二　公民館は、当該公民館の事業に関する地域住民その他の関係者の理解を深めるとともに、これらの者との連携及び協力の推進に資するため、当該公民館の運営の状況に関する情報を積極的に提供するよう努めなければならない。

（基金）

第三十三条　公民館を設置する市町村にあつては、公民館の維持運営のために、地方自治法（昭和二十二年法律第六十七号）第二百四十一条の基金を設けることができる。

（特別会計）

第三十四条　公民館を設置する市町村にあつては、公民館の維持運営のために、特別会計を設けることができる。

（公民館の補助）

第三十五条　国は、公民館を設置する市町村に対し、予算の範囲内において、公民館の施設、設備に要する経費その他必要な経費の一部を補助することができる。

2　前項の補助金の交付に関し必要な事項は、政令で定める。

第三十六条　削除

第三十七条　都道府県が地方自治法第二百三十二条の二の規定により、公民館の運営に要する経費を補助する場合において、文部科学大臣は、政令の定めるところにより、その補助金の額、補助の比率、補助の方法その他必要な事項につき報告を求めることができる。

第三十八条　国庫の補助を受けた市町村は、左に掲げる場合においては、その受けた補助金を国庫に返還しなければならない。

一　公民館がこの法律若しくはこの法律に基く命令又はこれらに基いてした処分に違反したとき。

二　公民館がその事業の全部若しくは一部を廃止し、又は第二十条に掲げる目的以外の用途に利用されるようになつたとき。

三　補助金交付の条件に違反したとき。

四　虚偽の方法で補助金の交付を受けたとき。

（法人の設置する公民館の指導）

第三十九条　文部科学大臣及び都道府県の教育委員会は、法人の設置する公民館の運営その他に関し、その求めに応じて、必要な指導及び助言を与えることができる。

（公民館の事業又は行為の停止）

第四十条　公民館が第二十三条の規定に違反する行為を行つたときは、市町村の設置する公民館にあつては当該市町村の教育委員会（特定公民館にあつては、当該市町村の長）、法人の設置する公民館にあつては都道府県の教育委員会は、その事業又は行為の停止を命ずることができる。

2　前項の規定による法人の設置する公民館の事業又は行為の停止命令に関し必要な事項は、都道府県の条例で定めることができる。

（罰則）

第四十一条　前条第一項の規定による公民館の事業又は行為の停止命令に違反する行為をした者は、一年以下の懲役若しくは禁錮又は三万円以下の罰金に処する。

（公民館類似施設）

第四十二条　公民館に類似する施設は、何人もこれを設置することができる。

2　前項の施設の運営その他に関しては、第三十九条の規定を準用する。

第六章　学校施設の利用

（適用範囲）

第四十三条　社会教育のためにする国立学校（学校教育法第一条に規定する学校（以下この条において「第一条学校」という。）及び就学前の子どもに関する教育、保育等の総合的な提供の推進に関する法律第二条第七項に規定する幼保連携型認定こども園（以下「幼保連携型認定こども園」という。）であつて国（国立大学法人法（平成十五年法律第百十二号）第二条第一項に規定する国立大学法人（次条第二項において「国立大学法人」という。）及び独立行政法人国立高等専門学校機構を含む。）が設置するものをいう。以下同じ。）又は公立学校（第一条学校及び幼保連携型認定こども園であつて地方公共団体（地方独立行政法人法（平成十五年法律第百十八号）第六十八条第一項に規定する公立大学法人（次条第二項及び第四十八条第一項において「公立大学法人」という。）を含む。）が設置するものをいう。以下同じ。）の施設の利用に関しては、この章の定めるところによる。

（学校施設の利用）

第四十四条　学校（国立学校又は公立学校をいう。以下この章において同じ。）の管理機関は、学校教育上支障がないと認める限り、その管理する学校の施設を社会教育のために利用に供するように努めなければならない。

2　前項において「学校の管理機関」とは、国立学校にあつては設置者である国立大学法人の学長若しくは理事長又は独立行政法人国立高等専門学校機構の理事長、公立学校のうち、大学及び幼保連携型認定こども園にあつては設置者である地方公共団体の長又は公立大学法人の理事長、大学及び幼保連携型認定こども園以外の公立学校にあつては設置者である地方公共団体に設置されている教育委員会又は公立大学法人の理事長をいう。

（学校施設利用の許可）

第四十五条　社会教育のために学校の施設を利用しようとする者は、当該学校の管理機関の許可を受けなければならない。

2　前項の規定により、学校の管理機関が学校施設の利用を許可しようとするときは、あらかじめ、学校の長の意見を聞かなければならない。

第四十六条　国又は地方公共団体が社会教育のために、学校の施設を利用しようとするときは、前条の規定にかかわらず、当該学校の管理機関と協議するものとする。

第四十七条　第四十五条の規定による学校施設の利用が一時的である場合には、学校の管理機関は、同条第一項の許可に関する権限を学校の長に委任することができる。

2　前項の権限の委任その他学校施設の利用に関し必要な事項は、学校の管理機関が定める。

（社会教育の講座）

第四十八条　文部科学大臣は国立学校に対し、地方公共団体の長は当該地方公共団体が設置する大学若しくは幼保連携型認定こども園又は当該地方公共団体が設立する公立大学法人が設置する公立学校に対し、地方公共団体に設置されている教育委員会は当該地方公共団体が設置する大学及び幼保連携型認定こども園以外の公立学校に対し、その教育組織及び学校の施設の状況に応じ、文化講座、専門講座、夏期講座、社会学級講座等学校施設の利用による社会教育のための講座の開設を求めることができる。

2　文化講座は、成人の一般的教養に関し、専門講座は、成人の専門的学術知識に関し、夏期講座は、夏期休暇中、成人の一般的教養又は専門的学術知識に関し、それぞれ大学、高等専門学校又は高等学校において開設する。

3　社会学級講座は、成人の一般的教養に関し、小学校、中学校又は義務教育学校において開設する。

4　第一項の規定する講座を担当する講師の報酬その他必要な経費は、予算の範囲内において、国又は地方公共団体が負担する。

第七章　通信教育

（適用範囲）

第四十九条　学校教育法第五十四条、第七十条第一項、第八十二条及び第八十四条の規定により行うものを除き、通信による教育に関しては、この章の定めるところによる。

（通信教育の定義）

第五十条　この法律において「通信教育」とは、通信の方法により一定の教育計画の下に、教材、補助教材等を受講者に送付し、これに基き、設問解答、添削指導、質疑応答等を行う教育をいう。

2　通信教育を行う者は、その計画実現のために、必要な指導者を置かなければならない。

（通信教育の認定）

第五十一条　文部科学大臣は、学校又は一般社団法人若しくは一般財団法人の行う通信教育で社会教育上奨励すべきものについて、通信教育の認定（以下「認定」という。）を与えることができる。

2　認定を受けようとする者は、文部科学大臣の定めるところにより、文部科学大臣に申請しなければならない。

3　文部科学大臣が、第一項の規定により、認定を与えようとするときは、あらかじめ、第十三条の政令で定める審議会等に諮問しなければならない。

（認定手数料）

第五十二条　文部科学大臣は、認定を申請する者から実費の範囲内において文部科学省令で定める額の手数料を徴収することができる。ただし、国立学校又は公立学校が行う通信教育に関しては、この限りでない。

第五十三条　削除

（郵便料金の特別取扱）

第五十四条　認定を受けた通信教育に要する郵便料金については、郵便法（昭和二十二年法律第百六十五号）の定めるところにより、特別の取扱を受けるものとする。

（通信教育の廃止）

第五十五条　認定を受けた通信教育を廃止しようとするとき、又はその条件を変更しようとするときは、文部科学大臣の定めるところにより、その許可を受けなければならない。

2　前項の許可に関しては、第五十一条第三項の規定を準用する。

（報告及び措置）

第五十六条　文部科学大臣は、認定を受けた者に対し、必要な報告を求め、又は必要な措置を命ずることができる。

（認定の取消）

第五十七条　認定を受けた者がこの法律若しくはこの法律に基く命令又はこれらに基いてした処分に違反したときは、文部科学大臣は、認定を取り消すことができる。

2　前項の認定の取消に関しては、第五十一条第三項の規定を準用する。

附則（抄）

1　この法律は、公布の日から施行する。

公民館の設置及び運営に関する基準

（平成15年6月6日文部科学省告示第112号）

（趣旨）

第1条　この基準は、社会教育法（昭和24年法律第207号）第23条の2第1項の規定に基づく公民館の設置及び運営上必要な基準であり、公民館の健全な発達を図ることを目的とする。

2　公民館及びその設置者は、この基準に基づき、公民館の水準の維持及び向上に努めるものとする。

（対象区域）

第2条　公民館を設置する市町村（特別区を含む。以下同じ。）は、公民館活動の効果を高めるため、人口密度、地形、交通条件、日常生活圏、社会教育関係団体の活動状況等を勘案して、当該市町村の区域内において、公民館の事業の主たる対象となる区域（第6条第2項において「対象区域」という。）を定めるものとする。

（地域の学習拠点としての機能の発揮）

第3条　公民館は、講座の開設、講習会の開催等を自ら行うとともに、必要に応じて学校、社会教育施設、社会教育関係団体、NPO（特定非営利活動促進法（平成10年法律第7号）第2条第2項に規定する特定非営利活動法人をいう。）その他の民間団体、関係行政機関等と共同してこれらを行う等の方法により、多様な学習機会の提供に努めるものとする。

2　公民館は、地域住民の学習活動に資するよう、インターネットその他の高度情報通信ネットワークの活用等の方法により、学習情報の提供の充実に努めるものとする。

（地域の家庭教育支援拠点としての機能の発揮）

第4条　公民館は、家庭教育に関する学習機会及び学習情報の提供、相談及び助言の実施、交流機会の提供等の方法により、家庭教育への支援の充実に努めるものとする。

（奉仕活動・体験活動の推進）

第5条　公民館は、ボランティアの養成のための研修会を開催する等の方法により、奉仕活動・体験活動に関する学習機会及び学習情報の提供の充実に努めるものとする

（学校、家庭及び地域社会との連携等）

第6条　公民館は、事業を実施するに当たっては、関係機関及び関係団体との緊密な連絡、協力等の方法により、学校、家庭及び地域社会との連携の推進に努めるものとする。

2　公民館は、対象区域内に公民館に類似する施設がある場合には、必要な協力及び支援に努めるものとする。

3　公民館は、その実施する事業への青少年、高齢者、障害者、乳幼児の保護者等の参加を促進するよう努めるものとする。

4　公民館は、その実施する事業において、地域住民等の学習の成果並びに知識及び技能を生かすことができるよう努めるものとする

（地域の実情を踏まえた運営）

第7条　公民館の設置者は、社会教育法第29条第1項に規定する公民館運営審議会を置く等の方法により、地域の実情に応じ、地域住民の意向を適切に反映した公民館の運営がなされるよう努めるものとする。

2　公民館は、開館日及び開館時間の設定に当たっては、地域の実情を勘案し、夜間開館の実施等の方法により、地域住民の利用の便宜を図るよう努めるのとする。

（職員）

第8条　公民館に館長を置き、公民館の規模及び活動状況に応じて主事その他必要な職員を置くよう努めるものとする。

2　公民館の館長及び主事には、社会教育に関する識見と経験を有し、かつ公民館の事業に関する専門的な知識及び技術を有する者をもって充てるよう努めるものとする。

3　公民館の設置者は、館長、主事その他職員の資質及び能力の向上を図るため、研修の機会の充実に努めるものとする。

（施設及び設備）

第9条　公民館は、その目的を達成するため、地域の実情に応じて、必要な施設及び設備を備えるものとする。

2公民館は、青少年、高齢者、障害者、乳幼児の保護者等の利用の促進を図るため必要な施設及び設備を備えるよう努めるものとする。

（事業の自己評価等）

第10条　公民館は、事業の水準の向上を図り、当該公民館の目的を達成するため、各年度の事業の状況について、公民館運営審議会等の協力を得つつ、自ら点検及び評価を行い、その結果を地域住民に対して公表するよう努めるものとする。

附則

この告示は、公布の日から施行する。

ユネスコ「学習権宣言」

（1985年3月29日第4回ユネスコ国際成人教育会議）

学習権を承認するか否かは、人類にとって、これまでにもまして重要な課題となっている。

学習権とは、

読み書きの権利であり、

問い続け、深く考える権利であり、

想像し、創造する権利であり、

自分自身の世界を読み取り、歴史をつづる権利であり、

あらゆる教育の手だてを得る権利であり、

個人的・集団的力量を発達させる権利である。

成人教育パリ会議は、この権利の重要性を再確認する。

学習権は未来のためにとっておかれる文化的ぜいたく品ではない。

それは、生き残るという問題が解決されてから生じる権利ではない。

それは、基礎的な欲求が満たされたあとに行使されるようなものではない。

学習権は、人間の生存にとって不可欠な手段である。

もし、世界の人々が、食糧の生産やその他の基本的人間の欲求が満たされることを望むならば、世界の人々は学習権をもたなければならない。

もし、女性も男性も、より健康な生活を営もうとするなら、彼らは学習権をもたなければならない。

もし、わたしたちが戦争を避けようとするなら、平和に生きることを学び、お互いに理解し合うことを学ばねばならない。

〝学習〟こそはキーワードである。

学習権なくしては、人間的発達はありえない。

学習権なくしては、農業や工業の躍進も地域の健康の増進もなく、そして、さらに学習条件の改善もないであろう。

この権利なしには、都市や農村で働く人たちの生活水準の向上もないであろう。

端的にいえば、このように学習権を理解することは、今日の人類にとって決定的に重要な諸問題を解決するために、わたしたちがなしうる最善の貢献の一つなのである。

しかし、学習権はたんなる経済発展の手段ではない。それは基本的権利の一つとしてとらえられなければならない。学習活動はあらゆる教育活動の中心に位置づけられ、

人々を、なりゆきまかせの客体から、自らの歴史をつくる主体にかえていくものである。

それは基本的人権の一つであり、その正当性は普遍的である。学習権は、人類の一部のものに限定されてはならない。すなわち、男性や工業国や有産階級や、学校教育を受けられる幸運な若者たちだけの、排他的特権であってはならない。本パリ会議は、すべての国に対し、この権利を具体化し、すべての人々が効果的にそれを行使するのに必要な条件をつくるように要望する。そのためには、あらゆる人的・物的資源がととのえられ、教育制度がより公正な方向で再検討され、さらにさまざまな地域で成果をあげている手段や方法が参考となろう。

わたしたちは、政府・非政府双方のあらゆる組織が、国連、ユネスコ、その他の専門機関と協力して、世界的にこの権利を実現する活動をすすめることを切望する。

エルノシア、モントリオール、東京、パリと続いたユネスコ会議で、成人教育会議の大きな前進が記されたにもかかわらず、一方には問題の規模の大きさと複雑さがあり、他方には適切な解決法を見出す個人やグループの力量の問題があり、そのギャップはせばめられてはいない。

1985年3月、ユネスコ本部で開かれた第4回国際成人教育会議は、現代の問題のスケールの大きさにもかかわらず、いやそれだからこそ、これまでの会議でおこなわれたアピールを繰り返しのべて、あらゆる国につぎのことを要請する。すべての国は、成人教育の活動においても、サービスにおいてもたしかな発展をとげるために、大胆で想像力にみちた努力をおこなうべきである。そのことによって、女性も男性も、個人としても集団としても、その目的や条件や実施上の手順を自分たちできめることができるようなタイプの成人教育を発展させるのに必要な、教育的・文化的・科学的・技術的蓄積を、わがものとなしうるのである。

この会議は、女性と婦人団体が貢献してきた人間関係における新しい方向づけとそのエネルギーに注目し、賛意を表明する。その独自の経験と方法は、平和や男女間の平等のような人類の未来にかかわる基本的問題を解決するための中心的位置を占めるものである。したがって、より人間的な社会をもたらす計画のなかでの成人教育の発展に女性が参加することは、ぜひとも必要なことである。

人類の将来がどうなるか、それは誰がきめるのか。これはすべての政府・非政府組織、個人、グループが直面している問題である。これはまた、成人の教育活動に従事している人々が、そしてすべての人間が個人として、集団として、さらに人類全体として、自らの運命を自ら統御することができるようにと努力している人々が、直面している問題でもある。

（国民教育研究所訳）

執筆者所属一覧　　（2023年4月現在）

長澤成次	千葉大学名誉教授
草野滋之	千葉工業大学
丹間康仁	千葉大学
浅野平八	元日本大学教授
越村康英	弘前大学
伊藤伸久	富津市教育委員会生涯学習課
中村　愛	千葉市若松公民館
髙橋　剛	成田市役所
三橋綾子	流山市生涯学習センター
高瀬義彰	野田市生涯学習センター
佐々木盛次	コーディネーターズ・のだ
三枝美和子	君津市周西公民館
北村章代	浦安市中央公民館
鈴木玲子	木更津市教育委員会生涯学習課
山下栄子	船橋市民
上田弘子	柏市中央公民館を考える会
田中寛治	佐倉市公民館を考える会
大野久仁子	船橋の公民館を考える会
水越　学	木更津市立中央公民館
曾澤直也	君津市小櫃公民館
堀田かおり	木更津市立鎌足公民館
矢作裕子	浦安市高洲公民館
北村　弾	浦安市役所
髙橋延代	千葉市宮崎公民館
松本明子	木更津市立図書館
柴田　学	君津市中央公民館
布施利之	君津市教育委員会生涯学習文化課
髙梨晶子	浦安市日の出公民館
鈴木恵子	元君津市公民館職員
佐々木英之	元木更津市公民館職員
千葉　明	元船橋市公民館職員
富井　碧	こどもと本を結ぶ会（富津市）
岡本真理子	こどもと本を結ぶ会（富津市）
鎌倉淑子	千葉市公民館を考える会
濱崎雅仁	元千葉県公民館連絡協議会会長
亀田　麗	松戸市学校司書
小川雅年	元船橋市公民館職員

長澤成次（ながさわ・せいじ）
1951年東京都北区に生まれる。1972年東京都立工業高等専門学校卒業後、千葉大学教育学部・名古屋大学大学院教育学研究科博士課程を経て千葉大学教育学部教員（1984年4月～2017年3月）。この間、社会教育推進全国協議会委員長、「月刊社会教育」編集長、千葉大学理事、日本社会教育学会会長、放送大学千葉学習センター所長などを歴任。現在、千葉大学特任教授・名誉教授、成田市・国立市・小平市公民館運営審議会委員、浦安市市民大学学長など。

著書に『公民館はだれのものⅡ　住民の生涯にわたる学習権保障を求めて』（自治体研究社、2019年）、『公民館はだれのもの　住民の学びを通して自治を築く公共空間』（自治体研究社、2016年）、『現代生涯学習と社会教育の自由』（学文社、2006年）、編著に『公民館で学ぶ』シリーズ：『公民館で学ぶⅤ　いま、伝えたい地域が変わる学びの力』（国土社、2018年）、『公民館で学ぶⅣ　人をつなぎ、暮らしをつむぐ』（国土社、2013年）、『公民館で学ぶⅢ　私たちの暮らしと地域を創る』（国土社、2008年）、『公民館で学ぶⅡ　自治と協同のまちづくり』（国土社、2003年）、『公民館で学ぶ　自分づくりとまちづくり』（国土社、1998年）、『教師教育テキストシリーズ　社会教育』（学文社、2010年）、共著に千野陽一監修 社会教育推進全国協議会編『現代日本の社会教育　社会教育運動の展開　増補版』（エイデル研究所、2015年）などがある。なお、『公民館で学ぶⅡ』が나가사와 세이지 편저 · 김창남 역『주민자치와 평생학습의 마을만들기』（제이앤씨 2008）、『公民館で学ぶⅢ』が나가사와 세이지 편저 · 김창남 역『주민자치와 평생학습의 마을만들기Ⅱ』（제이앤씨 2009）、『公民館で学ぶⅣ』が나가사와 세이지 편저 · 김창남 역『공민관에서 배운다 Ⅳ 사람을 연결하고 삶을 자아낸다』（책사랑 2015）として、韓国語に翻訳され出版されている。

公民館で学ぶⅥ　コロナ禍を超えて未来を創る

2023年10月10日　初版第１刷発行

編著者　**長澤成次**

発行所　株式会社国土社
〒101-0062 東京都千代田区神田駿河台2－5
☎03-6272-6125　FAX03-6272-6126
http://www.kokudosha.co.jp
印刷所　株式会社厚徳社

ISBN978-4-337-50631-2 C3037